Walter Dirks · War ich ein linker Spinner?

Walter Dirks

# War ich ein linker Spinner?

## Republikanische Texte – von Weimar bis Bonn

*Mit einem Vorwort von Fritz Boll*



Kösel-Verlag München

*Der Gefährtin und Frau Marianne,*
*die meinem Herzen Stetigkeit gegeben hat,*
*zum 26. und 28. August 1983*

CIP-Kurztitelaufnahme der Deutschen Bibliothek

**Dirks, Walter:**
War ich ein linker Spinner? : Republikan. Texte – von Weimar bis Bonn / Walter Dirks. Mit e. Vorw. von Fritz Boll. – München : Kösel, 1983.
ISBN 3-466-20241-8

ISBN 3-466-20241-8

Gesamtherstellung: Kösel, Kempten
Umschlag: Günther Oberhauser, München

Inhalt

Vorwort . . . . . . . . . . . . . . . . . . . . . . . . . . . . . 9

**Rückblick** . . . . . . . . . . . . . . . . . . . . . . . . . . . 11

Die Legitimation, zu schreiben . . . . . . . . . . . . . . . . . . . 11

Die Neigung, mich einzumischen 11 – Kritik und Vermittlung 15 – Verführung des freien Journalisten 16 – Sich miteinander einrichten 18

**Entscheidung gegen die faschistische Lockung** . . . . . . . . 20

Nationaler Faschismus . . . . . . . . . . . . . . . . . . . . . . 20

Nationalfaschismus und faschistische Konstellation 20 – Militärdiktatur 22 – Politischer Machtwille des Kapitals 24 – Nationalsozialismus 25 – Die unechten Faschisten 26 – Die Intellektuellen in der Krise 28 – Die Gläubigen 29 – Die gute Gesellschaft 30 – Die alten Liberalen 31 – Die Sozialisten 31 – Die Unentschiedenen und die »Entschiedenen« 32

Die Aufgabe gegenüber dem Nationalsozialismus . . . . . . . . 33

Positive Auseinandersetzung 33 – Falsche Methoden 34 – Weg in die Zukunft 35 – Neue politische Zielvorstellung 36 – Der Sozialismus 36 – Der politische Katholizismus 36

Die Dämonie des Nationalismus und die christliche Verkündigung . . . . . . . . . . . . . . . . . . . . . . . . . . . . . 38

Der Fall 38 – Scandalum 43 – Dämonie? 45 – Die Freiheit der Predigt des Wortes Gottes 46 – Zur Theologie der politischen Entscheidung 47

Katholiken zwischen Anpassung und Widerstand . . . . . . . . 52

Faschistische Lockung – antifaschistische Entscheidung 52 – Sonntagsgottesdienst: der stille Protest 55

**Hoffnung gegen die Restauration** . . . . . . . . . . . . . . . . 57

Die Zweite Republik . . . . . . . . . . . . . . . . . . . . . . . . . 58

Kompromisse, Koalitionen 58 – Beispiel Faschismus 58 – Beispiel Weimar 59 – Der vierte Partner 60 – Das Versagen 61 – Deutschland, Europa und der Sozialismus 64 – Die Arbeiter und die Christen 66 – Das Wort des Glaubens an die Arbeiter 69 – Die Parteien 71 – Christliche Sammlung? 72 – Der Geist der Epoche 73 – »Spes contra spem« 74

Der restaurative Charakter der Epoche . . . . . . . . . . . . . . 75

Die Stunde verpaßt 75 – Restauration und Realpolitik 77 – Verbindung mit der Reaktion 78 – Was nun Deutschland betrifft . . . 82 – Andere Formen der Restauration 88 – Zwiespalt des Bewußtseins 89 – Offene Fragen 90 – Europäische Restauration 91 – Was ist zu tun? 93

Das Frankfurter Goethehaus: Mut zum Abschied . . . . . . . . 95

Bedenken der Baumeister 97 – Bedenken von Goethe her 102 – Die Sprache des Symbols 105

Der Nationalsozialismus und der Krieg . . . . . . . . . . . . . . 107

Verdrängung des Krieges 108 – Lüge und Gewalt 109 – Die Ursprünge 111 – Hitlers Krieg 114 – Wiedergewöhnung an den Krieg 116

**Sozialismus gegen das Ende einer Illusion** . . . . . . . . . . . 119

Das Wort Sozialismus . . . . . . . . . . . . . . . . . . . . . 120

Der Wortsinn 123 – Die Freiheit: kein Einwand, sondern eine Aufgabe 125 – Der Bereich des Wortes Sozialismus 128 – Die Last der Vergangenheit 130 – Die eigentliche Wirklichkeit des alten Sozialismus 132 – Das Schlüsselwort des deutschen Weges 137 – Zusammenfassung 138

Marxismus in christlicher Sicht. . . . . . . . . . . . . . . . . . 139

Wo findet man den wahren Marxismus? 140 – Nahe, ohne zusammenzufallen 143 – Freiheit in der Bindung 149 – Die Bedeutung des Materiellen 151 – Christliche Kritik 153 – Nähe und Gefahr: der religiöse Charakter des Marxismus 156 – Der bestimmte Gegensatz 158 – Die Schuld der Christen und der Weg zur Glaubwürdigkeit 161

Euro-Sozialismus – nach dem Ende der dritten Illusion . . . . . 165

Trübe Zeiten 165 – Die Deutsche Republik im Vereinigten Europa 167 – Neubeginn sozialistisch und europäisch 170 – Entspannung und Reform 172 – Europa als Sozialismus 174 – Ein neuer Aggregatzustand 179

**Ausweg aus der Krise?** . . . . . . . . . . . . . . . . . . . . 182

Die Krise, unsere Parteien und die Geschichte . . . . . . . . . . 182

Die Partei der drei Punkte 183 – Die Union 188 – Die Partei des Altkanzlers 195

Waren wir linke Spinner?
Überlegungen aus Anlaß einer Wende . . . . . . . . . . . . . . . . 200

Hat es einen Sinn, weiterzumachen? 200 – Vieles ist noch möglich 202 – Aber wir sind nicht isoliert 204 – Ein Lernprozeß ist fällig 206

Nachweis der Veröffentlichungen . . . . . . . . . . . . . . . . . 208

# Vorwort

Es ist ein besonderer Genuß, im kaum organisierten Archiv von Walter Dirks zu stöbern, sich im fast wörtlichen Sinne darin zu vergraben. Die ersten Artikel des 23jährigen Kulturchefs der katholischen, linken und pazifistischen »Rhein-Mainischen-Volkszeitung« sind dort ebenso zu finden, wie einige tausend Rundfunkmanuskripte der letzten Jahre. Sechs Jahrzehnte publizistischer Arbeit dokumentieren sich in diesem Archiv, Zeitgeschichte aus dem Blick des sich kritisch einmischenden Journalisten. Die Seiten dieses Bandes enthalten ein Stück Bilanz dieser jahrzehntelangen Tätigkeit, einen schmalen, aber gewichtigen Ausschnitt. Zu schmal, zu wenig, mag der Archivkundige einwenden, – aber sinnvoll ausgewählt, wird der Autor entgegnen: die Zeitläufte sind so, daß es wieder dringlich ist, auf die Krisen dieses Jahrhunderts zu verweisen, den Versuch zu machen, aus ihnen zu lernen. So, in diesem Sinne, in dieser Absicht, sind die »republikanischen Texte zu Weimar und zu Bonn« zusammengestellt worden.

Zu Weimar ist das meiste gesagt, die zurückliegenden Gedenktage boten Anlässe genug, die Historiker haben ihre Forschungen beendet, dieses Kapitel Zeitgeschichte ist abgeschlossen. Und doch gibt es einen Punkt, auf den Walter Dirks schon Ende der 20er Jahre aufmerksam gemacht hat und der merkwürdigerweise heute noch nicht hinreichend im Bewußtsein vieler Zeitgenossen verankert ist: es ist die Unterscheidung von Faschismus und Nationalsozialismus. »Es gibt, die Alt- und Neonazis ausgenommen«, schrieb Walter Dirks vor kurzem in einem Brief, »kaum einen Zeitgenossen, der nicht ›gegen den Nationalsozialismus‹ gewesen ist oder gewesen sein will, – das Wort ›ich war Antifaschist‹ dagegen vermeidet man: man scheint das Wort den Kommunisten überlassen zu wollen. Ich halte es für bedenklich, daß man den Unterschied, der zwischen den beiden freilich eng verflochtenen Phänomenen besteht, nicht zu kennen oder doch nicht richtig zu würdigen scheint . . . Ein Nationalsozialismus wird kaum zum zweiten Mal über uns kommen; autoritäre Strukturen dagegen, unsolidarische, undemokratische sind nicht im gleichen Maße unmöglich.« Unter diesem Blickwinkel kann die kleine Auswahl von Faschismus-Analysen, einige Jahre vor Hitlers Machtergreifung geschrieben, erneute Aktualität gewinnen.

»Wat de Herr Dirks schreibt, dat is alles janz falsch«, meinte Konrad Adenauer, und seine Äußerung läßt den Schluß zu, daß er wenigstens einige Texte von Walter Dirks gelesen hat. Zeitgeschichtler aber haben jüngst Adenauers Meinung widersprochen: Unter den kritischen Beobachtern der jungen zweiten Republik war er der erste, der ihren restaurativen Charakter durchschaute; seine Analyse dazu, erstmals im Jahre 1950 in den »Frankfurter Heften« erschienen, wird deshalb in diesem Band noch einmal vorgestellt. Dabei kommt in allen Äußerungen zur zweiten Republik ein leidenschaftliches Interesse zum Ausdruck, das Walter Dirks einmal in einem Gespräch mit Walter Fabian im Zusammenhang mit der Frage nach der Bedeutung der Gewerkschaften so formulierte: »Auch der, der meint, daß der geschichtliche Prozeß auch Charakterzüge des Klassenkampfes hat, in dem man Freund und Feind unterscheiden muß, wird doch in einer Gesellschaft, die man nicht von heute auf morgen, sondern nur in einem sehr langen Prozeß, revolutionieren kann, an einer fragwürdigen bürgerlichen Republik interessiert sein. An Weimar mußte man interessiert sein, weil diese Republik die einzige Möglichkeit war, weiterzukämpfen. Das ist jetzt in der Bundesrepublik ebenso. Ich bin nicht zufrieden mit unserer Republik, mit unserem Vaterland, ich möchte es verändern, aber ich muß mit Zähnen und Klauen dieses Vaterland verteidigen, wenn es etwa von Neofaschisten oder von wildgewordenen Kapitalisten oder von wildgewordenen Leuten des extremsten rechten Flügels der FDP in Gefahr gebracht werden sollte. Da bin ich Republikaner und Demokrat.«

Eine Gruppe junger, kritischer Studenten setzte sich unlängst zusammen und entdeckte die Texte von Walter Dirks, und zwar vor allem die aus den 50er und 60er Jahren. Sie waren verblüfft, als sie darin viele Begründungen ihrer eigenen politischen, pädagogischen und theologischen Interessen und Absichten fanden. Vielleicht können die hier ausgewählten Analysen des Gewesenen (und des Gegenwärtigen) denen eine Stütze sein, die sich auf die zynische Vernunft unserer Zeit nicht einlassen, sondern auch den »Traum vom guten Staat« lebendig erhalten und verwirklichen wollen.

Fritz Boll

# Rückblick

*Den Texten zur Zeitgeschichte schicke ich eine Überlegung zur Legitimation des journalistischen Berufes voraus, – vorgetragen, als in der Bayrischen Katholischen Akademie (1981) dem Philosophen Josef Pieper und mir, dem Journalisten, der Romano-Guardini-Preis überreicht wurde.*

## Die Legitimation, zu schreiben

Der Anlaß, der uns zusammengeführt hat, legt es nahe, über die verschiedenen Lebenswege nachzudenken, die Josef Pieper und ich eingeschlagen haben. Wir sind – man hat darauf aufmerksam gemacht – als fast gleichaltrige, zudem westfälische Landsleute in dem fruchtbaren Mutterboden des Bundes Quickborn aufgewachsen und in der Nähe Romano Guardinis zu Männern geworden. Es brächte nicht viel, wollte ich die Arbeit und die Methoden eines Professors und eines Journalisten auf Gemeinsames und Verschiedenes hin abklopfen; doch gibt es einen Aspekt, der unserer Aufmerksamkeit besonders würdig ist: die Frage unserer Legitimationen. Nicht sehr systematisch, sondern locker erzählend und räsonnierend, möchte ich Ihnen einige Überlegungen dazu vortragen.

### Die Neigung, mich einzumischen

In meinem Fall begann diese Frage mit Zweifeln, die mir noch immer zu schaffen machen. Ich erinnere mich noch gut der Empfindungen, die mich überfielen, als ich an der Schwelle zum Journalistenberuf unterwegs zwar zu dem ersten Gespräch mit meinem zukünftigen Arbeitgeber, dem Röntgenologen und Zeitungsgründer Friedrich Dessauer, im Spätherbst oder Winter 1923/24, knapp 23 Jahre alt. Ich fuhr in das Gleisgelände des Frankfurter Hauptbahnhofs ein, vorbei an den Balkonen und Fensterreihen der Rückseiten der Mietskasernen des Bahnhofviertels. Für die rätselhaften Leute ohne Gesicht, die da wohnen mußten, soll ich Zeitung machen, soll ich Artikel schreiben? Was die Frage betraf, ob ich das überhaupt könne oder lernen könne, hatte mich tags zuvor Romano Guardini in Berlin nach Kräften ermutigt – ich war damals in Potsdam sein Sekretär. Aber da gab es die andere Schwierigkeit: mit welchem Recht drängst du dich eigentlich diesen unbekannten Frankfurtern auf? Die unternehmensrechtliche Antwort: dem Professor Dessauer gehört nun einmal die Zeitung, und er will dich anstellen, hat mich schon damals kaum befriedigen können. Natürlich wirkte die knappe Anweisung, die er der jungen Redaktion mitgegeben hatte, beruhigend. Katholisch sollte die Zeitung sein, gegen den Krieg und für den Frieden sollte sie arbeiten und kämpfen, sozial sollte sie sein, und solidarisch mit der jungen Republik. Gut, sehr gut. Aber das beantwortete die Frage nicht, wieso ausgerechnet wir drei oder vier naseweisen jungen Leute für die Frankfurter Glaubensgenossen das Monopol der täglichen Meinungsbildung innehaben sollten.

Die Neigung allerdings, mich einzumischen, brachte ich mit: aus der Jugendbewegung. Sie hatte die Verkrampfungen meiner Jugendzeit – leider waren auch »ekklesiogene« dabei – erfreulich gelöst; sie hatte mich frei gemacht, mir sogar Schwung gegeben: mit tiefem Dank auch an die Kameraden und die älteren Freunde sage ich das – mit Dank zu allererst an Romano Guardini. Der Drang, die Welt zu verbessern, war erst mit dieser Bewegung in mir groß geworden. Unser meisterlicher Freund hatte dessen Auswüchse beschnitten, mich aber im ganzen keineswegs gebremst, sondern entschieden ermutigt. Doch der Plan, die Welt nicht etwa durch kräftige Handlungen oder – noch besser – durch solides »Werk« zu verbessern, sich vielmehr nur schreibend einzumischen: das war problematisch, und es ist problematisch geblieben.

Da war Freund Pieper offenbar besser dran. Es ist die Wissenschaft selbst, die den Professor legitimiert; auch war die Universität damals ein sehr gutes festes Haus, eine wahrhaft legitime und also legitimierende Heimat. Als die Wissenschaft, welche die Voraussetzungen der Wissenschaften bedenkt, war die Philosophie unbestritten, ebenso das, was diesen jungen Philosophen am meisten lockte: die fruchtbare Verbindung eigenen Philosophierens mit der Geschichte des menschlichen Denkens. Vielleicht war ihm auch schon in jenen jungen Tagen klar, daß er nie den elfenbeinernen Turm beziehen werde, sondern verständlich, hell, in Zuneigung zu seinen Hörern lehren werde. Vor allem aber legitimiert ihn, daß die Fragen des Sokrates nicht überholt sind: sie selbst legitimieren den, der weiterfragt.

Ich beneide die Philosophen um diese Tradition. (Selbst die Wissenschaftstheoretiker, die über die Ergebnisse der abendländischen Philosophie hinauszukommen suchen, berufen sich auf die Ehrlichkeit und Radikalität des fragenden Sokrates.) Auch wir Journalisten haben eine Ahnenreihe; sie beginnt nicht erst mit der Erfindung der Rotationsmaschine. In der griechischen und römischen Rhetorik gibt es Vorbilder, man hat sogar im Apostel Paulus so etwas wie einen Journalisten sehen wollen, ja, vorwitzige Kollegen haben sich auf die prophetische Tradition im Volk Israel berufen. Aber das alles hat nicht die Stringenz, die ein nachdenklicher Tagesschreiber gern seinem angefochtenen Selbstgefühl gönnen würde. Immerhin können wir uns, wenn ich recht sehe, auf die Moralisten des 16. und 17. Jahrhunderts berufen. Am Ende eines Zeitalters, in dem die Gesellschaft sich durchaus als ein lückenloses Gefüge von Ständen verstanden hatte, in dem auch die Einzelmenschen weitgehend durch ihren ständischen Ort definiert waren, meldeten sich damals mit einem Mal ungefragt Individuen zu Wort. Sie konnten sich nur auf ihre persönliche Einsicht berufen, wenn sie sich in den Lauf der Zeiten einmischten. Das war durchaus neu. Vergleichbar hatten sich früher nur die Liedermacher geäußert. Bezeichnenderweise stammten diese Menschen weder aus dem Stand der Intellektuellen von damals, der clercs, die als Sekretäre der Mächtigen nach ihrem geistlichem Stand benannt wurden, noch aus den *artes liberales* der Universität. Die Funktion bildete sich neu – gleichsam in einer Urzeugung zwischen den Ständen. Landadlige hatten offenbar als erste die Muße und die Unabhängigkeit für ihre Einmischungen; in ihren »Essays« traten sie als frei urteilende Subjekte auf. Ich sehe etwa in Montaigne die historische Legitimation meines Berufes. Gewiß ist der Edelmann aus Frankreich der Diktion nach noch sehr Laienphilosoph, aber Journalist war er dennoch eben durch die Nicht-Legitimation, dadurch daß er sich auf eigenes Risiko zu Wort meldete – als Schreibender so wenig beauftragt wie einige Generationen früher eine lothringische Jungfrau als Heerführerin.

Mein Freund und Kommilitone Clemens Münster hatte wohl eine solche Nicht-Legitimation im Auge, als er uns Schreiber der sogenannten Stunde Null 1945 »die Freibeuter der jungfräulichen Königin« nannte. Er dachte dabei nicht an die große Elisabeth von England, sondern an die jungfräuliche Mutter Kirche. Beide Bereiche, der weltliche und der kirchliche, sind bei aller Verschiedenheit – zwischen Wohl und Heil, zwischen der gesellschaftlichen Solidarität und der Bruderschaft der Kinder Gottes – dennoch nicht ohne Gemeinsamkeit. Wenn die Weltmenschen sich zur Emanzipation, zur Aufklärung, zu den drei Prinzipien der französischen Revolution bekennen, zu ihrer zweiten Stufe auch, auf der man die Strukturen der industriellen Produktion vermenschlichen und demokratisieren wollte, – dann soll die Kirche kritisch und produktiv die Heils-Antworten auf das eigenständige Wort der Geschichte geben. Romano Guardini hat die »Unredlichkeit« und das »Nutznießertum« einer Neuzeit beklagt, die ihre Autonomie der Offenbarung geraubt habe; das mußte ich in Zweifel ziehen. In der positiveren Wertung der Weltlichkeit der Welt und der neuzeitlichen Emanzipation bin ich Ernst Michel gefolgt, der die Kirche nicht als Kultur- und Geschichtssubjekt akzeptierte, sondern ihr die eben »nur« geistliche (kritische und produktive) Antwort auf das eigenständige Wort der weltlichen Geschichtsträger zuspricht – gewiß im Einklang mit dem Wort Jesu vom Salz und vom Sauerteig. (Übrigens hat der Einfluß beider Lehrerfreunde, Guardinis und Michels, dafür gesorgt, daß ich weder ein Michelianer noch ein Guardinianer werden konnte; mein Dank gilt auch in dieser Stunde beiden.)

Aber die Gemeinsamkeit zwischen der weltlichen und der christlichen Emanzipation geht tiefer. Jener Tendenz in der Welt entspricht, wie mir scheint, auch eine originäre geistliche Strebung im Volke Gottes selbst. Es hat seine eigene Geschichte, auch eine Geschichte der Emanzipation. Auch in dieser wirkt der Heilige Geist. Gewiß verlangt der Mündige von der Autorität der Kirche inhaltlich nicht dasselbe wie von der Gesellschaft und vom Staat; aber Mündigkeit hat ihren Ort in der Person: sie ist nicht teilbar, und sie widerspricht der Demut nicht, sie ruft nach ihr. Dem Geschichts-Mitsubjekt Mensch entspricht im Volk Gottes der Christ, der sich einen vergleichbaren Freiraum für seine geistige und geistliche Existenz zu gewinnen sucht, kraft der Taufe und Firmung – und Ehe und Eucharistie – und dem, was er daraus hat machen können und dürfen. Auf diesen Raum berufen sich ausdrücklich auch *die* Christen, die sich als Journalisten auch ins Christenleben einzumischen wagen.

## Kritik und Vermittlung

Die Unabhängigkeit, die sie haben wollen und haben müssen, wird vor allem für zwei Funktionen beansprucht,in denen ich den Kern unseres Berufes sehe: für die Kritik und für die Vermittlung. Unabhängigkeit, Kritik und Vermittlung sind gewiß auch Dimensionen der wissenschaftlichen Arbeit, ja der geistigen Existenz schlechthin. Aber während der Wissenschafter sich – wenn auch in freier Wahl – an den Gegenstand seiner Wissenschaft und in Grenzen auch an die ihm gemäße Methode gebunden weiß, hat es der Journalist mit sehr viel Unbestimmterem zu tun: mit dem »Allgemeinwohl« und dem »Publikum«: zwei Aspekten der geschehenden Geschichte. Das Gemeinwohl und das Publikum bieten dem Journalisten viel weniger Halt, muten ihm mehr Freiheit zu als den Fachleuten. Unser Verhältnis zu diesen ist denn auch prekär: wir sind in ihren Bereichen je unzuständig, wir beuten dennoch die Ergebnisse ihrer Arbeit aus, wir sind ihnen gegenüber deshalb in einer schlechten Position und müssen uns dennoch ständig mit ihnen anlegen, wenn uns vor allem die Aufgabe der kritischen Vermittlung dazu drängt. Wenn ich etwa über ein neues Krankenhaus zu schreiben hätte – ein sehr einfaches Beispiel – müßte ich die Medizin, die Psychologie und Soziologie, die Technik und die Baukunst, die Kameralistik in Anspruch nehmen, möglicherweise sogar die edle Kunst, einen schönen Garten anzulegen. Dabei bin ich doch kein interdisziplinäres Team, sondern ein Individuum. Daß das Publikum nicht mit interdisziplinären Kommissionen allein gut bedient wäre, sondern Leute *braucht,* die es ihm von Mensch zu Mensch plausibel machen: das ist für alle Bereiche, auch im Dienst des Reiches Gottes, die Rechtfertigung der Vermittlung: die aber wiederum ist ohne Gewicht und ohne Ernst, wenn sie nicht von Kritik durchdrungen ist. (In der Vermittlung sehe ich mit Freude eine Funktion, die mich Journalisten mit *dem* Philosophen verbindet, der sich nicht zu schade ist, sich dem Laien zuzuwenden.) Vermittlung und Kritik setzen einigermaßen den Status quo voraus, einen langsamen Gang der Geschichte. Wollte man sich darauf beschränken, so hätte man um eine Dimension zu kurz gegriffen: die geschichtliche. In Wahrheit muß auch der Journalist sich den äußeren und inneren Erschütterungen des Zeitalters stellen; er steht nicht drüber, sondern angefochten mitten drin. Auch er starrt oft ratlos in die Abgründe, auch er darf und soll sich Visionen der Zukunft öffnen. Seine Legitimation wird dadurch um die Maße dieser Dimension heikler, aber sie behält ihre Struktur.

## Verführung des freien Journalisten

Wenn der freie Journalist erst durch den Freiraum möglich wird, der wie zu Montaignes Zeiten so auch heute noch zwischen den funktionalen Strukturen und Gruppierungen der Gesellschaft übrig bleibt, so liegt darin nicht nur eine Chance für ihn, sondern auch eine zwingende Pflicht. Dieser Leerraum muß ausgefüllt werden; es besteht ein gesellschaftliches Bedürfnis, an den speziellen Erkenntnisformen Anteil zu haben, die der Ungebundene hat. Anderseits muß der freie Journalist wissen, wie verführerisch Ungebundenheit sein kann. Wir sind in einer sonderbaren Lage: Wir können die prekäre Aufgabe nicht ohne viel Selbstvertrauen bewältigen und müssen uns doch ständig daran erinnern, daß wir versucht sind, in den Abgrund der Willkür zu stürzen oder persönliche Bedürfnisse auf Kosten der gesellschaftlichen zu erfüllen. Ich beneide oft Menschen mit einem eindeutigeren Auftrag; die Verlegenheit, die alle selbstkritischen Intellektuellen spüren, wenn sie Mitmenschen mit handfesteren Tätigkeiten beschäftigt sehen, vor allem mit dem Werk der Hand selbst, aber auch in so einleuchtenden Funktionen wie denen des heilenden Arztes oder des Schulmeisters, der mit Kindern liebend leben darf, – diese Verlegenheit muß dem Journalisten noch peinlicher zu schaffen machen als anderen Intellektuellen. Um so glücklicher wird er sein, wenn ihm glaubwürdig versichert wird, seine Geschäftsführung ohne Auftrag sei konkret hilfreich gewesen.

Denn die Berufung auf eine allgemeine Legitimation kann weder im Bereich der Gesellschaft noch in dem der Kirche die Zweifel des einzelnen beseitigen, ob seine eigene Einmischung mitlegitimiert ist. Der »Erfolg« beweist nichts. Denkt er etwa an die höchste Legitimation, die ihm die Geschichte als Modell vorstellt, das Prophetenamt, so greift er zu hoch. Ich denke eher an einen bestimmten heiligen Menschen, der es sich gleichfalls in den Kopf gesetzt hat, sich einzumischen, sogar in derselben Gemenge-Lage von weltlich und geistlich, wie sie für die Situation der christlichen Journalisten bezeichnend ist; ich nannte sie schon: Jeanne d'Arc. Sie griff genau so problematisch ohne Legitimation zwischen den legitimen Ständen und Funktionen ein, wie wir es tun. Uns sagt es allerdings kein heiliger Michael und keine heilige Katharina; auch hat Jeanne sich nicht mit der Feder eingemischt, sondern um eine ganze Problemstufe massiver und also doch wohl einfacher: mit dem Schwert. Immerhin: Sie hat sich eingemischt und sie liefert uns vor allem auch das kräftigste Motiv, ein jesuanisches, das sie dann zum Märtyrertod legitimiert hat. Man kann es in den Prozeßakten nachlesen: es erbarmte sie des Volkes.

Anders als die prophetischen Mahner und Warner, die sich oft gegen die Last des Auftrags wehrten, hat sie sich ins Königshaus und Feldlager gedrängt, wie wir uns erfahrungsgemäß an den Schreibtisch und ans Mikrophon drängen. Wir verdecken unsere berufsspe-

zifische Identitäts-Unsicherheit gelegentlich mit unserer ebenso berufsspezifischen Arroganz. Und dennoch: da kein Kultusminister und kein Lehramt es mir sagen und kein Mensch es mir ausreden kann, muß ich es schon auf meine eigene Kappe nehmen. Das geschieht in Angst und Zittern und – die unbedenkliche Jugendzeit ist längst vorbei – nach langen Epochen des Zweifels schließlich doch auch getrost. Das verdanke ich auch meiner Kirche, die meine Einmischungen geduldet hat. Wenn sie manchmal die Stirn gerunzelt hat, so gestand sie mir doch viel Narrenfreiheit zu, – vielleicht respektiert sie das Recht, auf das ich mich hier berufen habe. Im übrigen haben die klügsten Zeitgenossen erkannt, daß wir Journalisten und Philosophen, Priester und Machthaber aufeinander angewiesen und Kameraden geworden sind: durch die Verstrickung in die Not der Epoche und vor der Notwendigkeit, Strategien der Rettung zu finden.
Romano Guardinis Legitimation für sein großes Werk brauche ich nicht zu begründen. Und doch hat der große Mann Probleme gehabt, die mit unserer Frage zu tun hatten. Einige Jahre vor seinem Tod klagte er sehr bewegt, er sei unter die Fachleute gefallen: den Theologen sei er zu ästhetisch, den Literaturleuten zu pädagogisch, den Pädagogen zu philosophisch, und von der politischen Dimension seiner Lebensarbeit wolle überhaupt niemand etwas wissen. Ich habe ihm zum Tatbestand selbst wenig Tröstliches sagen können: ein universal denkender Mensch muß mit dem Einspruch der Spezialisten rechnen, – von dem der Fachidioten ganz zu schweigen.

## Sich miteinander einrichten

Aber ich will mit der Erwähnung eines anderen Gespräches schließen, das viele Jahrzehnte früher stattgefunden hat, eines der abendlichen, nach der Sitte der Peripatetiker, wie sie der Meister des Gespräches geliebt hat. Die Neuzeit, zumal das 19. Jahrhundert, so belehrte er mich, habe sich in der Idee des Fortschritts auf die »Linie« verlassen, die immer weiter als unendlich in den unendlichen Raum und in die unendliche Zeit hinein verlaufend gedacht und erfühlt werde. Nun sei aber die Erdfläche als Kugelfläche zwar grenzenlos, aber durchaus endlich. Also müßten alle Linien, die inneren und die äußeren, die geistigen, die politischen, die technischen und die wirtschaftlichen irgendwann und irgendwo auf je spezifischen Widerstand stoßen. Ich glaube, er nannte dabei sogar auch die Mission – im Hinblick auf die Kulturen, in die sie hineinwirke. So würden wir eines Tages durch den Schaden der Zusammenstöße und die Härte der Widerstände genötigt sein, die Devise »Immer weiter voran« durch eine völlig andere zu ersetzen. Er nannte sie: »Sich miteinander einrichten«. Er nannte damit die Parole unserer Epoche.

Romano Guardini hatte beobachtet, einiges, und er war imstande, zu extrapolieren. So konnte er um 1928 mit leiser Stimme eine wichtige und richtige Prognose wagen, ein halbes Jahrhundert, ehe der Club of Rome die Grenzen des Wachstums entdeckte. Wer so etwas gesagt hat, den fragen wir nicht nach seiner Legitimation.

# Entscheidung gegen die faschistische Lockung

*Dem ersten eher grundsätzlichen Beitrag folgen einige, die als zu ihrer Zeit aktuelle Äußerungen meine journalistische Arbeit in den Weimarer Jahren dokumentieren. Sie stammen aus der Zeit zwischen 1930 und 1933. Der Beitrag »Nationaler Faschismus« ist wie der ihm folgende einer von mehreren Faschismus-Aufsätzen, die ich in der »Rhein-Mainischen Volkszeitung«, in der »Deutschen Republik«, in der »Welt der Arbeit« der Gewerkschaften und anderswo veröffentlicht habe, so in der Zeitschrift der »Deutschen Volkschaft«. Es waren Beiträge zum Wesen, zur Problematik und zur Gefahr des Faschismus.*

## Nationaler Faschismus

### Nationalfaschismus und faschistische Konstellation

Die hier vorgelegten Artikel wollen sich mit dem nationalen Faschismus auseinandersetzen, und zwar sollen dieser Auseinandersetzung zwei hervorragende Beispiele jener ebenso »weltanschaulichen« wie politischen Haltung zugrunde gelegt werden: die neue Schrift des Leipziger Philosophen Hans Freyer »Revolution von rechts«, die für den intellektuellen Faschisten und die theoretisch begründete Ideologie des Nationalfaschismus sehr aufschlußreich ist, und Ernst von Salomons Buch »Die Geächteten«, das für die in der nationalrevolutionären Jugend der Nachkriegszeit gelebten Ansätze eines nationalen Faschismus bezeichnend und authentisch ist. Doch muß eine Erörterung vorausgeschickt werden, die den hier gemeinten Nationalfaschismus von einigen anderen Tendenzen, die auch mit dem Namen Faschismus belegt zu werden pflegen, abgrenzt.

Es gibt ja einen sehr weiten Begriff von Faschismus, der die verschiedensten Tendenzen zusammenfaßt. Wenn wir von der »faschistischen Gefahr« schlechthin oder von der antifaschistischen Gegenfront sprechen, dann pflegen wir Faschismus in diesem weitesten Sinne des Wortes zu verstehen. Eigentümlicherweise ist nämlich dieser weiteste Sinn des Wortes zugleich sein konkretester, nämlich sein politisch bedeutungsvollster Sinn. So uneinheitlich dieser Faschismus geistig ist, so weit seine Tendenzen auseinanderlaufen, so verschieden seine sozialen Standorte und Interessen sind, so einheitlich kann er werden als politische Aktion, und nur in dieser Einheitlichkeit der Aktion wird er zu einer konkreten Gefahr. Der Faschismus ist als Aktionseinheit gefährlich, und hinter dieser Aktionseinheit steht als ihre Voraussetzung ein Bündnis verschiedener Kräfte, eine »Koalition«, oder die unausgesprochene Form der Koalition, eine Konstellation. Der Faschismus in diesem Sinne ist nicht zu definieren, sondern nur zu beschreiben. Er ist nicht eine ewige oder auf sehr lange Zeiten geltende Macht, sondern eine Macht auf Zeit: der faschistischen Konstellation entspricht die »faschistische Stunde«, die politische Situation, in der diese Konstellation eine Chance hat. Es sieht so aus, als ob diese Stunde herannahe – und die antifaschistische Arbeit ist so etwas wie ein Wettlauf mit dem Faschismus: Gelingt es, diese Stunde so weit hinauszuzögern, daß vorher die faschistische Konstellation gesprengt ist, – dann wird sie verpaßt sein. Sehr viel wird natürlich auch darauf ankommen, ob den Faschisten ein Führer zur Verfügung stehen wird, der alle Elemente dieser Konstellation in seiner Führergestalt und Führerleistung zusammenzubinden vermag.

Innerhalb dieser Konstellation ist der eigentliche »Faschismus« im engeren Sinne nur ein Element neben anderen. Was ich darunter verstehe, wird in der Auseinandersetzung mit den beiden erwähnten Büchern deutlich werden. Es sei nur angedeutet, daß hier jener Faschismus gemeint ist, der uns aus der Ideologie der frühen Mussolinibewegung bekannt geworden ist. Es sei daran erinnert, daß Mussolini sich auf Sorel, auf die Lebensphilosophie, auf Nietzsche beruft. Es sei an den Kult der Bewegung als Bewegung, der Aktion als Aktion, der Elite erinnert, an den Antidemokratismus

dieser Bewegung, an deutliche Parallelerscheinungen in der Jugendbewegung, in den Frontkämpferbünden, an die mannigfachen Versuche deutscher Jugendgruppen, in irgendeinem starken Bluts- oder Form- oder Bund-Erlebnis einen gültigen Anspruch auf politische Herrschaft und Verantwortung zu gewinnen.
Dieser Faschismus kann schon jetzt gegen die Elemente der faschistischen Konstellation abgegrenzt werden, mit denen er sonst verwechselt werden kann.

## Militärdiktatur

Nicht identisch ist dieser engere Faschismus nämlich zunächst mit den Tendenzen des Militärs auf bestimmenden Einfluß im Staat. Dieser »Faschismus« als Militärdiktatur ist etwas anderes, wenn es auch ideologische Berührungspunkte gibt, und wenn auch auf eine starke Aktionseinheit zu rechnen sein wird. Es ist unschwer zu erkennen, wo dieser Militärfaschismus seine Wurzel hat. Das Heer hat auf der einen Seite die konzentriertesten Gewaltmittel der Gesellschaft in seiner Hand, organisierte disziplinierte Soldaten und Kriegsmittel, die jeden Widerstand im Innern zu brechen vermögen. Zwar stehen diese Gewaltmittel nur in der Bereitschaft und werden daher wegen ihrer Unsichtbarkeit meist unterschätzt, aber sie werden in entscheidender Stunde das letzte Wort sprechen, und wenn überhaupt auch nur der leiseste Gedanke an jene »entscheidende Stunde« irgendwo auftaucht, dann gewinnt mit einem Mal das Heer eine ungeheuere Bedeutung, mit der der Zivilist in ruhigen Zeiten nicht zu rechnen gewohnt ist. Dieser konzentrierten Machtstellung hat in der Zeit des ausgebauten isolierten Nationalstaates eine politische Machtstellung und ideologische Geltung entsprochen. Kommt in der Zeit des isolierten Nationalstaates die wesentliche Gefährdung des Bestandes des politischen Gesamtkörpers von außen, vom Nachbarstaat, so steht die waffenfähige Mannschaft, das Heer, das an dieser lebens- und todeswichtigen Stelle eingesetzt ist, an zentraler Stelle im Staat. Meist war der Monarch, auf den das Heer vereidigt war, der Punkt, an dem das Heer in das Gesamtgefüge des politischen Körpers eingefügt war. Diese Position ist von der wachsenden Bedeutung des Ökonomischen allmählich unterminiert worden. Die Wirtschaft verschob sozusagen den Schwerpunkt des politischen Schicksals. Sie ökonomisierte einmal das Innere, dann aber auch die außenpolitischen Positionen, verwandelte die Militärmächte in Wirtschaftsmächte, beseitigte schließlich auch den Monarchen oder stellte ihn kalt, und machte damit das Heer über den Parlamentarismus von den organisierten Wirtschaftsgruppen direkt abhängig. Die wesentlichen Bedrohungen kommen im Gefolge dieser Entwicklung nicht mehr vom feindlichen Heer, sondern im Inneren von der Unausgeglichenheit der gesellschaftlichen Kräfte, im Äußeren von feindlichen Wirtschaftsmächten: das bedeutet sowohl eine reale wie auch in der Folge eine ideologische Minderung der Bedeutung des Heeres. Auf der anderen Seite ist aber die ungeheuere materielle Konzentration der Gewaltmittel im Heer geblieben. In dieser zwiespältigen Situation liegt es für das Heer nahe, die zentrale politische Stellung wiederzugewinnen, indem es gegen die ökonomischen Gewalten sich aufgrund der faktischen Macht selber zum Träger der politischen Herrschaft setzt. In Staaten, in denen die Ökonomisierung einen bestimmten Grad noch nicht überschritten hat, kann sich diese Tendenz in Form der offenen Militärdiktatur oder Generalsdiktatur auswirken: man denke an Spanien, Jugoslawien, Polen. In Mitteleuropa ist der Prozeß der Ökonomisierung schon so weit fortgeschritten, daß eine reine Militärdiktatur nicht mehr als möglich erscheint. Hier ist diese Tendenz darauf angewiesen, sich an Bundesgenossen aus der ökonomischen Welt selber zu binden, um sich wenigstens partiell verwirklichen zu können. Hier wirkt sich diese Tendenz im Rahmen der »faschistischen Konstellation« aus. Immerhin wird man sie aber in dieser Konstellation als eine gesonderte Tendenz erkennen können und trotz mancher ideologischer Nachbarschaft (vor allem in der Bindung an den Inhalt des »Nationalen«) nicht mit dem eigentlichen Faschismus verwechseln dürfen. Bezeichnende Belege sowohl für diese Nachbarschaft wie für den Militärfaschismus überhaupt findet man in den Äußerungen des Generalobersten von Seeckt, der ja in dem Satz »Das Heer ist der Staat« die knappste und bündigste Formulierung dieser Tendenz geprägt hat.

## Politischer Machtwille des Kapitals

Ebensowenig darf der Faschismus im engeren Sinne mit der Tendenz des Kapitals nach einer direkteren Form der politischen Herrschaft verwechselt werden, die ja wohl als die mächtigste Komponente der faschistischen Konstellation anzusehen ist. Diese Tendenz dürfte eine doppelte Ursache haben. Einmal verliert mit der weiteren Entwicklung des Kapitalismus die Demokratie ihre Eignung als indirektes Einflußsystem des Kapitals. Die Krise macht den Mittelstand, der früher meist von den indirekten Auswirkungen der kapitalistischen Expansion und ihrer Belebung des Wirtschaftslebens überhaupt Nutzen gehabt hatte, heute aber von ihr den Wirtschaftsraum beschnitten bekommt, allmählich antikapitalistisch. In gleicher Zeit wächst die Zahl der vom Kapital direkt Abhängigen allmählich bis zu einem Punkt, in der die Bildung einer Mehrheit der Wirtschaftsabhängigen gegen das Kapital, eine Arbeitnehmermehrheit, denkbar wird. Vor dieser Aussicht verliert das Kapital das Interesse an einem politischen System, dessen Machtmechanismus auf der Mehrheitsbildung beruht: es bildet die Tendenz nach einer politischen Ordnung aus, in der es ihm möglich sein wird, in direkterer Weise seine ökonomisch-gesellschaftliche Macht politisch auszuwirken. Die andere Ursache dieser Tendenz liegt in der allmählichen Entwicklung des Sachapparates Wirtschaft von der freien Konkurrenzwirtschaft weg zu einer durchorganisierten Planwirtschaft. Diese Tendenz wird von einem Teil der Wirtschaftsführer als notwendig bereits bejaht, und damit stellt sich gleichzeitig die Frage, wer, welche Gruppe, welche Gesellschaftsordnung diesen Sachapparat Wirtschaft tragen und über ihn verfügen, wer aktives und verantwortliches Subjekt dieses Sachapparates sein soll, nachdem mit aufgehobener oder geschwächter Konkurrenz das freie Ausleseverfahren im Wirtschaftskampf selbst nicht mehr funktioniert. Der Gedanke und der Wille, mit der Verfestigung der Wirtschaft die bestehende Herrschaft der eigenen Gruppe aufgrund des faktischen Besitzes und der Sachkenntnis des Systems selber zu befestigen, erzeugt von selbst das Bedürfnis nach einer politischen Ordnung, die diesem neuen Feudalismus die politische Ausübung der wirtschaftlichen Machtposition ermöglicht. Mit diesem Faschismus als Wirtschaftsfeudalismus hat der eigentliche Faschismus zunächst nichts zu tun: im Gegenteil, er muß ihm feindlich gegenüberstehen, wenn er ihn in seiner Wirklichkeit erkennt. Der Faschismus ist ja »antikapitalistisch«. Wohl aber ist der eigentliche Faschismus sehr wohl als Tarnungsideologie dieser wirtschaftsfeudalistischen Tendenz zu gebrauchen. Wenn diese Tendenz ihren Feudalismus in den Vordergrund schiebt und ihn statt wirtschaftlich mit ideologisch-faschistischen Argumenten begründet, als eine faschistische Abkehr von der Herrschaft des anonymen Kapitals darstellt, kann sich der Faschismus wohl von ihm täuschen lassen. Wir gehen sicher nicht irre, wenn wir annehmen, daß in Italien eine ähnliche Beziehung zwischen Wirtschaftsfeudalismus und Faschismus wenigstens stückweise vorhanden ist.

Verwechseln sollte man den eigentlichen Faschismus ferner nicht mit den verschiedensten Strömungen kultureller Art, die ohne eigentlichen einheitlichen Zusammenhang durch den einen Glauben zusammengehalten werden, daß sie ihre Ziele besser in einem autoritären System als in einem demokratischen System verwirklichen könnten. Dazu gehören natürlich zunächst die eigentlich kulturreaktionären Strömungen, dann aber auch viele Bemühungen, die mit mehr oder weniger Recht im Faschismus für sich eine bessere Chance sehen. Von ihnen wird noch die Rede sein.

## Nationalsozialismus

Am nächsten steht dem eigentlichen Faschismus das letzte der hier aufgezählten Glieder der faschistischen Konstellation: der Nationalsozialismus. Denn wenn er auch in seiner eigentlichen Wirklichkeit eine soziale Bewegung, eine Sozialrevolte ist, so liegt doch für den Faschisten nichts näher, als in ihrem Elan die Bestätigung für seine Lehre von der Bewegung und der Aktion zu erblicken, in ihr eben die Verwirklichung der Prophezeiung der reinen politischen Aktion zu sehen und sich mit ihr zu identifizieren. Ja, hier liegt die Möglichkeit nahe genug, daß die ganze faschistische Lehre ihre Selbständigkeit aufgibt, um nichts weiter als die Ideologie dieser »Mittelstandsrevolte« zu werden. Wie weit auch schon früher die soziale Situation des Mittelstandes hinter der faschistischen Ideologie gestanden hat, wird sehr schwer zu beantworten sein; zum mindesten aber hat sie diese Ideologie nicht allein und rein bestimmt, und die besondere Situation des bürgerlichen Intellektuellen scheint für sie bestimmender gewesen zu sein als die soziale Situation der Schicht, aus der der bürgerliche Intellektuelle meist hervorgegangen ist, des Mittelstandes. Jetzt aber scheint die Stunde für eine engere Bindung der faschistischen Lehre an die Tatsächlichkeit der nationalsozialistischen Bewegung gekommen zu sein. Trotzdem wird man sie in der Betrachtung der Gesamtzusammenhänge einigermaßen davon isolieren können und müssen.

Damit wäre die faschistische Konstellation im Groben abgeschritten. Von diesem Hintergrunde hebt sich der eigentliche Nationalfaschismus als das wichtigste ideologische Element der ganzen Konstellation ab. Er wird, wenn aus der Konstellation zur »rechten Stunde« eine Aktion werden sollte, die offizielle Lehre der neuen Ordnung sein.

## Die unechten Faschisten

Wenn wir die typische Haltung der intellektuellen Faschisten erkennen wollen, müssen wir zunächst die große Zahl derer aus der Betrachtung ausscheiden, die mit ihrem Bekenntnis zum Faschismus oder in ihrer Sympathie für den Faschismus nicht eigentlich den Faschismus selbst »meinen«, sondern etwas anderes. Diese Kreise können natürlich in der Wirklichkeit zu wichtigen und starken Stützen des Faschismus werden, aber sie stellen nicht den typischen Fall dar. Die Intellektuellen sind hier grundsätzlich in derselben Lage wie viele Nichtintellektuelle, nur bewußter und weniger durch ihre eigenen wirtschaftlichen Interessen »gestört« als der Durchschnitt der anderen. Es handelt sich um Menschen, die beim Faschismus ein bestimmtes Anliegen besser aufgehoben glauben als beim Gegenteil. Nehmen wir den günstigsten, allgemeinsten und wichtigsten Fall: es handelt sich um Menschen, die um die allgemeine und öffentliche Rechtlichkeit und Sauberkeit besorgt sind, die den Schwund von Ehrfurcht, Distanz, Wertgefühl beklagen, die aus den Erfahrungen ihres Lebens heraus ein starkes Mißtrauen gegen den Komitee- und Volksversammlungsdemokratismus und gegen die Bürokratie, gegen den Rückzug der Verantwortung hinter den Rücken des Mehrheitsbeschlusses gewonnen haben, die von der Vermassung, der Verwilderung des öffentlichen Lebens angewidert sind, die die moderne technisch-politische Massenwelt als medioker empfinden, die schließlich etwa noch in diesem Zusammenhang irgendeine sie persönlich besonders erregende Spezialfront geistiger oder kultureller Art bezogen haben. Diese Menschen, deren Gesinnungen und Besorgnisse die aller kritischen wertbezogenen Menschen sind, kommen leicht auf den Gedanken, daß ein autoritäres Regime mit diesen Verhältnissen besser fertig werden würde oder ihnen besser entspräche als ein »demokratisches«. Auch in dieser Überlegung können wir wohl mitgehen; gefährlich wird sie erst, wenn über ihr die Frage vergessen wird, wer denn heute im Bereich der faktischen faschistischen Tendenz (als der im Augenblick allein für ein autokratisches Regime in Frage kommenden Tendenzen) diese Herrschaft ausüben würde, und in welchem Namen. Gefährlich wird sie, wenn die kritische Besinnung darauf wegfällt, ob denn die Kreise, die zur Übernahme der Macht bereit sind, in Wahrheit um der Rechtlichkeit, der Sauberkeit, der Verantwortung willen die Macht wollen, ob sie als ihre Repräsentanten gelten können, oder ob sie nicht vielmehr im Sinne ganz bestimmter gesellschaftlicher Mächte die Macht wollen, deren Anspruch zunächst einmal der Kritik unterworfen werden muß. Es besteht die Gefahr, daß schließlich nur die Autorität als solche gesehen und ersehnt wird, und die Frage nach der Verwurzelung, dem Sinn, dem Inhalt, dem Träger der Autorität kaum gestellt wird.

Diese Kreise und ihre Gesinnung sind außerordentlich respektabel. Viele gute Erbelemente verschiedenster Herkunft, christlicher, idealistischer, humanistischer Prägung sind in dieser Situation in der Gefahr des falschen Einsatzes. Wer dem Faschismus ein anderes politisches Weltbild und Zielbild entgegenzustellen hat, darf diese

Kreise nicht vergessen: er wird in seine Sache diese Gesinnung und ihre Sorge verantwortlich aufnehmen müssen.
Aber, – wie gesagt – diese Menschen sind nicht die typischen intellektuellen Faschisten. Diese meinen vielmehr den Faschismus selbst, in seiner Substanz, sie entscheiden sich positiv politisch für ihn, setzen ihre Existenz auf ihn. Diese Entscheidung vieler Intellektueller für den Faschismus ist nur aus der gesellschaftlichen und geistigen Situation der heutigen Intellektuellen selbst zu verstehen.

## Die Intellektuellen in der Krise

Die Darstellung der Geschichte und der Situation des »Publizisten«, die Waldemar Gurian in seiner Schrift »Der katholische Publizist« gegeben hat, trifft in einem weiteren Sinne auch den Intellektuellen schlechthin. Die geistige Arbeit überhaupt ist mittelbar ähnlich auf den »Zeitgeist« bezogen wie die publizistische Arbeit unmittelbar. Die Sacharbeit des geistigen Arbeiters in allen Disziplinen fand ihren Sinn nicht nur in sich, sondern auch in einem gesellschaftlichen Zusammenhang, dessen Grundlage der Aufstieg der bürgerlichen Schicht war. Dieser gewaltige Aufstieg trug auch die geistige Arbeit mit empor, und hinter der kämpfenden Spitzengruppe der eigentlichen Publizisten stand immer als ihre erste Leserschicht und ihr Echo die Schicht der Intellektuellen überhaupt: man denke nur an die Rolle, welche die Studenten und die Universitäten in dieser Bewegung auch politisch gespielt haben. Und im allgemeinen hat diese selbe Intelligenzschicht auch in der Zeit des Sieges und der Herrschaft, in der Zeit, als sich das Bürgertum als »Volk« von 1848 in das Bürgertum als »Nation« des Kaiserreichs verwandelte und der »Nationalliberalismus« das Feld beherrschte, dem Bürgertum, mit dem sie ja auch in engster Lebensgemeinschaft lebte, die Treue gehalten. Aber heute steht diese Schicht in der Krise. Sie kann den Anspruch, daß in ihr ihre faktische Existenz und der Sinn von Gesellschaft und Staat zusammenfallen, schon längst nicht mehr aufrechterhalten. Die Folge ist, daß dem geistigen Arbeiter der fachliche Sinn seiner Arbeit in sich selbst und ihr gesellschaftlicher

Sinn nicht mehr ohne weiteres zusammenfallen. Er kann, so sauber er seine Fachaufgabe nach ihren immanenten Gesetzen erfüllt, nicht auf die Dauer die Frage hintanhalten: wozu tue ich das? Für wen tue ich das? Mit der metaphysischen Sinnfrage (von der hier nicht die Rede ist) taucht auch die gesellschaftliche Sinnfrage neu auf, die Frage – so könnte man bildlich sagen – nach der gesellschaftlichen Heimat der geistigen Arbeit.

## Die Gläubigen

Diese Frage haben die Intellektuellen verschieden beantwortet. Wir tun gut, die Gruppe der ernstlich religiös Gebundenen aus unserer Erörterung auszuschalten, weil sich bei ihnen die Fragestellung sehr kompliziert. Sie stehen zwar durchaus auch in dieser gesellschaftlichen Krise und ihrer Problematik, und die hier behandelten Fragen haben auch für sie ihr volles sachliches Gewicht, ja, sie können in der Einheit der gläubigen Existenz, in der das »Menschliche« sich nicht als »Profanes« vom »Göttlichen« trennen läßt, sogar die ganze Schwere metaphysischer Fragen erhalten, aber die gesellschaftliche Fragestellung als solche hat bei ihnen ihre metaphysische Zuspitzung verloren, da der Gläubige seine Existenz auf einem Grund außerhalb der Gesellschaft gegründet hat. Das gibt dem Gläubigen eine letzte Sicherheit gegenüber der Krise der Gesellschaft, die doch anderseits seine christliche Liebe so bedrängt, eine Sicherheit, die es ihm gegebenenfalls eher möglich macht, sich noch nicht zu entscheiden, sich vielleicht gar nicht zu entscheiden, Zwischenpositionen einzunehmen. Das kann je nach der Verschiedenheit der Existenz des Gläubigen und je nach der Verschiedenheit der Fragestellung sowohl gerechtfertigt wie ungerechtfertigt sein. Die Kraft der Liebe drängt zur Erkenntnis und zum Handeln; es kann mangelnder Liebesmut und bequemes Ausruhen auf der Sicherheit des Glaubenssystems sein, wenn Christen sich in den Fragen der Gesellschaft, hinter deren Sachcharakter oder institutionellem politischen Charakter sich konkrete lebende und leidende Menschen verbergen, nicht entscheiden. Die »Entscheidung« kann aber auch eine Versuchung sein, selber eine Bequemlichkeit, eine Flucht nach vorwärts, dort wo eine Entscheidung nicht oder noch nicht verantwortbar ist, wo entweder die Struktur des Gläubigen oder die Struktur der Fragestellung die Entscheidung nicht erlaubt: es gibt die religiöse Nicht-Intervention. Intervention wie Nicht-Intervention wollen verantwortet werden, und diese Fragen sind oft nicht so einfach, wie sie gerade dem Anwalt der Entscheidung, der von der Sache her eine Tendenz zur Vereinfachung in sich ausbilden wird, leicht erscheinen können, auch wenn er die Nicht-Intervention grundsätzlich anerkennt und nicht zu den »Aktivisten« und »Praktizisten« gehört, denen man nicht schnell genug und nicht eindeutig genug handeln kann. Ohne jetzt auf diese Möglichkeiten, wie sie sich in der Sache selbst, in der gesellschaftlichen Fragestellung darbieten, einzugehen, wollen wir hier also die Gruppe derer, die außerhalb des gesellschaftlichen Seins im Glauben einen Standort haben, auf dem sie stehen können, aus der Betrachtung ausschalten. Wir sprechen also nur von denen, deren »Glaube«, deren Sinngebung der Existenz aus Zeit und Gesellschaft selber gewonnen war, deren Gott die Hypostase einer gesellschaftlich-zeitlichen Gegebenheit war: von den Liberalen, genauer: von den Erben des liberalen Glaubens, deren Gott nun gestorben ist, deren Sinngebung versagt. Sie hatten ihre Idee aus der kraftvollen Wirklichkeit der aufsteigenden Welt ihrer Schicht geschöpft, – nun ist die Wirklichkeit dieser Schicht, die bürgerliche Wirklichkeit so zu Ende gelebt, so komprimittiert, daß sie sich schlechterdings nicht mehr hypostasieren läßt. Was geschieht mit diesen heimatlos gewordenen Intellektuellen? Wo stehen sie und was tun sie?

## Die gute Gesellschaft

Es sind nicht nur Syndizi von Arbeitgeberverbänden, die trotzdem beim Bürgertum stehen bleiben. Es gibt Akademiker jeder Fakultät, denen die bürgerliche »Gesellschaft«, die »gute Gesellschaft« immer noch so viel bedeutet, daß sie ihr auch ideologisch und politisch die Treue halten. Es gibt auch außerhalb des Syndikus-

Verhältnisses Abhängigkeiten von Gewicht und Bedeutung. Aber im allgemeinen ist diese Bindung des Intellektuellen an die bürgerliche Schicht und ihre politischen Organe doch nur noch auf ziemlich subalternem Niveau vorstellbar. Und in dieser Subalternität fällt sie eigentlich aus unserer Erörterung heraus: denn wenn diese Intellektuellen in der guten Gesellschaft schon eine »gesellschaftliche« Heimat haben, so können sie das nur dadurch, daß sie auf eine »geistige« Heimat, eine Sinngebung ihrer Existenz verzichten, in der Form der Subalternität.

## Die alten Liberalen

Es ist vielleicht nötig zu sagen, daß man diese Liberalen – deren politischer Ort heute natürlich viel mehr die bürgerliche Rechte als die kleine bürgerliche Linke ist – nicht mit den wenigen alten echten Liberalen verwechseln sollte, die, in einer anderen Zeit geprägt und aus ihrer Fülle existierend, nun aus dieser zur »Persönlichkeit« gewordenen Fülle trotz der anders gewordenen Welt ihren Lebensabend zu Ende leben. Wenn sie so weise sind, einzusehen, daß von ihrer Existenzform her keine Welt mehr zu gestalten ist, anderseits aber ihre festgeprägte in langer Lebenserfahrung reif gewordene Existenz nicht mehr neuer Wandlung offenhalten können, so muß man sie mit Respekt ihre Wege gehen lassen: es gibt respektable Gestalten unter ihnen, Adel des Liberalismus.

## Die Sozialisten

Eine andere große Gruppe ist die Gruppe derer, die vom Bürgertum zum Sozialismus übergegangen sind. Sie glauben, daß in der aufsteigenden Welt des proletarischen Sozialismus der Ort gefunden ist, wo die konkrete Aktion und Bewegung einer Klasse mit der Zukunft der Gesellschaft und dem geschichtlichen Sinn der geschichtlichen Stunde zusammenfällt, und sie ziehen die Konsequenzen. Sie befinden sich in der Lage der Adeligen der französischen Revolution, die aus der gleichen Erkenntnis oder aus dem gleichen Gefühl die verlorene Position der Aristokratie verließen und sich zum Bürgertum bekannten. Im Bekenntnis zur sozialistischen Sache haben sie gutes Gewissen, Kraft, gesellschaftlichen Sinn ihrer Existenz neu gewonnen. Wir werden ihnen sagen, daß eine letzte Sinngebung des Lebens nicht von einer Position innerhalb der Gesellschaft und der gesellschaftlichen Stunde gewonnen werden kann, aber wir werden auch zugeben, daß die sozialistische Sinngebung (ähnlich wie die bürgerliche im 18. und im frühen 19. Jahrhundert) ein Leben faktisch und würdig tragen kann, zumal wenn wir uns selber sagen müssen, daß eine Position von der gesellschaftlichen und geschichtlichen Echtheit des Sozialismus sehr viel mehr geeignet ist, wirkliche Glaubenselemente in sich aufzunehmen, in säkularisierter Form in sich zu bergen, als die unecht gewordenen versteiften bürgerlichen Positionen. Freilich setzt der Übergang vom Liberalismus zum wirklichen Sozialismus den Mut zum Selbsteinsatz und zur Wandlung, zu einer Art von wirklicher Bekehrung, zur Preisgabe der bürgerlichen liberalen Existenzform voraus, auch zu dem Risiko unübersehbarer Konsequenzen.

## Die Unentschiedenen und die »Entschiedenen«

Nachdem wir nun die Gläubigen, die subalternen Liberalen und die zum Sozialismus Bekehrten aus der Schar der Intellektuellen ausgesondert haben, bleibt die breite Schicht jener Liberalen übrig, die Wertgefühl genug haben, um zu sehen, daß es sowohl mit der großkapitalistischen Schicht wie mit dem Bürgertum vorbei ist, daß man sich dort nicht mehr ansässig machen kann, daß die dort gewonnenen liberalen Ideale, von denen ein Jahrhundert gelebt hatte, nicht mehr glaubwürdig und nicht mehr gebrauchsfähig sind, – Liberale, die also in der Krise existieren. Wo stehen diese heute? Viele werden faktisch im Bewußtsein der Krise leben, unsicher, abwartend, suchend, ohne Option und ohne Entscheidung. Sie sind nur im Privaten auffindbar, da sich aus ihrer Unsicherheit heraus keine politische Position gewinnen läßt. Ein großer Teil von ihnen aber, und ein ständig wachsender Teil, glaubt die neue Heimat, das neue Ziel, den neuen Sinn gefunden zu haben: im Faschismus. Mit einer Vehemenz und einer Angriffskraft, denen man anmerkt, daß hier so etwas wie eine Lösung, eine Befreiung aus quälender Unsicherheit vor sich gegangen ist, stellt sich eine breite Schicht der liberalen Intelligenz der faschistischen Ideologie und zur Zeit der nationalsozialistischen Bewegung, die als die Verwirklichung des faschistischen Begriffs der Aktion und der Bewegung angesehen wird, zur Verfügung.

## Die Aufgabe gegenüber dem Nationalsozialismus

Während in den letzten Wochen mehrere Broschüren katholischer Prägung erschienen sind, die sich aus guten Gründen mit der Ideologie der Nationalsozialisten auseinandersetzen (und sie widerlegen), hat man sich mit der Frage, wie dieser Bewegung als einer realen Bewegung in der realen Gesellschaft beizukommen sei, bisher noch wenig beschäftigt. Diese Frage aber ist dringend und muß beantwortet werden. Der erste Teil der Aufgabe, die der Gegner vor sich sieht, ist die wirkliche Erkenntnis dieser Bewegung: festzustellen was ist, ihre Antriebe und Ideen in ihren verschiedenen Gliedern richtig zu erkennen.

### Positive Auseinandersetzung

Wer an den zweiten Teil dieser Aufgabe herangeht, nämlich an den Versuch der positiven Auseinandersetzung mit dem Nationalsozialismus in der realen Gesellschaft, wird sich den verschiedenen Teilen der Bewegung gegenüber die Frage vorlegen müssen, wie er ihre Wirklichkeit, die von den Führern der Bewegung falsch angesprochen wird, »richtig« ansprechen könne, wie er diese Wirklichkeit und die Kraft, die daraus zu gewinnen ist, in der Richtung seines politischen Zielbildes fruchtbar machen und wie er sie in die Reihe

der politischen Kräfte, die er als positiv und fruchtbar erkannt hat, eingliedern könne.
Er wird dabei nicht alle Teile der nationalsozialistischen Front gleichmäßig behandeln können. Er wird bei näherem Zusehen feststellen, daß es Glieder dieser Front gibt, aus deren gesellschaftlicher Situation und deren Bewußtsein keine fruchtbaren Kräfte entwickelt werden können. Die eigentlich reaktionären Interessenten des Nationalsozialismus, die Reste der Vorkriegsgesellschaft (bis zu dem Hohenzollernprinzen, der in Berlin eine Rolle spielt), Hofräte, Hoflieferanten, Militärs und ihr Anhang sind in verlorener Situation: da ist nichts mehr fruchtbar zu machen, und da ist nichts, was man diesen Kreisen ohne Demagogie in der wirklichen Welt versprechen oder als Ziel in Aussicht stellen könnte. Auch den Kleinrentnern und anderen aus dem Wirtschaftsprozeß endgültig ausgeschiedenen Unzufriedenen gegenüber ist man in derselben Lage. Man kann bestenfalls etwas »für sie tun«, – aber man kann sie nicht als aktive Kraft fruchtbar machen.

## Falsche Methoden

Anders steht es mit den Angestellten, den Kaufleuten, den Handwerkern, den Bauern, den Arbeitern, den Akademikern. Sie haben in ihrer Tätigkeit und ihrer Fähigkeit einen gesellschaftlichen Wert, der angesprochen werden muß, den anzusprechen man nicht Herrn Hitler und seinen Bundesgenossen überlassen darf. So verschieden die Funktionen dieser Schichten sind, so verschieden also auch das sein wird, was man aus ihnen herausholen und das, was man ihnen in Aussicht stellen kann, so gleichartig ist doch bei allen diesen die Situation der äußersten Bedrohtheit und Unruhe. Das ist eine undiskutierbare und unwiderlegliche Gegebenheit. Wer diese Schichten politisch fruchtbar machen will, muß sich auf den Boden dieser Gegebenheit stellen. Es hat also nicht sehr viel Aussicht und Sinn, wenn man dieser Gegebenheit gegenüber das Bestehende als »halb so schlimm« zu verteidigen, die Unruhe zu beschwichtigen und abzutöten sucht oder ihr Ablenkungsgelegenheiten anbietet. Die Unruhe dieser Schichten ist das Stärkste, was sie haben, und vielfach ist es auch das Beste, was sie haben: es steckt nicht nur ein guter und berechtigter Lebenswille darin, sondern oft auch ein Protest gegen die Würdelosigkeit, gegen die Untermenschlichkeit, gegen die Versklavung, ein Protest, hinter dem der Wille zur Menschenwürde, zu Freiheit und Verantwortung stehen kann. Es wäre nicht nur eine Dummheit, sondern sogar ein Verbrechen, eine solche Unruhe totzureden oder totzuschlagen, und obendrein dürfte das kaum gelingen. Diese Schichten werden keinem zuhören, geschweige denn folgen, der in seiner Rede nicht auf den Boden dieser Unruhe tritt, die zu einer Grundgegebenheit ihrer Existenz geworden ist.

## Weg in die Zukunft

Mit anderen Worten: Aussicht hat nur der, der einen Weg zu zeigen weiß. Nicht der, der irgendeine Politik als unvermeidlich, als klug, als vernünftig zu beweisen unternimmt – auch das kann man tun –, sondern der, der einen Weg in die Zukunft zu weisen vermag und auf die Kräfte hinweisen kann, die diesen zu gehen bereit und fähig sind. Die Nationalsozialisten haben anstelle eines solchen Weges, der in der wirklichen Welt ansetzen, durch die wirkliche Welt einer möglichen Zukunft zustreben muß, den unwirklichen Traum vom »Dritten Reich« zu bieten. In den Rausch dieses Traumes hinein löst sich ihre Unruhe auf, falsch, unfruchtbar und gefährlich. Diesem Traum gegenüber heißt es nicht nur die wirkliche Gegenwart ausspielen, sondern gleichzeitig und untrennbar davon ein Zukunftsziel, in das sich die unerträgliche Gegenwart in einer realen Aktion verwandeln läßt. Nur so läßt sich die nationalsozialistische Wirklichkeit unter die Verantwortung stellen, nur so kann der aufgestörte und in krankhaften Rausch versetzte einzelne wieder im politischen Sinne gesund werden: denn nur so kann er wieder in Einklang mit der Wirklichkeit seines Lebens kommen und diese Wirklichkeit verantworten, wenn er nämlich diese Wirklichkeit, die er nicht verantworten kann als die, die sie ist, nun zu verantworten lernt als die, die in eine bessere verändert werden kann und verändert werden muß.

## Neue politische Zielvorstellung

So ergibt sich auch von dieser Seite aus, was sich von vielen anderen Seiten aus schon längst hätte ergeben müssen: die Notwendigkeit der Gewinnung einer politischen Zielvorstellung, die keine Doktrin, kein System, keine »Idee«, sondern eben ein wirkliches konkretes Ziel ist. Tagespolitik von heute auf morgen ist notwendig und richtig. Ihre Ergänzung ist nicht der »Ideenpolitiker« der die Tagespolitik mit Grundsätzen, Idealen, Wünschen und Forderungen kontrapunktiert, sondern der Politiker der politischen Bewegung, der ein Ziel weiß und vertreten kann und die Kräfte aufzurufen weiß, die sich diesem Ziel entgegen in Bewegung setzen lassen und die in dieser Bewegung die neuen Tatsachen und Mächte schaffen, die auch dem Tagespolitiker das Neue zu tun erlauben.

## Der Sozialismus

Auch der Sozialismus, der über ein solches Ziel an sich verfügt, hat sich noch nicht auf die neuen Aufgaben besonnen, die ihm der Nationalsozialismus stellt: er ist noch nicht daran gegangen, sein Ziel in wirkliche Berührung mit den Berufssituationen zu bringen, von denen hier geredet wird. Er müßte doch sehen, daß es die Funktionen dieser Berufe mehr oder weniger und in mehr oder weniger gewandelter Form auch in seiner Zukunftsvision geben wird; er müßte, wenn er sieht, wie die augenblicklichen Träger dieser Funktionen in Unruhe geraten, den Versuch machen, sie in der Richtung seiner Vision in Bewegung zu setzen. Nur die Kommunisten tun das in Ansätzen: sie haben die wahre Situation der nationalsozialisierten Schichten erkannt und suchen sie für sich fruchtbar zu machen. Die SPD scheint an diese Möglichkeit noch nicht zu denken.

## Der politische Katholizismus

Der politische Katholizismus hat es noch schwerer als der Sozialismus, da er wohl über Prinzipien der Politik, nicht aber in gleichem

Maße über Ziele der Politik verfügt und also gegenüber dem Nationalsozialismus nur schwer Werbekraft entfalten kann. Er muß sich so lange darauf beschränken, den Nationalsozialismus zu »widerlegen«, bis er selber die Vorstellung eines politischen Zielbildes erworben hat. Es ist die allerhöchste Zeit, daß der politische Katholizismus in allen seinen Gliedern an diese Arbeit herangeht. Es ist für den Augenblick verdienstlich, das Notwendige zu tun, und der Mut zur Unpopularität, der oft und heute dazu gehört, ist bewundernswürdig und nachahmungswert, aber diese Politik von der Hand in den Mund ist nur solange zu rechtfertigen, als die Kräfte einem wirklichen Ziel entgegen nicht verfügbar sind, und das Fehlen dieser Kräfte, mit denen man auch einmal ein Risiko eingehen kann, ist denn auch tatsächlich eine Rechtfertigung für diese Politik von heute auf morgen, die immer die Politik des geringsten Widerstandes und der schwächsten Stelle sein wird und dadurch mechanisch in der Richtung der mächtigsten und herrschenden Tendenzen wirkt und diese Tendenzen von Schritt zu Schritt verfestigt. Daß diese Kräfte und daß dies Ziel nicht da sind, das rechtfertigt die Politik von der Hand in den Mund – aber es legt die stärkere Verpflichtung auf, dies Ziel zu erarbeiten, in einer mutvollen und mühevollen Arbeit, die den ganzen Wirklichkeitssinn und den ganzen Glauben beansprucht und nicht mit dem Kopf allein besorgt werden kann, sondern den Einsatz des Menschen fordert: es legt die Verpflichtung auf, dies Ziel zu erarbeiten und die Kräfte in Bewegung zu setzen und zu führen, die darauf warten, in Bewegung gesetzt und geführt zu werden, und die sich in falsche Richtung in Bewegung setzen und sich von falschen Führern führen lassen, wenn sie keine verantwortungsfähigen Führer finden.

In dem Maße ein solches Ziel konzipiert wäre, könnte auch der politische Katholizismus daran gehen, in systematischer Bemühung den einzelnen verschiedenen Gliedern der nationalsozialistischen Front in Verantwortung das Wort zu sagen, das ihre Unruhe für die Zukunft aller fruchtbar macht.

*Die Abhandlung: zum »Fall Dehn« ist typisch für die »Front«, in der ich mich vor der kritischen Endphase während der Weimarer Zeit als progressiver Katholik analysierend und argumentierend mit der Reaktion herumschlug. Wird dieser Text in der Gegenwart lesenswert sein? Einiges in ihm, so nehme ich an, ist nach einem halben Jahrhundert aktuell geblieben, wenigstens untergründig.*
*Mit der Etablierung des Faschismus war unsere Niederlage besiegelt. Einen kritischen Rückblick über Sinn und Widersinn des Versuchs einer deutschen Journalistengruppe, die Frankfurter Zeitung als freiheitliche Zeitung über den März 1933 hinaus weiterzuführen, habe ich Kollegen im Südwestfunk zu Baden-Baden erst mündlich, dann im Programm des Senders vorgetragen. Der Text ist in den »Frankfurter Heften« unter dem Titel »Eine liberale Zeitung im System der Diktatur« nachgedruckt worden. Im vorliegenden Buch sind die Jahre 1933 bis 1945 selbst nicht dokumentiert. Doch füge ich der Folge dieser Beiträge einen jüngst geschriebenen an, der in einem Buch über den Widerstand veröffentlicht worden ist.*

## Die Dämonie des Nationalismus und die christliche Verkündigung

### Der Fall

Der *Fall Dehn* beginnt mit einer Predigt in der Magdeburger Ulrichskirche, die der damalige Pfarrer D. Günther Dehn am 6. November 1928 über das Thema »Die evangelische Kirche und der Völkerfriede« gehalten hat. Diese Predigt fragte nach dem »Willen Gottes in bezug auf die Frage nach Krieg und Frieden«. Sie machte sich die Antwort auf diese Frage nicht leicht. Das fünfte Gebot »ruft gewaltig allen Völkern und Nationen zu: Du sollst nicht töten!« Aber dieses Wort trifft eine Welt, in deren Verworrenheit »es mitunter so läuft, daß wir den Willen Gottes nur dann erfüllen, wenn wir gegen den Wortlaut seiner Gebote handeln, daß wir töten müssen, stehlen müssen, Vater und Mutter verunehren müssen und daß wir damit gegebenenfalls dem Willen Gottes näherkommen, als wenn wir unerbittlich auf dem Wortlaut bestanden hätten. Der Wille Gottes steht für uns nicht fest in statutarischen Beschlüssen, die wir nur einfach blind zu respektieren haben, um den Willen Gottes muß immer wieder aufs neue gerungen werden.« Das Neue Testament verkündet das Reich Gottes als Reich des Friedens – aber dies Reich, um dessen Kommen wir immer wieder beten, ist auf der Erde nicht fertig da: die Botschaft des Friedens trifft uns als Sünder, verstrickt in eine Welt, die eine Welt des Kampfes ist. Vom Worte Gottes gehen weder »Verwandlungskräfte« aus, die die Welt anders machen, noch verspricht es uns eine allmähliche »Entwicklung« zu einer neuen, einer kampflosen Erde. »Die unheilvolle Wirklichkeit unseres Lebens, die uns bindet an Händen und Füßen«, »macht jeden naiven Pazifismus unmöglich«. Aber ebensowenig geht es an, »die Dinge laufen zu lassen, oder gar sie so, wie sie sind, laut oder leise gutzuheißen«. »Kann der Mensch auch nicht heilig werden, so kann er doch wenigstens gehorsam sein«. Die Ordnungen dieser Welt, die nicht in Ordnungen des Reiches Gottes verwandelt werden können, verlangen ein »Mittragen«, »das ein dauernder Hinweis darauf ist, daß sie Unordnungen sind, die den Ordnungen Gottes zuwiderlaufen«. Die konkreten Folgerungen dieser Haltung: Es gibt auch für den Christen die Möglichkeit »nicht eines heiligen, vielleicht auch nicht einmal eines gerechten, aber doch eines in der Verteidigung des von Gott gegebenen Lebens notwendigen Krieges«, aber die Entscheidung für ihn darf nicht durch rauschhafte Ideologien verdeckt werden, sie muß verantwortlich getragen werden. Man kann nicht grundsätzlich Kriegsdienstverweigerer sein, aber im konkreten Fall kann es einmal notwendig werden, in der Dienstverweigerung Gott mehr zu gehorchen als den Menschen. »Soviel an euch ist, haltet Frieden mit jedermann«. Das sind die Grundgedanken der Predigt. Nun ist der eigentliche Fall Dehn weniger von dem theologischen Inhalt der Predigt im ganzen als vielmehr einmal von der erwähnten Stelle zur Kriegsdienstverweigerung, vor allem aber von einer ganz bestimmten Stelle ausgegangen, welche die Verklärung des Soldatentodes als eines »reinen Opfertodes«, als eines »Martyriums« in Frage stellt: »Wir wollen ganz gewiß diesem Tod seine Würde und auch seine Größe lassen, aber ebenso gewiß wollen wir auch die Wahrheit sagen. Es wird bei dieser Darstellung außer acht gelassen, daß der, der getötet wurde, eben auch selbst hat töten wollen. Damit wird die Parallelisierung mit dem christlichen Opfertod zu einer Unmöglichkeit. Im Anschluß daran sollte man auch die Frage erwägen, ob es richtig ist, daß die Kirche den Gefallenen Denkmäler in ihren eigenen Mauern errichtet. Sollte man das nicht vielmehr der bürgerlichen Gemeinde überlassen?« Der konkreteste Vorwurf, der dann von zwei Damen gegen Dehn erhoben wurde, war der, er habe »die im Weltkrieg gefallenen Helden als Mörder beschimpft«. Dehn behauptet, diesen Ausdruck nicht gebraucht zu haben und, gemäß seiner Stellung zu dieser Frage überhaupt, nicht gebraucht haben zu können. Die beiden Zeugen behaupten ihn gehört zu haben. Zwei andere Damen sagen aus, die eine der beiden erwähnten Damen habe ihrerseits in der Aussprache gesagt: »Wenn die Gefallenen nicht durch Tafeln in der Kirche geehrt werden, dann ist es so, als würden sie als Mörder angesehen«. Man darf wohl zum Tatbestand selber annehmen, daß auf diese Weise sich das Wort »Mörder«, falsch bezogen, in den Köpfen der durch die Predigt sehr erregten nationalistischen Zeugen festgesetzt hat –, und im übrigen der Meinung sein, es komme bei diesem nun fast vier Jahre dauernden Streit nicht so sehr auf die Frage an, ob Dehn diesen oder jenen Ausdruck getan habe, als vielmehr, welche Meinung er damals durch alle Ausdrücke hindurch vertreten habe und nach wie vor heute vertrete.

Diese strittigen Dicta sind aber nun jedenfalls das materielle Substrat des Falles Dehn. Es kommen Presseangriffe, die wie alle weiteren Aktionen ausnahmslos auf die erwähnte selbe Quelle zurückgehen. Dehn berichtigt. Die Angriffe gehen weiter. Die kirchliche Behörde (das Evangelische Konsistorium der Mark Brandenburg, Abteilung Berlin) tadelt Dehn und sucht die Beschwerdeführer zu beruhigen. Zwei Jahre später wird Dehn nach Heidelberg berufen. Pfarrer Traub (die »Eisernen Blätter« der Kriegszeit bestehen auch heute noch) veröffentlicht unverändert die alten Beschuldigungen – die theologische Fakultät zieht »unbeschadet der Vertrauenswürdigkeit des Herrn D. Dehn« (unter dem Protest eines Mitgliedes) die Berufung zurück. Bevor das badische Ministerium eingreift, verzichtet Dehn seinerseits auf die Professur: er nimmt eine Professur in Halle an, auf die ihn der preußische Kultusminister Grimme aufgrund einer Vereinbarung mit der theologischen Fakultät beruft. Nun wächst der Fall ins Große. Der nationalsozialistische Studentenbund verteilt ein Flugblatt, in dem es heißt: »Wir fragen: Wer ist Herr Dehn? 1. Herr Pfarrer Dehn ist Pazifist. 2. Herr Pfarrer Dehn ruft zur Kriegsdienstverweigerung auf. 3. Herr Pfarrer Dehn fordert die Entfernung der Gefallenengedenktafeln aus der Kirche. 4. Herr Pfarrer Dehn will die deutschen Kinder zum krassesten und feigen Pazifismus erziehen. Sollen wir zusehen, wie ein solcher Mensch ein Ordinariat an unserer Universität erhält? Gibt es nicht unzählige erfahrene Pfarrer, die von den neudeutschen Herren im preußischen Kultusministerium unberücksichtigt bleiben? – Liebt ein solcher Pazifist, der sein Volk zur Wehrlosigkeit und zur Feigheit erziehen will, sein Vaterland? – Deutscher Student! Wir wollen ehrliche deutsche Männer als Professoren unserer Hallischen Universität haben! – Oder willst du Gumbel-Geist bei uns einziehen lassen?« Die Hochschulgruppe wird auf ein Jahr verboten. Daraufhin beschließt die »Deutsche Studentenschaft«, die Universität Halle zu verlassen. Ein neues Element kommt in die Debatte: das Wort »marxistisch«: ein deutscher Student kann »niemals einen Führer und Lehrer anerkennen, der in der Zeit des tiefsten Niederganges unseres Volkes Worte pazifistischer und marxistischer Tendenz auf Kanzel und Katheder im Munde führt«. »Rektor und Senat schlagen aber diesem Verlangen der deutschen Jugend ins Gesicht, indem sie ihre schützenden Hände über einen aufoktroyierten Dozenten halten, anstatt sich an die Spitze der Studentenschaft zu stellen und mit ihr den Kampf gegen die volk- und vaterlandverseuchende pazifistisch-marxistische Pest zu Felde zu ziehen«. (Zwischenspiel: die durch den Auszugsbeschluß erschreckte »Arbeitsgemeinschaft Deutscher Geschäftsleute Halle« schließt ihre Eingabe an die Stadtverordnetenversammlung, in der die katastrophale Wirkung des Auszuges auf die Hallische Geschäftslage betont wird, mit den Worten: »Wir appellieren an die gesamte Bürgerschaft und hoffen das, was in Heidelberg möglich gewesen ist, auch in Halle möglich zu machen, nämlich die Abberufung des Pfarrers Dehn, der es gewagt hat, unsere im Felde gefallenen Angehörigen als Mörder zu bezeichnen«.) Rektor und Senat bleiben fest: sie halten der Studentenschaft vor, daß sie sich ein »Zerrbild« von Dehn habe suggerieren lassen, und sprechen die Zuversicht aus, daß die Studenten »nach dem Grundsatz akademischer Wahrhaftigkeit erst einen Mann prüfen, ehe sie ihn ungesehen verurteilen«. Der Dekan der theologischen Fakultät versucht die Frage auf das Niveau theologischer Argumentation zu heben, läßt Dehn noch einmal seinen Vortrag interpretieren und faßt seine eigene Meinung in die Sätze zusammen: »Die Verantwortung für seinen Magdeburger Vortrag wie für die Auflösung des Problems Christentum und Krieg trägt er selbstverständlich allein. Er weiß auch sicherlich, daß hier kritische Beanstandung möglich ist. Aber das Prinzip, von dem er hier ausgeht, alle Dinge, auch den Krieg, von einem im Worte Gottes gebundenen Gewissen zu beurteilen, ist ein so echtes Prinzip der Reformation, daß gerade die Universität Halle-Wittenberg sich an dem geistigen Erbe Luthers verfehlen würde, wenn sie diesem Prinzip Gewalt antun wollte«. Die Studentenschaft verzichtet »mit Rücksicht auf die Bürgerschaft Halles und im Hinblick auf die Notlage, die die vielfachen Bindungen der Studenten an ihre Universitätsstadt nicht im Augenblick lösen läßt« auf den Auszug, fordert aber den Rücktritt des Rektors. Die ersten Vorlesungen Dehns werden unter ungeheurem Tumult mit polizeilicher Hilfe durchgesetzt. Einer Äußerung der Studentenschaft, die Dehn als »sehr fragwürdigen Charakter« bezeichnet, setzt der Senat sein Votum vom Jahre vorher entgegen, wonach er in Dehn eine »durchaus über den Durchschnitt hinausragende Persönlichkeit von lauterem Wollen und tiefem Ernst der Verantwortung« erblickt. Dann flaut der Kampf ab: die Dozenten bescheinigen den Studenten die »reinen, edlen Gefühle zum Vaterland«, die hinter ihren »falschen Wegen« gestanden haben, die Studentenschaft will aufgrund dieser Anerkennung »den Kampf weiterhin mit aller Energie auf der neugewonnenen Grundlage fortsetzen«. Der neuberufene Inhaber des Lehrstuhls für systematische Theologie hat den Auftrag auch für Pastoraltheologie erhalten, so daß die Studenten nicht gezwungen sind, Dehn zu hören. Der politische Kampf auf der Hallischen

Universität scheint damit trotz weiterer Proteste der Studentenschaft vorläufig beendet: man hört, daß Dehn regelmäßig liest und von einer Reihe von Theologen gehört wird. Die *theologische* Debatte setzt ein.

## Scandalum

Man wird schon aus dieser abgekürzten Darstellung des Falles Dehn gemerkt haben, daß er einen Vordergrund und einen Hintergrund hat. Sein Hintergrund ist wichtiger, typischer, sein Vordergrund ist beschämender, und geeignet, den aufmerksamen Zuschauer traurig und mutlos zu machen. Wenn Weltanschauungen, Geschichtsbilder, Ethiken aufeinanderstoßen, sind Mißverständnisse ebenso unvermeidlich wie Härten, und darin ist der Fall Dehn nichts als lehrreich. Aber das menschliche Niveau, auf das dieser Kampf von einem Teil der Kämpfer herabgedrückt wird, dürfte nicht ebenso unvermeidlich sein.

Der Fall Dehn zieht sich fast *vier Jahre hin*. Die Vorkommnisse und Äußerungen, die ihm zugrunde liegen, sind entweder im Sinne der Dehnschen Berichtigung, die mit dem wirklichen Text des Vortrags im Einklang steht, restlos geklärt (und zwar schon ein paar Tage nach dem Vorfall); oder aber, für den besonders Vorsichtigen, sie sind nicht restlos zu klären, da sich Aussage und Aussage gegenüberstehen. Aber dieser einfache Tatbestand, diese einfache Wahrheit dringt gegenüber dem Angriffswillen der Gegenpartei vier Jahre lang nicht durch. Mit erschütternder Monotonie wird von Aktion zu Aktion, von Protest zu Protest eine falsche Behauptung wiederholt, ohne daß der Versuch des Angegriffenen, sich zu rechtfertigen, auch nur ernsthaft zur Kenntnis genommen wird. Die einzige Änderung, die sich allmählich durchsetzt, ist eine weitere Vergröberung. Wir wissen heute wirklich, wie problematisch der Begriff der »Tatsache« ist, wie tief Vorentscheidungen und Deutungen auch in Bemühungen eingehen, die sich selber mit bestem Willen als »objektive« Tatbestandsaufnahmen verstehen. Im Fall Dehn aber verschwindet für einen Teil seiner Gegner das Tatsächliche völlig: es wird zu einer reinen Funktion des Standpunktes, und das nicht etwa nur momentan, in der Hitze des Gefechtes, sondern monatelang, jahrelang. Die Wahrheit selbst und die Wahrhaftigkeit werden dem Standpunkt hemmungslos geopfert. Der Angegriffene wird dieser Methode gegenüber wehrlos, und so ist denn auch die Ritterlichkeit, die Anständigkeit dem Angeschuldigten gegenüber unter den Opfern dieser mörderischen Schlacht. In der Presse und bei den Studenten wird das in der massivsten Form sichtbar, aber man kann auch einem Teil der beteiligten amtlichen Stellen den Vorwurf nicht ersparen, daß sie mit zweierlei Maß gemessen haben, oder daß sie in Menschenfurcht nicht immer energisch genug auf der Seite der Wahrheit gegenüber der Verleumdung gestanden haben. Andere wiederum haben ihre Pflicht getan, und wenn Dehn heute in Halle wirklich unbehindert liest, dann hat ja schließlich sogar die Festigkeit der maßgebenden Behörden, also vor allem des Rektors und Senates der Universität Halle und des preußischen Kultusministers, das Recht bisher durchgesetzt – wenn auch der andere Lehrauftrag ein arger Schönheitsfehler in der mühsam durchgesetzten Regelung ist. Als in Heidelberg die Fakultät aus Angst vor einem neuen Fall Gumbel die Berufung zurückzog, gab Professor D. Martin Dibelius als einziger ein Sondervotum ab, in dem der Fall Dehn in schöner Klarheit aufgefaßt und dargestellt ist. Nachdem Dibelius u. a. auf die beiden wesentlichen Unterschiede zwischen den Fällen Dehn und Gumbel aufmerksam gemacht hat (»dort ist die inkriminierte Äußerung getan worden, hier ist sie nicht getan; dort handelt es sich um eine außerberufliche politische Betätigung, hier um einen durchaus sachlichen theologischen Vortrag und die abschließenden Gespräche«) und sein Sondervotum begründet hat, schließt er mit dem männlichen Satz: »Ich müßte meine Theologie, meine wissenschaftliche Ehre und mein ganzes bisheriges Leben verleugnen, wenn ich an diesem Punkte verzichten wollte«. Nun, dieser Standpunkt hat sich bisher faktisch durchgesetzt, und das ist etwas Tröstliches am Falle Dehn – aber noch ist nicht aller Tage Abend. Der Fall Dehn ist ein Paradigma für viele mögliche Fälle. Wenn nach der Reichsexekutive des Reichskanzlers v. Papen gegenüber Preußen weitere Maßnahmen getroffen werden sollten, dann wird ihre Art paradigmatisch sein für das mögliche Schicksal derer, die das Unglück haben, der nationalistischen Bewegung nicht zu gefallen. Niemand wird so sentimental sein dürfen, sich den Konsequenzen seines eigenen Standpunktes unter Berufung auf eine angeblich überstandpunktliche Freiheit der Wissenschaft zu entziehen: beamtete wissenschaftliche Stellungen haben eine Beziehung zum öffentlichen Leben und damit zur Politik; sie haben sie selbst im Zeitalter der liberalen Fiktion gehabt und haben sie heute ganz gewiß. Aber man kann Konflikte auf verschiedene Weisen austragen; man kann sie oft gewiß nicht ohne Härte austragen, aber wenn sie demnächst nach der Methode des Falles Dehn ausgetragen werden, dann wird der kommende Kulturkampf ein einziges scandalum werden.

## Dämonie

Aber das sind wenn auch traurige, so doch allgemeine Erörterungen, die nicht zum eigentlichen Inhalt des Falles Dehn gehören. Zum Inhalt aber führt schon die merkwürdige Beobachtung, daß die Angreifer Dehns in ihrer Verachtung der Wahrheit und Ritterlichkeit alle Anzeichen eines »guten Gewissens« zeigen, also zum mindesten in der Sphäre ihrer Reflexionen durchaus »guten«, ja »idealen Willens« scheinen – was ihnen denn auch Rektor und Senat in Halle bescheinigt haben. Aber diese Beobachtung macht den Fall nicht leichter, sondern schwerer. Sie läßt den Schluß berechtigt erscheinen, den Dehn im Nachwort seiner Dokumentensammlung zieht: dieser verzerrte Idealismus sei *»Dämonie«*. Hier wird nicht etwa im Übereifer um eines politischen Zieles willen einmal ein X für ein U genommen, im Eifer des Gefechts geschwindelt, ein Auge zugedrückt – sondern hier wirkt sich echte Besessenheit in einem hemmungslosen, aber in dieser Besessenheit »ehrlichen« Zuschlagen aus. »Nationalismus« kann von echter Liebe getragen werden: aber echte Liebe ist immer konkrete Liebe, und konkrete Liebe erkennt in ihrer Hellsichtigkeit das Vaterland in seiner wirklichen Fülle, in seiner wirklichen Not, in seinen wirklichen Schwächen, in seinen wirklichen Gegensätzen, und bezieht sich darauf: und das, was *daraus* entsteht, sieht anders aus als unser heutiger Nationalismus. »Nationalismus« kann auch die leidenschaftliche Anerkennung einer Idee des Vaterlands, eines Wertkomplexes »Deutschtum« sein; dieser Nationalismus ist gegen Einseitigkeit nicht so gut geschützt wie konkrete Vaterlandsliebe – aber auch von ihm aus ist der Ton und die Methode des nationalistischen Kampfes gegen Dehn nicht erklärbar; denn mit der Beziehung auf die nationale Ideen- und Wertewelt ist gerade die Preisgabe, die hemmungslose Preisgabe des Willens zur Wahrheit und Ritterlichkeit nicht vereinbar. »Nationalismus« kann Hypostasierung, Vergötzung der Nation sein; vielleicht liegt dieser äußerste Fall bei einigen vor; nimmt man aber den Hinweis auf Gott und Christentum, der in mehreren Fällen jenen hemmungslosen Kampf begleitet, doch einigermaßen ernst, dann mag man nicht einfach eigentliche »Hypostasierung«, Absolutsetzung der Nation annehmen: dann wird man von *Dämonisierung* reden müssen. Nicht Gott wird preisgegeben, sondern die eigene Verantwortung; Gott bleibt an seiner Stelle, und die Nation wird als ein Stück Welt, als ein Stück Schöpfung anerkannt – aber man ist von diesem Stück Welt besessen, ist in ihm blind, besinnungslos, und im eigentlichen Sinne verantwortungslos. Ein Nationalist dieses Schlages ist nicht ein Handelnder, sondern ein Getriebener. Der Nationalismus überrennt die konkrete christliche Besinnung, die christliche Distanz, die christliche Kritik und die christliche Verantwortung – darin liegt seine Dämonie. Es ist vielleicht kein Zufall, daß sich die ganze Wut dieses Nationalismus, die ja Objekte genug finden könnte, hier auf einen Mann konzentriert hat, dessen Predigt eine Predigt gegen die Dämonie war: dessen Predigt ja nichts anderes enthielt als die Forderung, die nationale Verpflichtung unter das christliche Gewissen zu stellen. Die Dämonen *wollen* nicht ausgetrieben werden und wehren sich gegen jeden Versuch ihrer Austreibung.

## Die Freiheit der Predigt des Wortes Gottes

Dämonisierte Menschengruppen schicken sich an, die Macht im Staat an sich zu bringen – im Fall Dehn kündet sich ein Konflikt an, der für die christlichen Kirchen ein Schicksal wird bedeuten können.

Der Fall Dehn ist vielleicht allzusehr unter dem Motto »Freiheit der Wissenschaft« behandelt worden: Dehn selbst ging es mit Recht um mehr: um die Freiheit, als *Prediger der Kirche das Wort Gottes verkündigen zu dürfen*. Der Dekan der hallischen theologischen Fakultät und Martin Dibelius aus Heidelberg haben diesen Gedanken in den Mittelpunkt gestellt – die übrigen Heidelberger Theologen, vor allem aber das Konsistorium in Berlin haben gerade in diesem Punkt versagt. Sie mochten im einzelnen mit Dehn nicht übereinstimmen, aber sie hätten dies Grundphänomen des Konfliktes erkennen müssen: daß Dehn gepredigt hat, um den Willen Gottes in einer schwierigen und ernsten Sache zu ermitteln und zu verkünden, und daß man ihm dabei aus einem anderen, aus einem rein kreatürlichen Bereich heraus ins Wort gefallen ist. Gegen diesen Versuch, dem Prediger des Wortes Gottes den Mund zu verbieten, hätte es zwar nicht eine Einheitsfront der theologischen Wissenschaft geben müssen, die ihre Probleme mit sich ausmacht und den Laien nicht dreinreden läßt – wohl aber ein deutliches Wort der Kirche, die ihren Auftrag, der Welt vom Evangelium her »drein zu reden«, aufrechterhalten muß. Hier haben christlich-evangelische Instanzen dem Dämon des Nationalismus gegenüber nicht genügend Widerstandskraft gezeigt. Andere haben erkannt, daß hier ein grundsätzlicher Kampf gekämpft wird; wir haben nur den einen Wunsch, daß die Ereignisse der nächsten Jahre die Kirche nicht erst durch großen Schaden »klug« machen möchten; »klug« werden – das heißt in ihrem Fall freilich etwas, was in den Augen der Welt »Unklugheit« ist, es heißt: bereit zu sein, den Anspruch des christlichen Gewissens allen Dämonen gegenüber ohne Rücksicht zu verkündigen.

## Zur Theologie der politischen Entscheidung

Erst am Ende des politischen Konfliktes hat sich die öffentliche Diskussion auf diese Ebene begeben. Es war das Verdienst von Karl Barth, dem wiederholten Versuch Dehns, seinen Fall als einen theologischen Fall diskutieren zu lassen, durch einen Artikel im Hochschulblatt der Frankfurter Zeitung öffentliche Resonanz zu geben. Er tat es, indem er sich mit Dehn theologisch solidarisch erklärte: er machte die Gegner Dehns darauf aufmerksam, daß hinter seinem Vortrag die sogenannte »Theologie der Krisis« stehe, und daß es sachlich, notwendig und würdig sei, den Kampf statt gegen den einzelnen Dehn und seinen einzelnen Vortrag gegen diese Theologie selber zu führen. Mit diesem Artikel ist dann in der Tat ein zweiter »Fall Dehn« entstanden, eine ausgiebige, kaum noch übersehbare Diskussion in mehreren Zeitschriften (Deutsches Volkstum, Neuwerk, Christliche Welt, Theologische Blätter, Frankfurter Zeitung, Voßische Zeitung u. a.). Diese Aussprache hat freilich nicht zu einer Annäherung der theologischen Gegner, sondern nur zu einer immer wiederholten Fixierung der Standpunkte geführt. Die bekannten Gegensätze zwischen der deutsch-evangelischen, an der Tradition der Landeskirchen orientierten religiösen Haltung und der dialektischen Theologie haben sich wieder einmal in einem durch die eidgenössisch-deutliche Sprache Barths sichtbarlich beeinflußten Streitgespräch dargestellt, das teilweise auch in recht unerquicklichem Ton geführt worden ist. Auf der einen Seite sieht man in der elementaren Empörung der deutschen Jugend gegen das Unrecht von Versailles und in der leidenschaftlichen Hingabe an das Vaterland eine Bewegung, die nicht nur mit der Christlichkeit vereinbar ist, die sich sogar unmittelbar auf die positive Geschöpflichkeit der Nation beruft und als positiv religiös aufgefaßt werden kann, auf der anderen Seite bezieht man die grundsätzliche Kritik von der Seite Gottes her, die jedes menschliche Sein als Sein in der Sünde offendeckt, auch auf die Nation und den Krieg der Nation. Wilhelm Stapel tut ein übriges, indem er die dialektische Theologie und ihre reformatorische Wurzel, vor allem den Calvinismus, als »westlerisch« entlarvt, sie als dritte Konfession neben die römisch-magische und die lutherisch-teutonisch-mystische stellt, in Wirklichkeit aber im Grunde als »Denken« statt Glauben in unverzeihlicher Vergröberung der Probleme aus dem Bereich des christlichen Glaubens fast hinausweist. Man sieht, daß der Fall Dehn Wellenkreise zieht, die Dehns Wunsch, ihn theologisch zu behandeln, gründlicher erfüllen als wünschenswert ist.

Was sagen wir Katholiken zu diesem theologischen Streit um den

Dehnschen Standpunkt? Wenn man die dialektische Theologie in der ganzen Schärfe ihrer faktischen Ausprägung nimmt, dann ist die Deutung des Falles Dehns als eines typischen Konfliktes zwischen der dialektischen und der »anderen« Theologie wohl überspitzt. Es scheint uns, als ob der Grundgedanke des Vortrags von Dehn nicht nur vom Standpunkt der dialektischen Theologie aus, sondern von jedem wirklich christlichen Standpunkt aus bejaht werden müsse. Dehn hat anerkannt, daß es innerhalb unserer gesellschaftlichen Welt, die im Zeichen der Sünde steht, »Würde« und »Größe« und wirkliche positive Verpflichtung gibt; er hat im Grunde nichts anderes verlangt, als daß jede geschöpfliche Wirklichkeit und jeder geschöpfliche Wert grundsätzlich, und zwar konkret, unter die Kritik des christlichen Gewissens gestellt werden müsse. Damit hat er nicht eine Besonderheit irgendeiner Theologie, sondern die Grundforderung christlicher Ethik ausgedrückt. Wer zugunsten irgendeiner geschöpflich-geschichtlichen Wirklichkeit, also auch zugunsten der kriegführenden Nationalstaaten diese Pflicht der christlichen Distanzierung bestreitet, wer von vornherein nicht bereit ist, die Möglichkeit eines Konfliktes zwischen dem Geist oder dem Willen des deutschen Nationalstaates und dem christlichen Gewissen zuzugeben, der erweist sich dadurch entweder als einen »Nationalisten« anstatt eines Christen, als einen Nationalisten, für den die christliche Tradition nur ein Moment eines höheren Daseins ist, nämlich der deutschen Nation (nach dem Muster einiger Theoretiker der Action française), oder aber er erweist sich als einen Christen, der vom Nationalismus dämonisiert ist und also unbeschadet seiner sonstigen Christlichkeit und seines Glaubens in diesem Punkte nicht nur faktisch unverantwortlich handelt, sondern sogar ohne jede Bereitschaft zur Verantwortlichkeit als ein Besessener getrieben wird. Unter den Gegnern Dehns sind beide Arten vertreten. Die erste Art, die Deutsch-Christlichen, für die das Christentum besonders in seiner evangelischen Form ein Element deutschen Volkstums ist und wesentlich von hier aus gesehen wird, darf nicht als eine besondere Art christlicher Theologie ernstgenommen werden, sondern muß als das entlarvt werden, was sie ist: ein skandalöser *Miß*brauch des Christentums

Nun gibt es aber auch noch eine *dritte* Art von Gegnern Dehns, und diese Art ist die ernsthafteste. Sie nimmt grundsätzlich die christliche Sicht Dehns an, steht also selber auf dem Boden der christlichen Verantwortung politischer Gegebenheiten, zieht aber daraus die positive Folgerung: wir stehen nach Gottes Willen in der Existenz unserer Nation, sie ist heute in einer äußersten Form bedroht, und nach Gottes Willen müssen wir uns in einer äußersten Form zur Wehr setzen. Dies Argument deutet den Nationalismus also nicht als Ungehorsam, nicht als Dämonie, sondern als äußersten Gehorsam, nicht als eine Absolutsetzung einer geschöpflich-relativen Wirklichkeit, aber als einen strengen und leidenschaftlichen Dienst an ihr; hier wird der Vortrag von Dehn nicht als ein prinzipieller, sondern nur als ein faktischer, wenn auch schwerer und unverzeihlicher Angriff gegen diesen Dienst betrachtet; Dehns Prinzip ist hier als richtig anerkannt, es wird ihm nur verübelt, daß er es hier und heute in einer bestimmten Front verkündet, nämlich in der Front der »Ungehorsamen«, der Leugner des Dienstes an der Nation, und daß er es nicht einbaut in die große gehorsame Bewegung der nationalen Befreiung. Der Appell der Freunde Dehns, konkret statt idealistisch zu denken und zu werten, »existenziell« Christ zu sein – dieser Apell wird hier aufgegriffen, und eben aus der in Anspruch genommenen existenziellen Bindung an das wirkliche Schicksal der Nation beantwortet. Die frühere unschuldige Trennung von Politik und Religion, die in Wirklichkeit eine ebenso harmlose Gleichsetzung war, ist auch in diesem Argument preisgegeben, und eine existenzielle Auffassung ist an ihre Stelle getreten: die Politik ist als Politik aus der wirklichen, der endlichen und relativen, aber in ihrer Endlichkeit und Relativität jeweils konkret verpflichtenden Existenz religiös zu verantworten. Damit ist ein gemeinsamer theologischer Boden für diese Art von Nationalisten und die entsprechende Art von Antinationalisten erreicht. Es geht nunmehr nicht um die persönliche Bereitwilligkeit zum »Gehorsam« und um die allgemeine Struktur dieses »Gehorsams«, sondern es geht um das jeweils objektive Moment, das im »Gehorsam« liegt – nämlich um den *Inhalt* des Gebotenen, und das heißt in diesem Falle: um die *»richtige« Deutung dieser unserer geschichtlichen Existenz*. Diese Wendung

der Diskussion, wie sie unter anderem auch von Emanuel Hirsch mitgemacht wurde, ist grundsätzlich erfreulich, wenn sie auch leider nicht in einer sehr »reinen« und imponierenden, sondern im Gegenteil in sehr getrübter Form in Bewegung gekommen ist.
Aber wir müssen uns über die Konsequenzen dieser Wendung klar werden. Die theologische Diskussion der Probleme der politischen Ethik, des Verpflichtungscharakters geschichtlicher Entscheidungen kommt zwar damit auf die richtige Ebene – aber sie wird dadurch auch zugleich sehr verschärft. Denkt man »existenziell«, so denkt man doch nicht unmittelbar aus der Existenz (das tun auch alle, die nicht »existenziell« »denken«), sondern aus dem Bemühen der *Deutung* der Existenz. Stehen sich in der Wende der Geschichte, die wir durchleben, zwei verschiedene Deutungen der geschichtlichen Situation gegenüber, die bürgerlich-nationalstaatliche und die proletarisch-internationale (um in Schlagwörtern nur anzudeuten, um was es sich handelt), so wird gerade eine anti-idealistische, eine konkrete, eine »existenzielle« Begründung religiöser Verpflichtung geschichtlicher Entscheidung die *Gegensätze verschärfen*. Vertieft der eine seine Vorentscheidung oder seine Entscheidung auf Grund seiner Deutung seiner und unserer Existenz zu einem *religiösen Nationalismus*, ruft er Gottes Willen für seinen gewiß relativen, aber in seiner Relativität als hier und heute verpflichtenden Nationalismus an, – so vertieft der andere seine Vorentscheidung oder Entscheidung auf Grund seiner Deutung der geschichtlichen Situation zu einem *religiösen Sozialismus*, und ruft Gottes Willen für *diese* Entscheidung an. Es ist natürlich nicht so, daß sich nun einfach determinativ die Klassenexistenz des einzelnen in seiner Deutung durchsetzte, daß also der Bürger nationalstaatliche, der Proletarier sozialistische Existenzdeutung betriebe – aber in dem Maße der Klassengegensatz wirklich antinomisch ist, in dem Maße es sich hier wirklich um unvereinbare Gegensätze handelt, zwischen denen man *entscheiden* muß – und es ist sicher, daß der Klassengegensatz solche Momente enthält – in dem Maße muß in der Wendung zur religiösen Verantwortung der geschichtlichen Existenz der *Klassengegensatz* zu einem *Gegensatz der religiösen Entscheidung werden*.
Wenn Hirsch Karl Barth das Wort im Falle Dehn entziehen will, weil

er als Schweizer nicht aus der Existenz des Deutschen in der Schicksalsgemeinschaft des geknechteten Volkes spreche und darum wegen der religiösen Bedeutung des Existenziellen auch *religiös* in diesen Dingen nicht mitzureden habe – dann kann jeder religiöse Sozialist mit dem parallelen Argument Hirsch das Wort entziehen wollen, weil er als unbelehrbarer Bürger nicht aus der Existenz des entwürdigten und ausgebeuteten Proletariers und der darin begründeten Schicksalsgemeinschaft des internationalen Proletariats spreche.

Wir dürfen diese Verschärfung nicht beklagen, wenn wir uns auch im Augenblick noch nicht würdig darin zurechtfinden können, ja, wenn uns auch im Augenblick nicht einmal die theologischen und philosophischen Kategorien zubereitet sind, mit denen wir diese Auseinandersetzungen fruchtbar führen könnten. Diese Verschärfung kann im Grunde zu einem Symptom eines wachsenden Ernstes werden, der in die Erörterung politischer Fragen einzieht. Wir müssen diese Verschärfung der politisch-theologischen Diskussion durchtragen und uns in Ernst und Aufrichtigkeit, in der Gebundenheit und Freiheit unseres Gewissens unseren Weg durch das Gestrüpp dieser Fragen und durch das dichtere Gestrüpp der politischen Wirklichkeit selber zu bahnen suchen. Es wäre die beste Seite in dem sonst an Peinlichkeiten und Unerquicklichkeiten so beschämend reichen Fall Dehn, wenn er die Bemühungen um die Erkenntnis von Gottes Willen in dieser geschichtlichen Stunde durch die Bewegung, die er hervorgerufen hat, befruchten könnte.

## Katholiken zwischen Anpassung und Widerstand

### Faschistische Lockung – antifaschistische Entscheidung

Ich bin ein schlechter Zeuge katholischen Widerstandes, weil meine Gegnerschaft gegen den deutschen Faschismus genau so stark politisch (nämlich sozialistisch) wie religiös begründet war. Aus dem Potential katholischer, im Grunde naturrechtlicher Sozialkritik und aus marxistischen Überlegungen hatte ich schon früh für eine Politik optiert, die sich sowohl vom religiösen Sozialismus wie von der katholischen Gesinnungsfront gegen den Nationalsozialismus durch den Vorrang des Politischen unterschied. Unter dem Titel »Faschistische Lockung – antifaschistische Entscheidung« hatte ich noch nach der Machtergreifung im Februar 1933 in mehreren Städten gegen das Unabwendbare gekämpft. Im Sommer 1933 setzte ich dann in verzweifelter Hoffnung, aber ohne ein wirkliches Zutrauen auf die zweite, die sozialistische Revolution in der Nazibewegung, auf den Aufstand der Sozialisten gegen die Nationalsozialisten. (Eine »Schutzhaft« galt nicht dieser Konstruktion, sondern meiner früheren Tätigkeit.) Einer meiner engsten politischen Freunde ging damals in der Absicht, für eben diese zweite Revolution zu wirken, in die SA, während seine Frau mit seinem Wissen den kommunistischen Untergrund vorzog: Zwei Optionen in *einer* Strategie. In derselben Zeit hielt ich lose Verbindung mit Kaplan Josef Rossaint, der katholische und kommunistische Jugend im Untergrund zusammenbrachte. (Rossaint wurde verurteilt, von der Kirche gänzlich verlassen; ich wurde verhört und konnte mich herausreden, ohne Rossaint zu schaden.)

Als die Hitlerherrschaft fixiert zu sein schien – »für mindestens 10 Jahre«, schrieb ich damals Gesinnungsfreunden –, war es mit allen Aktionsplänen zu Ende. Wir richteten uns im System der Diktatur ein. Den Mut zu aktivem Widerstand brachten wir nicht auf. Das war gewiß typisch für viele Deutsche, aber gewiß ebenso für die meisten katholischen Linksintellektuellen – und für die Rechtsintellektuellen auch. Der Jugendbund »Deutsche Volkschaft«, dem ich trotz diesem irreführenden Namen damals sehr nahestand, hatte immerhin den Mut, sich unter offenem Protest aufzulösen, in trotziger Resignation. Natürlich hielten wir linken Katholiken zusammen, aber unsere heimlichen aufsässigen Gespräche kann man nicht Widerstand nennen. Wir machten eher den Versuch, »in Anstand zu überleben« – oder vorsichtiger und wahrer ausgedrückt: »mit einigem Anstand zu überleben«. Ich schäme mich, daß ich es fast schon für Mut hielt, wenn ich Juden mit dem gelben Stern heimlich grüßte. Wir erfuhren dies und jenes über Haussuchungen, welche die Gestapo in unseren

Kreisen unternahm, und einmal konnte ich in München einen Mann der katholischen Jugendbewegung vor dem Zugriff der Polizei warnen. In Freiburg war ich oft Gast in einem Kreis sehr gescheiter und gebildeter Katholiken, die gute Theologie trieben, Freundschaft hielten und sich in ihrer Abneigung gegen das Regime bestärkten; zuweilen war Reinhold Schneider dabei, dessen Kleinschriften wir im übrigen weitergaben.

Ich könnte mehr über ähnliche Zusammenkünfte und Gespräche erzählen. Aber dies alles bedeutet nicht viel. Man kann es kaum auch nur passiven Widerstand nennen und begnügt sich besser damit, von einer reichlich stillen Opposition zu sprechen. Später hat mich verwundert, daß keine aktive Widerstandsgruppe auf die Idee gekommen ist, mich zu werben; ich mußte ihnen doch von den Kampfjahren als Antifaschist bekannt sein. Entweder hatte man mich nicht entdeckt, oder nicht viel von mir gehalten. Von mir aus jedenfalls habe ich nichts unternommen, sondern mich kleingehalten. In unserer journalistischen Berufsarbeit haben mein Kollege und ich in einer kritischen Stunde offen den Gehorsam verweigert, ohne Folgen. Diese Berufsarbeit selbst – im Feuilleton der »Frankfurter Zeitung« – galt dem problematischen Versuch, in der Zeit der Barbarei Bildung und Gesittung zu dokumentieren. Vom Widerstand christlicher Arbeiterführer (Letterhaus) erfuhren wir nichts, und daß es einzelne, sehr einzelne Katholiken gegeben hat, die aus religiös-moralischen Gründen den Kriegsdienst verweigerten und natürlich umgebracht wurden, haben wir erst nach dem Krieg erfahren. Die »Weiße Rose«, die kein eindeutig katholischer, sondern eher ein ökumenischer Widerstand gewesen ist, haben wir bewundert. 1944 hatte ich über Pfarrer Poelchau Kontakt mit einem Gesinnungsgenossen, dem pazifistischen Pater Metzger, – er saß wie die Männer vom 20. Juli in Plötzensee ein, ehe er ermordet wurde. Wir lebten also durchaus in der Atmosphäre der Opposition, hatten aber nicht den Mut, aktive kämpferische Gegner des Regimes zu werden. Das ist wohl ebenso für viele Katholiken wie anderseits für viel Intellektuelle typisch.

## Sonntagsgottesdienst: der stille Protest

Wichtiger, weil allgemeiner, ist eine andere Erfahrung gleichfalls nicht eigentlichen Widerstandes, so doch einer kollektiven und auch wirksamen Opposition: der Sonntagsgottesdienst, vor allem die Eucharistiefeier. Da gingen wir jeden Sonntag ganz getreu gemäß der Sonntagspflicht, in Wahrheit aber einem tiefen Bedürfnis folgend in die Gemeinde, die in ihrem Geist, in ihren Gebeten, in der Predigt eindeutig eine christliche Oase in der Wüste war. Unser Bedürfnis danach war um so tiefer, als uns nicht nur der Glaube, sondern auch die Abwesenheit des Nazi-Ungeistes in die Kirche zog. Mein Blockwart, dem ich zwölf Jahre lang mit Erfolg aus dem Wege gegangen war, kam in der letzten Nacht des Krieges zu mir und zeigte mir – unter Tränen – die gelogenen Berichte über mich, die er regelmäßig bei der Kreisleitung abgeliefert hatte. Ihm, einem proletarischen SA-Mann, der offenbar durch das kräftige Ressentiment gegen die Nazi-Bonzen motiviert war, hatte die soziale Haltung unserer Familie gefallen; deshalb hatte er unter anderem immer wieder bescheinigt, ich sei »kein Kirchgänger«. Wahrscheinlich sind damals viele Katholiken, die erst im letzten Drittel der Nazizeit feststellen konnten, daß nun auch ihre Bischöfe etwas gegen das Regime zu sagen wagten, in den Sonntagsmessen gegen die massive Propaganda, die uns von allen Seiten bedrängte, immunisiert worden. Ob es in allen Landesteilen so war, weiß ich nicht; in Frankfurt jedenfalls war es so. Das geschah nicht offen und aggressiv, sondern in indirekter Methode: dadurch, daß wir in der Kirche in einer völlig anderen Atmosphäre frische Luft atmen konnten, die Worte der Bergpredigt vernahmen, im alten und neuen Testament dem Judentum nahe waren, Trost und Stärkung fanden. Das hat ganz gewiß seine Wirkung getan. Es ging bei uns Katholiken nicht so dramatisch zu wie bei den Evangelischen, die gegen eine nationalsozialistische bürgerliche Tradition und den Reichsbischof die »Bekennende Kirche« mobilisieren mußten und konnten, aber vielleicht geschah es bei uns – auch in der Hut der Weltkirche – um so selbstverständlicher.

Wenn wir sonntags von der Frühmesse in unsere Siedlung zurück-

kehrten und den evangelischen Kirchgängern begegneten, grüßten wir einander betont freundlich auch deshalb, weil sie und wir nicht in Sachen des Führers, sondern Jesu und der christlichen Kirche unterwegs waren. Es erforderte keinen Heldenmut, aber doch auch eine gewisse Risikobereitschaft, am stillen Protest der Christen, an ihrer stillen Opposition festzuhalten. Alles in allem kann man diese kollektive Praxis als »passiven Widerstand« gelten lassen.
Mir hat er schon deshalb nicht genügt, weil ich mindestens ebensosehr ein politischer wie ein christlicher Opponent war. Im Jahre 1944 habe ich für einen großen katholischen Verlag ein sozialpolitisches Programm für die Zeit nach dem Tod Hitlers und der Kriegsniederlage ausgearbeitet. Das war natürlich formell sowohl Hochverrat wie Landesverrat, aber in diesem späten Stadium gehörte nicht viel Einsicht dazu, sondern fast nur eine vorsichtig eingesetzte Courage, aus dem Sturz und der Niederlage Hitlers, die vorauszusehen waren, die ersten Konsequenzen zu ziehen. Dieser Akt des Widerstandes kam reichlich spät. Doch zeigt diese Episode auch, wie selbstverständlich man im Kreis von Katholiken, die man nicht kannte, aber als seriös und anständig einschätzte, auf die Opposition gegen den Nazismus und auf Verschwiegenheit rechnen konnte.
Ich denke, daß in dieser Skizze eigener und einiger allgemeiner Erfahrungen manches Typische sichtbar geworden ist. Man versuchte, die eigene Identität zu wahren, dadurch zu überwintern und in einiger Vorsicht sich für die bessere Zukunft nützlich zu machen. Angesichts der ungeheuren Greuel des Systems und des eindeutig verbrecherischen Krieges war das nicht eben viel. Um so mehr haben wir Anlaß, den Katholiken bewundernd dankbar zu sein, die mehr riskiert haben, so dem Jesuiten Alfred Delp, den die Kreisauer in ihren Kreis berufen haben. Er hat dafür sterben müssen.

# Hoffnung gegen die Restauration

*In der unmittelbaren Nachkriegszeit habe ich im Kreis der Frankfurter Freunde – besonders mit Eugen Kogon – die in der Weimarer Zeit entwickelten Positionen in der Hoffnung auf eine produktive Verarbeitung der Katastrophe und ihrer Voraussetzungen neu aufgegriffen. Die Aufsätze jener Zeit dokumentieren unsere Hoffnungen und ihre Enttäuschung. Die »Zweite Republik« wurde zu einer Epoche der Restauration. Heutige junge Menschen stellen mir (und uns) oft die brennende Frage, wie es zum Nazismus gekommen sei, warum wir ihn nicht verhindert haben, was wir gegen ihn getan haben. Linke junge Freunde haben an uns eine zweite Frage zu stellen: warum ist nach der Befreiung und dem Ende des Krieges aus eurem Freien Sozialismus nichts geworden? Was habt ihr euch damals vorgestellt und warum habt ihr es nicht geschafft? Wer die beiden Aufsätze »Die Zweite Rupublik« und »Der restaurative Charakter der Epoche« hintereinander liest, geschrieben 1946 und 1951, der findet darin Antworten auf diese Frage. Sie mobilisieren in mir einen zweiten Schuldkomplex. Warum haben wir den ganz neuen Anfang verfehlt, warum haben wir den Kurs Adenauer, die Epoche Adenauer nicht verhindern oder doch modifizieren können? Die beiden Aufsätze dokumentieren jedenfalls die zweite Illusion und das zweite Scheitern in meiner politischen Biographie nach der ersten in der Weimarer Zeit. Es gibt mir zu denken, daß zweimal Männer, die so verschieden waren wie Adolf Hitler und Konrad Adenauer, beide aber ungemein willensstark, auf der Gegenseite des Freien Sozialismus standen. Wird das so bleiben? Es spricht gegen die Prognose Sozialismus, doch nicht, wie mir scheint, gegen seine Notwendigkeit.*

## Die Zweite Republik

### I.

### Kompromisse, Koalitionen

Die Deutschen lieben die Verwirklichung nicht. Sie haben Sorge, der Reichtum ihrer Möglichkeiten komme darüber zu kurz. Damit hängt es zusammen, daß sie auch die Kräfte der Verwirklichung nicht richtig einschätzen. Sie neigen dazu, an die Selbstverwirklichung des gepredigten Ideals zu glauben. Obwohl wir auf unsere Soziologie stolz waren, also die Wirklichkeit der Gruppen theoretisch recht gut kannten, verkannten wir ihre Bedeutung als »Realisationsfaktoren«. Die »Politiker« rechneten nur taktisch mit ihnen, die Ideologen vergaßen sie. Aber man darf sie nicht vergessen. Wer ein Ziel hat, muß sich danach umschauen, mit welchen Gruppen er es erreichen kann, und wer solche Gruppen ermittelt hat, muß ihren Eigenwillen einkalkulieren: das bedeutet aber, daß er das Ziel selbst danach modifizieren muß. Hier liegt der tiefere Sinn des »Kompromisses«. Es gibt faule Kompromisse, aber bei den Deutschen stehen auch die guten in schlechtem Geruch, die doch Wirklichkeiten verbünden und die Welt verändern.

Die neue Gruppen-Wirklichkeit, die im Kompromiß entsteht, heißt: Koalition. Wir haben auch von dieser politischen Wirklichkeit nur die taktische Möglichkeit gekannt, die Koalition im Sinne der parlamentarischen Spielregeln, die vorübergehende, zu nichts oder wenig verpflichtende Bindung, die man bedenkenlos aufkündigte, wenn eine neue Konstellation eine andere Mehrheit möglich machte. Wir wissen nicht, daß die Koalition den Rang geschichtlicher Mächtigkeit haben kann. Einige deutsche Politiker haben es sehr wohl gewußt. Aber sie scheiterten an den anderen, den Ideologen und den Taktikern.

### Beispiel Faschismus

So war der deutsche Faschismus eine Koalition. Er war weder ein »Prinzip« noch eine Bewegung, sondern er war ein Bündnis, das

Bündnis nicht einer parlamentarischen Konstellation, sondern einer Epoche. In ihm verbanden sich: die großen Kapitalisten und Monopolisten, die nicht mehr wie bisher mit Hilfe des demokratischen Mechanismus herrschen zu können vermeinten, sondern sich in den Zwang der direkten Herrschaft getrieben sahen; die alte Adels- und Militärkaste, die nicht mehr konservativ, sondern nur noch revolutionär und abermals direkt herrschen zu können glaubte; drittens und endlich die Massenbewegung des verzweifelnden Mittelstandes, der in der Zange zwischen dem Kapitalismus und den sozialistischen Massen mit der alten liberalen Parole nicht mehr durchkam und in seiner Existenznot gleichfalls eine letzte Chance in der Revolution und in der direkten Herrschaft sah: drei Partner mit dem gleichen Interesse, nicht mehr demokratisch mitzureden, sondern direkt zu herrschen, – der Nationalismus gab die gemeinsame Ideologie ab. Im übrigen drei Betrüger, die einander zu betrügen beabsichtigten. Inwiefern die Koalition umgeschmolzen wurde, als sich der »Führer« der einen Gruppe zur Alleinherrschaft aufschwang, und inwiefern sich gleichwohl doch auch die Interessen der anderen Partner untergründig durchzusetzen vermochten, – die wechselvolle Geschichte dieses großartig-kläglichen Wechselbetrugs, in dem am Ende alle drei die Betrogenen waren, kann hier nicht geschrieben werden. Aber das steht fest: wenn Faschismus ein Allgemeinbegriff ist (in der Art und Begrenzung historischer Allgemeinbegriffe), dann bezeichnet er weder das Prinzip der Diktatur (es gibt Diktaturen, die nicht faschistisch sind), noch das der nationalistischen Massenbewegung (die auch sozialistisch gedacht werden kann), sondern dann bezeichnet er ein Bündnis, das in einer bestimmten Stufe der gesellschaftlichen Entwicklung möglich und typisch ist.

## Beispiel Weimar

Auch die Weimarer Republik beruhte auf einem Bündnis. Es ist sehr schlimm, daß sie es nicht gemerkt hat.
Erinnern wir uns. Die Erste Rupublik entstand nicht eigentlich am 9. November, dem Tag der Revolution, die keine war, sondern sie

entstand aus dem Entschluß der Arbeitermehrheit, auf die sofortige revolutionäre Verwirklichung des Sozialismus zu verzichten und es mit dem friedlichen Weg zu versuchen. Als sie den Weg der revolutionären Minderheit verwarf, auf die Entwicklung der Arbeiter- und Soldatenräte verzichtete, Spartakus niederschlagen ließ und sich mit dem liberalen Bürgertum und den Katholiken verband in dem Entschluß, gemeinsam einen sozialen Volksstaat aufzubauen, entstand die Weimarer Republik. Arbeiter-Mehrheit, liberales Bürgertum, Katholiken – lauter Wirklichkeiten, von denen in der Verfassungsurkunde keine Rede war, und doch bestimmten sie den Sinn, den Inhalt, die Richtung dieser neuen Staatsbildung. (Oder vielmehr: sie hätten ihn bestimmen sollen.) Der Logiker wird meinen, hier sei eine bedenkliche Mischung der Kategorien vollzogen: die Arbeitermehrheit sei ein Teil einer Klasse, das liberale Bürgertum sei ideologisch definiert, die Katholiken aber sogar eine Konfession. Aber die politische Wirklichkeit baut sich nicht nach korrekten soziologischen Kategorien auf: es war in der Tat ein Bündnis der Arbeiter-Mehrheit, der Links-Bürger und der Katholiken, das den Weimarer Staat möglich machte, eine Zeitlang trug und ausfüllte. Nur aber, leider, die Beteiligten merkten es nicht. Hätten sie in ihrer »Weimarer Koalition« die politische Wirklichkeit einer Epoche gesehen, den Leib des Reiches, so hätten sie einander ernster genommen, sich aufeinander zu entwickelt, so hätten sie an gemeinsamen politischen Theorien gearbeitet, am Ende ein gemeinsames geschichtliches Ziel erarbeitet, sich auseinander- und zusammengerauft, sich durch den gemeinsamen Geist (statt durch die Verfassung und ihre Spielregeln) verbunden gefühlt, diesen Geist und ihr gemeinsames Ziel entschlossener gegen die Reaktion, gegen die Nicht-Mitträger, die Gruppen anderen Geistes verteidigt, ihn fruchtbar, wirksam und vielleicht erfolgreich gemacht.

## Der vierte Partner

Dieselbe Verkennung des staatstragenden Bündnisses und der Realisationsfaktoren verführte sie zu dem folgenschwersten Fehler, den sie je gemacht haben. In den Monaten und Jahren nach der Umwälzung hatten sie als gefährliches viertes Glied die Berufsoffiziere der alten Armee und ihre friedensentwöhnten Landsknechte in den Bund aufnehmen müssen. Zugegeben, daß sie wohl nicht anders konnten: die militanten Störungen des beschlossenen friedlich-demokratischen Aufbaues ließen sich nach dieser schwachen Revolution wohl nicht ohne Hilfe dieser Gruppe ausschalten. Erst viele Jahre später hat sich die unheimliche Macht des inzwischen zur Reichswehr durchorganisierten Militärs langsam offenbart – in der Vision der Maschinengewehre am Generalstreiktage . . .: Die Macht der Gewalt offenbart sich erst, wenn die normale Politik am Ende ist: die Maschinengewehre standen schon immer in den Kasernen bereit, aber sie waren gleichsam stumm; erst, wenn man daran denken kann, sie schußbereit zu machen, werden Waffen beredt, auch ohne zu schießen. Aber da war es zu spät, da wurde man die Herren nicht mehr los. Warum hat man sie nicht zwischen jenem erzwungenen »noch nicht« der ersten Jahre und diesem »zu spät« der letzten rechtzeitig entwaffnet und nach Hause geschickt? In den Jahren 1925, 1926 etwa? Weil man sich auf die Verfassung verließ, statt auf den wahren politischen Leib des Staates, die Arbeiter und die Katholiken. Damals hätte man die Reichswehr und ihren Offiziersbestand mit Arbeitern und Katholiken durchsetzen müssen, dann hätte man sie später *für* die Erste Republik einsetzen können, statt zähneknirschend zu erleiden, wie ihre Soldaten nun mithalfen, den Staat Schritt für Schritt nach rechts zu drücken, in den Abgrund.

## Das Versagen

Die Arbeiter und die Katholiken? Wo bleiben die liberalen Bürger? Ach, sie waren inzwischen allmählich gänzlich anderen Sinnes geworden. Als Staatsminister Hellpach den Katholiken vorhielt, man könne sie nachsichtig und tolerant als »Bürger« der Demokratie gelten lassen, keinesfalls aber als ihre »Bürgen«, da waren in Wahrheit gerade seine Bürgen wieder Bürger geworden: Bürgen der Demokratie waren sie nie gewesen. Das gilt von den bürgerlichen

Massen. Daß der Geist des Liberalismus in sehr respektablen einzelnen Vertretern mit im Spiele blieb, ist wahr und soll nicht vergessen werden. Aber um die Mitte jener vierzehn Jahre waren es im Grunde die Arbeiter und die Katholiken, auf welche die Republik, ihr eigentlicher Sinn und Inhalt angewiesen war.

Auch sie versagten. Die Sozialdemokraten aus Schwäche, aus Sättigung, aus Unglauben (aus dem Verlust des Glaubens an den Sozialismus nämlich), die Katholiken aber, weil sie das Bündnis mit den Arbeitern und seinen historischen Sinn verrieten. Das Zentrum verstand sich als »Verfassungspartei«, – so legte es Wilhelm Marx fest. Das war die Flucht aus der Geschichte in die Formalität. Es gab am Ende nur zwei fixe Punkte für das Zentrum: den christlichen Glauben mit allem, was damit besonders an Kulturpolitik zusammenhing, und die Legalität, die Verfassung. Alles andere war freibleibend. Alles war möglich, wenn es nur nicht gegen den Glauben und gegen die Verfassung war. Und weil alles möglich war, so geschah eben leider das Falsche: kein Widerstand gegen den Druck, über die Große Koalition in den Bürgerblock und aus ihm zum Ermächtigungsgesetz. War es gegen den Glauben? Nein. War es gegen die Verfassung? Nein. Also konnte es bewilligt werden. Auch der Panzerkreuzer A schien weder gegen den Glauben noch gegen die Verfassung zu sein, – auch er ein Schritt zum Abgrund. So ist das Zentrum gescheitert, weil es sich nicht wirklich und ernsthaft für die Koalition und ihren geschichtlichen Sinn entscheiden konnte, – trotz den leidenschaftlichen Bemühungen einiger Politiker, der Jugend, der Zeitungen und Zeitschriften um den Frankfurter Carolus-Verlag und seine »Rhein-Mainische Volkszeitung« und anderer Kreise verwandten Geistes. Und es *ist* gescheitert, das darf nicht vergessen oder weggedeutet werden. Hier vor allem liegt der Grund, weshalb es nicht wiederkommen darf.

## II.

Wir springen (über zwölf bittere Jahre hinweg) in die Gegenwart. Zum zweiten Mal ist den Deutschen eine Revolution geschenkt worden. Wenn man eine Revolution plant, vorbereitet, durchleidet, durchkämpft und endlich siegt, so pflegt man zu wissen, was man will. Wir wissen es im Jahre 1945–1946 ebensowenig, wie wir es 1919 gewußt haben. Der Sieger hat die vormals herrschende Macht zerschlagen, nicht wir. Deshalb ist heute wie damals der neue Staatsinhalt, den eine echte Revolution in sich ausgebildet hätte, nicht da, – er muß erst errungen werden. Auch von den reifen Staaten unterscheiden wir uns durch eben diese Grundbestimmung: der eigentliche Sinn und Auftrag unseres Staates liegt nicht in der Gegenwart, sondern in der Zukunft: er ist ein Ziel. So war es 1918, – und das Ziel ist verfehlt worden. So ist es 1946, – und das Ziel muß erreicht werden.

Also muß es zunächst gesehen werden. Wir brauchen die produktive Utopie. Wir brauchen sie um so dringender, als uns die äußerste Not der Stunde und die Enge, in der wir existieren, alles große Planen zu verbieten und uns ganz auf den Weg der Improvisation, der kleinen Lösungen von Fall zu Fall, auf den Weg des allergeringsten Widerstandes, auf den Weg zwangsläufiger, sachlicher Maßnahmen zu verweisen scheinen. Je enger der Spielraum ist, der uns für die nüchterne und überaus genaue Bewältigung der Schwierigkeiten des Tages zu bleiben scheint, um so zäher müssen wir alle Maßnahmen in die Richtung eines Fernzieles bringen, geduldig, aber unerbittlich. Zwingen die Umstände uns zu Umwegen, ja zu Rück-Schritten, so ist es um so nötiger, das Ziel im Auge zu behalten, damit bei der ersten Gelegenheit, die sich bietet, wieder ein Schritt oder ein Schrittchen in der richtigen Richtung getan werden kann. Wenn wir uns nach Art von Positivisten und reinen Praktikern von dem Scheingesetz der Stunde und des Vordergrundes beherrschen lassen, sind wir den Zufällen ausgeliefert, oder vielmehr der Schwerkraft der Dinge, den mächtigsten Tendenzen und Interessen, dazu der Trägheit. Dieses Fernziel darf nicht vom Ideal her konstruiert und der Wirklichkeit übergestülpt sein, sondern es muß aus ihren Gegebenheiten und Tendenzen in Scheidung und Entscheidung entwikkelt sein, – über diese wichtige, ja entscheidende Bestimmung wird noch viel zu sagen sein. Es hat nicht absolut, sondern geschichtlich konkret zu sein, nicht zu eng (sonst wird es sehr bald von den

Tatsachen widerlegt sein), nicht zu weit (sonst hat es keine Richt-Kraft für die Entscheidungen desTages). Es muß genügend starken (oder in Zukunft starken) Partnern willkommen oder doch zumutbar sein. Die Partner müssen die epochale Bedeutung ihres Bündnisses mehr oder weniger bewußt verstehen und es ernstnehmen. Sie müssen lernen, zwischen dem Freund und dem Gegner des Bündnisses zu unterscheiden, nicht um diesen zu vergewaltigen, sondern um mit jenem zum Erfolg zu kommen: zum Ziel.
Wie heißt das Ziel? Das Ziel der Zweiten Republik? Einer Republik, die sich inhaltlich versteht statt formalistisch, zukunftswillig statt positivistisch?
Lassen wir das Selbstverständliche (leider nicht ganz Selbstverständliche ...) für diesmal weg: den Geist der Demokratie, die Freiheit, die Gerechtigkeit. Nicht als ob diese Grundlagen unserer neuen staatlichen Existenz nicht von höchster Bedeutung wären! Wir haben ja einen drastischen Anschauungsunterricht über die Bedeutung dieser Elementarfächer erhalten, einen negativen, in den zwölf Jahren nämlich, da sie *nicht* gelehrt und geübt wurden. Aber sie sind seit dem April und Mai des Jahres der Befreiung oft und viel, schlecht und recht, doch auch gut und wahr besprochen und beschworen worden. So können wir sie hier überspringen.

## Deutschland, Europa und der Sozialismus

Gleich die erste und elementarste unter den Bestimmungen, die wir nicht überspringen dürfen, scheint unsere ganze Bemühung oder vielmehr ihr deutsches Subjekt in Frage zu stellen; denn sie heißt: *Europa*. Wir proklamieren das Ende des souveränen Nationalstaates. Wir können es um so mehr, als wir es *sind,* dieses Ende: nur müssen wir es auch wollen, um aus der Not der Stunde wahrhaft eine Tugend zu machen. Die europäischen Nationen sind zu klein geworden. Sie werden nicht mehr fertig mit der Krise, sie kommen nicht mehr durch, wenn sie daran festhalten, auf eigene Rechnung zu arbeiten. Wir steuern die europäische Konföderation an, wir suchen insbesondere enge Verbindung mit Frankreich und England, – nicht gegen andere außereuropäische Mächte, sondern geradezu für sie, wenn auch zunächst einmal für »uns«, für diesen in Krieg und Krise zerrütteten Kontinent. Wir suchen Verbindung und Austausch mit der ganzen Welt, vor allem mit den Vereinigten Staaten, denen wir am meisten Dank schulden, ferner mit unserem mächtigen Nachbarn im Osten. Die europäische Stufe darf dabei jedoch nicht übersprungen werden.

Zum abendländischen Erbe gehört die Unterscheidung der Völker: unser Ideal ist nicht der Schmelztiegel, sondern die gegliederte Fülle, nicht ein Völkergemisch, das Esperanto spricht, sondern eine *Konföderation der europäischen Völker*. In ihm will »Germania« »wehrlos« sein, wie Hölderlin es beschworen hat. »Rat« zu geben »rings den Königen und Völkern«, – diesen Anspruch haben wir allerdings gründlich verspielt, doch glauben wir freilich eines Tages den anderen das eine oder andere Wort sagen zu können, aus der besonderen Weisheit und Gnade dessen, der in schwere Schuld und unheimliches Verhängnis tief verstrickt war und sich in Selbstbesinnung und tätiger Buße gereinigt hat. Eines Tages, nicht jetzt, – denn noch ist die Stunde des Gerichtes, und es ziemt dem Angeklagten nicht, den Kläger, die Richter und die Zeugen zu belehren, es sei denn schweigend durch die Art, wie er den Prozeß durchsteht.

Europa, der arme Kontinent, kann nur gelten und bestehen, wenn er sich zusammenrafft: wenn er seine Bodenschätze, seine Produktionsmittel und seine Arbeitskraft *planmäßig organisiert*. Das bedeutet das Ende der europäischen Idylle. (Übrigens auch auf dem Lande und in den agrarischen Ländern. Hier liegen sehr schwierige Aufgaben.) Unser Friede ist dahin, seitdem wir modern geworden sind: Wir können nur zu neuem Gleichgewicht kommen, wenn wir noch moderner werden. Und freilich bei dieser Gelegenheit den ganzen Prozeß in unsere Hand und unter unseren Willen bekommen. Die europäische Freiheit und Unabhängigkeit rettet sich nicht, indem sie auf sich besteht, sondern indem sie sich freiwillig begrenzt. Das gilt für den einzelnen, wie für die Gruppen, wie für die Völker.

Wer soll der Träger des Planes sein? Nicht eine Clique (von Kapitalisten, Nazis, Bürokraten, Parteiführern), nicht der Staat (er nur »federführend«, jeweils vorläufig, stellvertretend und partiell), sondern das Volk. Das bedeutet technisch-organisatorisch so etwas wie »Wirtschaftsdemokratie«. (Wir haben nicht vergessen, daß die Demokratie von 1918 auch deshalb machtlos war, weil sie nur den Staat, nicht aber die Wirtschaft zu demokratisieren unternahm.) Aber jenes schwache Wort begreift die epochale Wendung nicht ein, die das bedeutet, nicht die elementaren und tiefen Forderungen, die sie an den Menschen, seine Moral, seine Lebensführung stellt. Wir wissen ja, daß die europäischen Völker, wenn sie ihre Wirtschaft planmäßig organisieren und diesen Plan in hundert Formen und Stufen und Arten im Volk verwurzeln, in eine neue geschichtliche Epoche eintreten – in die des verwirklichten *Sozialismus*.

Europa und Sozialismus, das ist eine allererste Fixierung. In einer geschichtlichen Bewegung, die dahin führt, hätte die zweite Republik der Deutschen als Einheit, doch in sich gegliedert und föderalistisch organisiert, ihren Platz. Der Weg zu ihr schließt eine unabsehbare Fülle von Sachschwierigkeiten und Einzelaufgaben ein, die nur in sorgfältiger, geduldiger und zäher Arbeit bewältigt werden können. Das wäre schon so, wenn uns das Regime und die Katastrophe erspart geblieben wären. Jetzt aber, nach dem Verlust des agrarischen Ostens, nach der Aufnahme der Millionen Ostflüchtlinge (deren dauernde Eingliederung sie selbst und uns alle, vor allem auch das Land, vor eine äußerst schwere Aufgabe stellt), nach der Zerstörung der Großstädte, der Verkleinerung der Industrie, der Aufteilung in Zonen, nach alledem ist alles noch um viele Grade schwieriger geworden. Wir brauchen die hingebende, nüchterne Arbeit der Fachleute, – aber auch die Entscheidungen der Politiker, die alle Einzelarbeit auf das Ganze abstellen.

## Die Arbeiter und die Christen

Träger, »Realisationsfaktoren« dieser Zweiten Republik sind die Arbeiter und die Christen. Daß wir mit dieser lapidaren Feststellung eine ungemein vielfältige gesellschaftliche Struktur sehr gewaltsam vereinfacht haben, wird nicht bestritten. Es fragt sich eben nur, ob diese Vereinfachung auf einen Grund-Dualismus nicht doch die

historische Stunde und ihre Aufgabe im Grunde richtig bezeichnet. Wir sind davon überzeugt.
Warum aber »Christen« und nicht »Bürger«? Zunächst, weil sowohl der wirtschaftliche Begriff des Bürgers (Existenz durch Arbeit mit eigenen Produktionsmitteln) als auch der allgemeinere (»Besitz und Bildung«) mit jeder Phase der großen sozialen Umwälzung, die wir seit Jahrzehnten erleben, fragwürdiger geworden sind. Sodann, weil die Bürger als solche keine Bürgen des Sozialismus, keine originären Sozialisten sein können, wenn auch durchaus Mitträger, sogar rechte und gute. Dasselbe gilt von den Bauern. Sie haben beide, wenn sie es recht verstehen, ein vitales Interesse am Sozialismus, denn ohne planmäßige und demokratische Organisation der Wirtschaft (und das heißt ja Sozialismus) kommt das Ganze nicht in Ordnung, von dessen Gedeihen das wirtschaftliche Heil des Bauerntums und der bürgerlichen Gruppen durchaus abhängt. Aber dieses ihr vitales und reales Interesse ist nicht unmittelbar, sondern mittelbar, ist umwegig, ist vermittelt durch das reale Ganze, ist erkennbar nur durch eine Besinnung auf dieses Ganze. Sie sind als Bauern und als Bürger kaum dahin zu bringen, wohin man sie zu ihrem eigenen Heile bringen muß, denn allen Gruppen als solchen fallen Umwege schwer. Die soziale Besinnung auf das Ganze ist ihnen zwar zuzumuten, zumal da sie auf ihr eigenes wohlverstandenes Interesse abzielt, aber schwer vollziehbar, – es sei denn in der christlichen Besinnung. Der soziale Appell des Christentums, der ja im Namen der Gerechtigkeit die Besinnung auf das Ganze jeweils immer fordert, vermag die starren Geister in Bewegung zu bringen, die Härte des Interessen-Denkens zu lockern. Auch ist nur in der christlichen Auflockerung und Vertiefung das bürgerliche und das bäuerliche Erbe zu retten, denn nur so wird es biegsam und wandlungsfähig. Außerhalb der christlichen Besinnung wird das bürgerliche Denken leer (wie in den letzten Phasen des Liberalismus) oder starr (wie in der bürgerlichen Reaktion). Ohne christliche Besinnung bleibt der Bauer hart und eng. Wir haben im übrigen gesehen, was aus dem Bürger und zum Teil auch aus dem Bauern wurde, wo er der großen Versuchung ohne die Kraft des christlichen Glaubens ausgesetzt war, einer Versuchung, welcher eine Kernschicht der Arbeiter-

schaft auch ohne jene Stütze widerstanden hat. Das sind rein politische Erwägungen, wie sie auch ein nichtgläubiger Politiker anstellen kann: die vorzügliche Beziehung zur Wahrheit schlechthin, die der Christ hat, lassen wir hier aus dem Spiel.
Die Arbeiter und die Christen, – damit ist ein altes und nur mit Trauer zu lesendes Kapitel deutscher Geschichte aufgeschlagen. Wir fordern ein Bündnis, – aber ist da nicht eine Kluft? Wir fordern Freundschaft, aber sind sie nicht Feinde? Es gibt Arbeiter, die Christen, und Christen, die Arbeiter sind, eine Schicht, die weder ihr Christentum noch ihr Arbeitertum verraten hat. Aber diese starke Brücke zwischen den beiden Gruppen hat nicht verhindert, daß sich die Arbeitermassen in einem Sozialismus organisiert haben, von dem sowohl Leo XIII. wie Bebel mit gleicher Schärfe geurteilt haben, daß er mit dem Christentum unvereinbar sei. Niemand kann wissen, ob das so bleibt. (Es ist ohnehin viel passiert seit 1891.) Sollte aber die alte Gegnerschaft aufrechterhalten bleiben, so würde das nichts daran ändern, daß von dem politischen Zusammenwirken der Arbeiter und der Christen das Gedeihen Deutschlands und Europas abhängt. Aber jene Koalition wäre immerhin mit erheblichen Vorbehalten belastet. Nun gibt es freilich einen Grund zu der Hoffnung, jene beiden großen Mächte der modernen Zeit könnten allmählich ein anderes Verhältnis zueinander finden.
Der Sozialismus ist aus dem Proletariat erwachsen. Der Proletarier – wir denken an die ersten hochkapitalistischen Jahrzehnte in den industriellen Bezirken Englands, Frankreichs, Belgiens, Deutschlands, Jahrzehnte ohne Sozialpolitik, ohne Arbeiterschutz, zwölf Stunden Arbeit oder mehr, kein Urlaub, »Hungerlöhne«, Kinderarbeit, Verlust des Eigentums, der Heimat, jeder Hoffnung, Verlust der Bildung, der Sitte, jeder Bindung –, der Proletarier dieses schrecklichen halben Jahrhunderts war der radikale Nicht-Bürger. Er war fast noch nicht positiv definierbar, sondern nur durch das, was er verloren hatte. Er war nicht nur ausgeplündert, sondern geradezu »ausgesetzt«, fast eine leere Möglichkeit. War es seine Schuld, daß er auch das Christentum verlor? Ein Christentum, das in recht schwer auflösbarer dargelebter Verbindung, in einer Symbiose, geradezu ein tragendes Element der bürgerlichen und bäuerli-

chen Welt geworden war (– jener Welt, aus der er ausgesperrt blieb –) und dazu die Sanktion der Herrschaft? Ein Christentum, auf das sich am Ende gar die Ausbeuter unter der beifälligen Zustimmung der bürgerlichen Zuschauer beriefen, um die Methoden der Ausplünderung zu rechtfertigen und ihn, der an seinen Ketten zerrte, als Feind der heiligen Ordnung ins Unrecht zu setzen? Wo die Schuld lag und wie sie verteilt war, das weiß nur Gott allein. Aber das ist wohl gewiß: es gehörte eine ungewöhnliche Kraft und Unbeirrbarkeit des Glaubens dazu (und also auch eine besondere Gnade), wenn in den eigentlichen Zonen der Verwüstung proletarische Christen die Unterscheidung fanden und festhielten, zu der das christliche Bürger- und Bauerntum nicht fähig noch bereit war, die Aussonderung des Glaubens aus der Verflechtung mit der Zeit. Wer aus dem Hause ausgeschlossen war, verlor auch den Gott des Hauses: von da stammt die Feindschaft, die sich ein Jahrhundert lang entwickelt hat, eine Feindschaft, die von einem anderen Teil des Bürgertums, von der Avantgarde des Fortschrittes, verhängnisvoll genährt wurde.

## Das Wort des Glaubens an die Arbeiter

Aber heute ist auch der Bürger ausgesetzt. (Lassen wir den Bauern einmal aus dem Spiel, – aber auch er ist gefährdet! Doch wird er dem Arbeiter nicht viel zu sagen haben.) Der Bürger hat die Sicherheit verloren, die früher zur bürgerlichen Natur gehörte. Er steht den Mächten der Vernichtung fast ebenso schutzlos gegenüber wie der Arbeiter (der seinerseits inzwischen viel sicherer in der Welt Fuß gefaßt hat, ja heute nicht so sehr als Proletarier ausgesetzt ist, sondern wie eben alle anderen auch). Wenn der Bürger ein Christ geblieben ist, so ist er in einer ganz anderen Weise Christ als die vielen Generationen bürgerlicher Christen vor ihm. Die Scheidung zwischen »christlich« und »bürgerlich«, die vor hundert Jahren seine Vorfahren nicht machen konnten (und die Proletarier also auch nicht), diese Scheidung hat nun das Geschick selbst vollzogen: Gott ist nicht mehr der Garant der Ordnungen und Sicherheiten, sondern der Gott des Heils, zu dem der Mensch, und nun auch der Bürger, preisgegeben und ausgesetzt, in seiner Verlorenheit die Hände und das Herz erhebt. In seiner Not ist ihm auch seine Schuld aufgegangen. Niemand kann etwas darüber sagen, ob die Christen »besser« oder »frömmer« geworden sind, das weiß nur Gott allein, aber das ist sicher, daß das Christentum durch jene Scheidung reiner, tiefer, ernster, echter geworden ist, nicht durch Verdienst, sondern kraft jenes Scheideprozesses, der die bürgerliche Schlacke vom Erz des Glaubens besser trennte. Nun vermögen sie zu den Arbeitern zu sprechen, die bürgerlichen Christen, als Ausgesetzte zu Ausgesetzten, im gleichen Geschick. Nun vermögen proletarische Ohren die christliche Verkündigung wieder zu vernehmen.

Das ist eine Möglichkeit, mehr nicht. Weder weiß man, ob die Christen sprechen werden, noch ob die Arbeiter hören wollen. Es ist nur ein Hindernis weggefallen. Es hat sich ein Weg aufgetan, der lange versperrt war. Noch weiß niemand, ob sie ihn gehen werden, die Arbeiter und die Christen. Aber diese bloße Möglichkeit hat geschichtlichen Rang.

Der Christ wird sie im Licht des Glaubens sehen, als eine Möglichkeit des Heiles. Davon dürfen wir hier absehen. (Aber der Christ wird sie sehr ernst bedenken, und er wird nicht vergessen, daß das Gebet eine heimliche Macht besitzt, die Epoche machen kann.) Hier reduzieren wir die Frage auf ihren politischen Gehalt. Europa hängt von den Arbeitern und von den Christen ab. Ohne die Arbeiter (ohne ihre aktive, ja führende Mitarbeit) geht es nicht. Ein Europa ohne die Arbeiter, oder gar gegen sie, würde ersticken; es würde Schritt für Schritt in die Reaktion verstrickt werden, daran würden auch die wohlgemeinten Anstrengungen der sozialen Bürger und der tüchtigen Fachleute nichts ändern. Aber es geht auch ohne die Christen nicht. Sie bringen das Erbe der Jahrhunderte mit. Ohne die christliche Auflockerung und Vertiefung wäre dieses Erbe dem neuen Europa nicht assimilierbar. Die Christen bringen viele reife und feste Menschen mit, schlichte und führende; ohne sie käme die »Linke« nicht durch. Die Arbeiter unter den Christen, ob sie nun parteipolitisch hier oder dort oder dazwischen stehen, werden mithelfen, die beiden Mächte einander näherzubringen. Auf ihrem Verhältnis beruht die Zukunft Europas. Zunächst wird nur die Bereitschaft zur politischen Zusammenarbeit verlangt, die Bereitschaft auch, einander ernstzunehmen, sich miteinander zu beschäftigen. Ferner, gemeinsam an der Formulierung und lebendigen Ausprägung politischer Vorstellungen zu arbeiten, die bestimmt genug sind, um klare Entscheidungen möglich zu machen und Freund und Gegner unterscheiden zu lassen, aber weit genug, um den sozialistischen Hoffnungen und den christlichen Verantwortungen zugleich Raum zu geben. Alles andere wird man der Zukunft überantworten. (Und der Hand Gottes anvertrauen, der nicht nur aus Königen Heilige erwekken konnte, sondern auch Herr der modernen Gesellschaft ist.)

## Die Parteien

Parteien können wechseln. Die Chance einer deutschen Labour-Partei (in der die Zweite Republik einen einheitlichen Träger gefunden hätte) ist entweder nicht ernstlich dagewesen oder aber rasch vertan worden. Wer will, mag dieses Ziel ansteuern. Vorläufig ist die Labour-Idee nur in einer ziel- und selbstbewußten, staatstragenden Koalition zu verwirklichen. Parteien können wechseln, – und diese Ausführungen wären mißverstanden, wenn man sie allzufest auf die gegenwärtige Parteienkonstellation bezöge. Aber man wird immerhin sagen können, daß neben den Gewerkschaften und anderen Zweigen der breiteren Arbeiterbewegung die beiden »Arbeiterparteien« Ansätze zeigen müssen, die in der Richtung auf eine solche Koalition entwickelt werden können.
Vor allem natürlich die SPD, der in dieser Stunde und in dieser Sache eine große historische Aufgabe und Verantwortung zufällt. Wer das so sieht, wird dieser Partei, ob er ihr nun angehört oder nicht, mit aller Wunschkraft des politischen Herzens anwünschen, sie möge gläubiger, jünger, unbefangener, lebendiger, vor allem aber weniger doktrinär-marxistisch und mehr lebendig-sozialistisch werden, – entschiedener und flexibler zugleich. Ferner wird sie erkennen müssen, daß sie in dem traditionellen Freidenkertum eine recht belastende Erbschaft des liberalen Bürgertums mit sich herumschleppen würde. Sie sollte ihre kulturelle »Links«-Haltung, die sie

keineswegs gegen einen Traditionalismus christlicher oder nationaler Prägung einzutauschen braucht, neu formulieren, und zwar so, daß sie nicht mehr im Gegensatz zum christlichen Glauben steht. Die KPD hat durch die Tat zu erweisen, daß sie der Diktatur ein für allemal abgeschworen hat. Es ist ja überhaupt nicht so ganz einfach mit ihr. Wird sie auf die neue Situation als deutsche europäische Partei sachlich und endgültig und nicht nur taktisch eingehen? *Wenn* sie das tut, und zwar nicht nur in Worten oder allzu kurzfristigen Taten, sondern gründlich, endgültig und glaubwürdig, so wird sie einen Beitrag leisten können, und dann werden die anderen, auch die Christen, ebenso ehrlich bereit sein müssen, ihn als politisches Faktum in Rechnung zu stellen. Die KPD hat früher viel »schlechtes Material« gehabt, – die »Ausgesetztheit« der äußersten Proletarität ist ja nicht nur eine Chance zur guten Radikalität, sondern auch eine Versuchung zur Verantwortungslosigkeit. Sie war mit Radikalinskis und Intellektualisten belastet, war aber auch die Heimat und der Kampfplatz von unbeugsamen, mutigen Sozialisten. Es wäre ein großer, ja ein entscheidender Gewinn, wenn diese Tradition, von ihren terroristischen Schlacken gereinigt, nicht in taktischer Anpassung, sondern in ehrlicher Bereitschaft in eine Koalition eingebracht würde. Freilich würde das nicht nur den Abbau der diktatorischen Absichten, sondern auch der grundsätzlichen Feindschaft gegen Christentum und Religion voraussetzen. Die besten Kommunisten kennen die Bedeutung einer absoluten Bindung: sie sollen sie auch im Christen ernstlich respektieren.

## Christliche Sammlung?

Die Christen haben sich in den meisten Gegenden zur »Christlich-Demokratischen Union« zusammengefunden. Ist sie ein Zentrum auf verbreiterter Grundlage? Eine christliche statt einer katholischen Sammelpartei? Kommt es auch ihr im Grunde nur auf die zwei festen Punkte Christentum und Verfassung an? Entwickelte sie sich so, dann wäre die Partei in Gefahr, die historische Aufgabe zu verfehlen; sie heißt: europäischer Sozialismus aus christlicher Verantwortung, sie heißt also: die christlichen, die katholischen und die evangelischen Arbeiter, Bauern und Bürger so zu führen, daß sie als wirkliche Glieder jenes Bündnisses den Weg zur Zweiten Republik wirklich mitgehen. Das wäre also ein Links-Kurs? Wenn man will: Ja. Aber was heißt schon »links«? Dieser Kurs ist ebenso sehr ein Rechts-Kurs, wenn »rechts« den Sinn für die Bindung, die Traditionen, das »Alte Wahre« andeutet. Es geht darum, aus der konservativen Grundhaltung des Christen in klarer Einsicht in das Notwendige jene not-wendenden Taten entschieden zu tun, die der konservative Mensch bisher im allgemeinen lieber den unruhigen »fortschrittlichen« Naturen überlassen hat.

Es gehört zu dieser Aufgabe, daß die Union den Versuch machen muß, die evangelischen Christen aus jeder Verstrickung in den Nationalismus, aus jeder Bindung an den Geist des alten obrigkeitlich-militärischen Deutschlands zu lösen. Die Bekennende Kirche hat in ihrem Bekenntnis zum wirklichen Christus die Grundlage für die Befreiung aus den Banden eines deutsch-bürgerlichen Verständnisses des Christentums gefunden; den liberalen und den vermittelnden Schichten in den Kirchen wird es weit schwieriger sein, ihre politische Heimat durchaus preiszugeben und in einer neuen Fuß zu fassen. Diese politische Bekehrung aber kann ihnen nicht erspart werden. Die Union soll freilich »sammeln«, aber nicht alle Christen schlechthin und unbesehen, sondern nur alle diejenigen Christen, die das Gesetz der Epoche und die politische Sendung der Christen begriffen haben.

Haben wir die christlichen Arbeiter vergessen? Nein: sie haben den Schlüssel in der Hand. Sie sind die Klammer. Sie sollten in der Union stark sein als Garantie gegen jede Verbürgerlichung. Und sie sollten auf der »Linken« als lebendiger Einspruch gegen eine atheistische oder freidenkerische Verengung der sozialistischen Arbeiterbewegung kräftig wirken.

## Der Geist der Epoche

Die Erörterung hat ins Parteipolitische geführt. Sie darf nicht damit schließen. Die Parteien selbst, die hier als Subjekte der Politik in die

Rechnung eingesetzt werden, sind noch lange nicht so weit, in diesem Sinne eindeutig zu wirken. In ihnen, aber auch außerhalb ihrer muß der Geist der Zweiten Republik Boden fassen, die Köpfe und auch die Herzen gewinnen. Es geht ja nicht nur um politische oder ökonomische Maßnahmen, sondern auch um Menschen, die sie tragen. Es geht nicht nur um die Republik, sondern auch um die Republikaner, nicht nur um eine Art von technisch-organisatorischem Sozialismus, sondern um den sozialistischen Menschen, den christlich fundierten vor allem, der die neue Ordnung schon in ihrer Entstehung wirklich mit seinem Geiste erfüllt. Der Vorgang hat nicht politische, sondern historische Dimension. Es geht um den Geist einer Epoche. Diese Sache geht die Literatur so gut an wie den Staat und die Wirtschaft, sie berührt die Dichter, Schriftsteller und Verleger, die Lehrer und die Theologen so gut wie die Berufspolitiker. Die Gegenwart trägt die Zukunft in ihrem Schoß. Die Geburt kann glücklich sein und sie kann mißraten. Das ist ein Vorgang größer als alle Programme. Die Politik ist in einem größeren Gesamtgeschehen nur eine Zone, eine recht zentrale freilich. In ihr aber kommt es sehr auf das »Programm« an, auf die Entscheidung, auf ein eindeutiges Ziel. Wenn es recht ermittelt worden ist, hilft es der Epoche, zu sich selber zu kommen. Doch kann sie auch alles verderben. In Deutschland hat die Politik viel verdorben. Der Geist, der sie preisgab und sich dann und deshalb selbst an sie preisgeben mußte, darf nicht länger vornehme Abstinenz üben, die Politik darf nicht länger geistlos bleiben. Der Geist, die Geistigen in Deutschland, gehören mit in die Verschwörung hinein. Haben wir von ihnen noch nicht gesprochen? Wir haben ständig von ihnen gesprochen. Geht es ohne die Arbeiter nicht und nicht ohne die Christen, so geht es auch nicht ohne den Geist. Darüber wird noch viel zu sagen sein.

### »Spes contra spem«

Wird es denn überhaupt gehen? Ach, es ist eine »Hoffnung wider die Hoffnung«, die hinter der Proklamation der Zweiten Republik steht. Wir haben allen Anlaß, das deutsche Volk für recht schwer belehrbar

zu halten, und auch seine Umwelt besteht nicht nur aus Philosophen und Idealisten. Zieht man Bilanzen, so ist das Ergebnis unklar; wenige Positionen sind genau bekannt, viele sind unbekannt oder noch unentschieden. Die Hoffnung muß an vielen Stellen der Rechnung positive Größen einsetzen, deren man noch nicht sicher ist. Lohnt es sich, daraufhin anzufangen? Das ist eine Sache des Glaubens und der aus ihm genährten Hoffnung. Wir wissen nicht, ob der Herr der Geschichte uns Europäern eine im irdischen Sinne sinnvolle Fortsetzung oder gar Vollendung unserer Traditionen bestimmt hat oder nicht. Wir dürfen es aber hoffen. Und auf diese Hoffnung hin dürfen wir ans Werk gehen, – ja, müssen wir ans Werk gehen:
»Für uns gilt allein das Versuchen. Der Rest ist nicht unser Geschäft.«

## Der restaurative Charakter der Epoche

### Die Stunde verpaßt

Wir sind dabei, den Frieden zu verlieren. Die Völker Europas haben weder den militärischen Zusammenbruch noch den militärischen Sieg zu nutzen verstanden. Sie haben die Aufgabe nicht gelöst, die ihnen gestellt war: nach dem Zusammenbruch der alten Welt eine menschlichere aufzubauen. Sie haben den Weg des geringsten Widerstandes gewählt. In dem harmlosen Wort »Wiederaufbau« hat sich dieser Weg bereits 1945 angekündigt. Angst, Bedürfnis nach Sicherheit und Bequemlichkeit waren stärker als Mut, Wahrheit und Opfer, und so leben wir denn in einem Zeitalter der Restauration.
Die Wiederherstellung der alten Welt ist so nachdrücklich geschehen, daß man sie zunächst einmal als Tatsache hinzunehmen hat. Sie kann nicht durch einzelne Taten der Erkenntnis, des Willens, der Politik, durch einzelne Entschlüsse, Tagungen und Aufrufe geändert werden. Aber freilich hängt unser Schicksal davon ab, daß auf weite Sicht dieser Geist, diese Lebensform und diese Politik in Europa

überwunden werden. Die Welt, die sich selbst zerstört hat, »wiederaufzubauen«, heißt ja, eine Welt wiederaufzubauen, die abermals den Keim des Unheils in sich trägt. So zu existieren, ist lebensgefährlich für uns und unsere Kinder, obwohl die Restauration sich selber geradezu als eine Versicherung gegen Lebensgefahr versteht. Außerdem aber ist es ein Skandal und eine Schande – obwohl die Restauration sich selber eher als eine Sicherung gegen mancherlei Skandal und Schande versteht, und obwohl Menschen in ihrem Dienst stehen, die voll guten Willens sind. Nach den Lehren, die uns erteilt worden sind, nach den Schlägen, die wir durch die Zuchtruten Gottes haben hinnehmen müssen, nach den Verbrechen, in die wir verwickelt waren, kann niemand bestreiten, daß wir unsere Stunde hatten. Wir haben sie verpaßt.

Es ist nicht der Augenblick, so etwas zu sagen? Es ist nicht recht, Entmutigendes zu sagen in einem Augenblick, da wir alle Energien auf die Verteidigung zu sammeln haben? Dieser Einwand klingt sehr nüchtern und männlich. Er ist so nüchtern und männlich wie der Geist, aus dem er kommt, der Geist der Strategie. Aber dieser Geist ist selber Geist vom Geist der Restauration. In diesem Argument, in der strategischen Einheitsfront und in der Ruhe, die in Bürgerkriegszeiten die erste Bürgerpflicht ist, steckt die Angst (und manchmal die Hysterie), welche eine der Wurzeln der restaurativen Gefühle, Gedanken und Taten ist, und zweitens die kalte Berechnung des unmittelbaren Vorteils, welche ihre andere Wurzel ist. Es ist niemals zu spät, zu sehen, was ist, zu erkennen, was ist; und es ist selten zu spät, zu sagen, was ist. Der Entschluß, die Restauration durch eine menschlichere Welt zu überwinden, ist gewiß ein Entschluß auf weite Sicht, und niemand weiß, ob ein Dritter Weltkrieg uns die Zeit lassen wird, den Weg zu Ende zu gehen, der von diesem Entschluß bis zu seiner Verwirklichung führt. Er bleibt trotzdem das Wichtigste, was getan werden kann, auch für den Christen, dem das Eine Notwendige am Herzen liegt. Bleibt uns jene Zeit, so kann es sein, daß die Strategie überflüssig werden wird, weil der Dritte Weltkrieg ebendeshalb nicht stattfinden wird. Bleibt sie uns nicht, so gehen wir doch mit diesem Entschluß im Herzen der dunklen Zukunft anders entgegen als in Angst und Berechnung.

Damit aber genug des Pathos – des Leidens nämlich, der Klage und der Anklage. Wichtiger ist, zu erkennen, was ist, und zu sagen, was ist.

## Restauration und Realpolitik

Restaurationen sind Versuche, nach Revolutionen und anderen Umwälzungen den früheren Zustand wiederherzustellen. Der klassische Fall knüpft sich an den Namen Metternich. Die französische Revolution und was sie in Europa in Bewegung gesetzt hatte, die Diktatur Bonapartes und seine Eroberungen, die Freiheitskriege und die von ihnen erweckten nationalen Bewegungen: dies alles sollte überwunden werden durch ein System der Wiederherstellungen: der Monarchie, der Legitimität, des Christentums, der Vorrechte der herrschenden Schichten, des Gleichgewichts der europäischen Kabinette. Mit der Pariser Juli-Revolution von 1830 war die Periode dieser klassischen Restauration zu Ende, aber sie ist in Gesamteuropa niemals völlig überwunden worden, und selbst die gegenwärtige ist durch manche Fäden mit ihr verbunden.

Dieses Beispiel der klassischen Restauration und der Name ihres führenden Kopfes warnen uns von vornherein vor einer Unterschätzung der restaurativen Möglichkeiten; Metternich war ein bedeutender Kopf, und als »Realpolitiker« war er den meisten seiner ideologischen Gegner überlegen. Die »Realpolitik« ist immer ein gewichtiges Element der Restauration. In einer doppelten Bedeutung: als die Politik der greifbaren Tatsachen des Vordergrundes und der Gegenwart, und als die Politik, die für die Zukunft nicht mit dem möglichen Guten, sondern mit dem wahrscheinlichen Bösen rechnet. Die Gegner der Restauration haben bestenfalls die Tatsachen der Zukunft und die Hoffnung, nicht aber die Sicherheit der besseren Zukunft für sich, – das ist ihre schwache Position. Die Restauratoren machen als Realisten im übrigen nicht nur böse, sondern auch viele nützliche Dinge. Sie sind weder Verbrecher noch Sadisten, sondern normale, ja allzu normale Menschen. Ihre Führer sind manchmal stärker und bedeutender, sie sind fast immer geschickter als ihre

Gegner. Finden sie keine ebenbürtigen Gegner, dann scheitern sie erst, wenn die bösen Folgen ihrer Klugheit stärker werden als sie selbst.

*Wo findet die Restauration statt?* Was in der UdSSR geschieht, kann ebensowenig mit diesem Wort bezeichnet werden wie der Geist und das Leben der Vereinigten Staaten, die in einer anderen Phase der Geschichte und des Bewußtseins leben. (Ebendeshalb fördern sie oft die europäische Restauration, ohne zu wissen, was sie damit fördern; manche von ihnen freilich wissen es.) Auch die planmäßig gesteuerte Umwälzung in der breiten Zone zwischen dem bolschewistischen Rußland und dem Eisernen Vorhang, vom Balkan bis zum Baltikum, ist etwas anderes; ebenso das sehr langsame Vorwärts- und Rückwärts-Rücken der reformistischen Länder Skandinaviens. Lassen wir Südamerika, Kanada, Australien aus dem Spiel, das dunkle Afrika, immer noch wie je eine Sphinx, den gärenden Nahen Osten. *Das Feld der Restauration ist Westeuropa,* Skandinavien ausgeschlossen, von Athen bis London, von Madrid bis Berlin.

## Verbindung mit der Reaktion

Die Restauration darf weder mit dem Konservativismus noch mit der Reaktion verwechselt werden, aber sie kann mit beiden Verbindungen eingehen.

*Konservativ* sein, heißt: Bestehendes und Geltendes bewahren wollen, *weil* es besteht und *weil* es gilt und weil man das Weiterbestehen und Weitergelten vor dem Ganzen vertreten kann. Das gute Gewissen, das freilich bis zur Grenze der Tragfähigkeit ein irriges Gewissen sein kann, gehört ebenso zum konservativen Gefühl und Weltbild wie das wirkliche Dasein und die wirkliche Geltung dessen, was da bewahrt werden soll. (In England kann man auf konservative Weise für das Königtum sein, in Bayern heute nicht mehr.)

Eine bedrohte konservative Position wird versucht sein, sich mit restaurativen Kräften zu verbinden. Das mag in England der Fall sein. In Deutschland ist diese Möglichkeit in der gegenwärtigen restaurativen Periode weniger interessant als vor hundertdreißig Jahren; denn hierzulande ist die einzige konservative Position von einiger Bedeutung – so paradox das klingen mag für jene, die sich unter einem Konservativen nur einen Gutsbesitzer mit langem Bart, einen englischen Kohlenlord oder einen katholischen Erzbischof vorstellen können – die der Gewerkschaften. Der Großgrundbesitz hat seine Basis verloren, das Bauerntum kann sich mit gutem Gewissen nicht mehr durch Bewahrung retten, sondern nur durch Wandlung. Dasselbe gilt von allen überlieferten Positionen, die im Besitzstand sind, auch von den Kirchen, von den Universitäten. Sie alle können nicht mehr konservativ sein, sondern stehen vor der Wahl, sich durch Restauration oder durch Wandlung zu retten. Das gilt natürlich *auch* von der Gewerkschaftsbewegung – aber bei ihr trifft noch am ehesten zu, was über die konservative Position zu sagen ist: daß man mit gutem Gewissen einen Besitzstand von Organisationen und Rechten festhalten kann, für den die Großväter in den Gefängnissen gesessen haben.

*Reaktion,* Re-aktion, ist eine Aktion; sie hat ein handelndes Subjekt. Restauration dagegen ist ein Vorgang, ein Prozeß, ein Zustand, ein Klima; sie hat viele Subjekte, die wohl miteinander zusammenhängen, die aber durchaus nicht immer miteinander zu kooperieren brauchen. Wenn die Restauration eine Verschwörung ist, so ist sie nur zum kleineren Teil eine bewußte Verschwörung. Sie entsteht mehr aus der Trägheit (der sehr geschäftigen Trägheit) der Menschen als aus ihrem Willen. Freilich findet sich wohl immer ein großer Metternich, und viele kleine finden sich, welche die restaurative Sehnsucht und die restaurative Neigung, den Weg des geringsten Widerstandes zu gehen, dem eigenen Machtwillen dienstbar machen und organisieren. Reaktion und Restauration können sich verbinden. Hugenberg war ein reaktionäres Element, Hindenburg ein restauratives; von Papen war Reaktionär, seine katholischen Anhänger fühlten großenteils restaurativ; der Kapp-Putsch war ein Akt der Reaktion, die beiden Hindenburg-Wahlen waren Akte der Restauration, die erste unmittelbar, die zweite mittelbar, weil die Linke die Restauration als kleineres Übel der faschistischen Diktatur vorzog. Die Reaktion ist sich ihrer selbst bewußt, sie hat ein böses, aber wahres Bewußtsein ihrer selbst. Die Restauration weiß nicht, was sie tut, sie hat insgesamt ein verworrenes, im einzelnen oft ein falsches Bewußtsein und meist sogar ein gutes, wenn auch irriges Gewissen. Hat sie doch immer unzweifelhafte Werte einzusetzen: die Überlieferung, den Besitz, die Ordnung, bewährte Methoden, berühmte Namen.

*Restaurationen sind niemals total.* Wenn es nicht die andere Möglichkeit gäbe und wenn sie nicht greifbar wäre: die Möglichkeit, den Weg des größeren Widerstands zu gehen, die Widersprüche der Zeit zu lösen, aus ihnen einen neuen, menschlicheren Zustand zu gewinnen, so gäbe es auch keine Restauration. Ohne Marx und Kierkegaard kein Biedermeier, ohne Kommunistisches Manifest keinen Adalbert Stifter, ohne den Bürgerkrieg nicht die erste Bürgerpflicht, ohne die Gärung keine »Ordnung«. Restaurative Zeiten sind immer zugleich Zeiten der fälligen, aber verpaßten Umwälzung. Die Restauration ist die Angst vor der Revolution. Sie sind immer gleichzeitig da.

*Restaurationen sind niemals konsequent.* Ein »wiederhergestelltes« Haus ist niemals ganz das alte Haus. (Oder wird irgend jemand das wiederhergestellte Haus am Frankfurter Hirschgraben für das Haus Goethes halten? Es ist eines der ersten Symbole der Restauration geworden, und es wird in diesem Sinne genau rechtzeitig fertig werden.) Die Bourbonen von 1814 sind nicht dieselben wie die von 1792, Hindenburg war nicht ganz Wilhelm I., die Bonner Republik ist nicht ganz die von Weimar. Die Restauration ist eine selbständige Integration, in der die Absicht der Wiederherstellung (aus Angst, Romantik und Interesse) überwiegt, in der viele Elemente der Vergangenheit tatsächlich wiederhergestellt werden, die aber auch einen Teil der neuen Elemente in sich einbauen muß, um überhaupt wirksam und erfolgreich sein zu können.

*Restaurationen sind nicht einheitlich.* Die Gründe, warum man den Weg des geringsten Widerstandes wählt, sind verschieden, und oft sind auch die Vorstellungen und die Symbole des wiederherzustellenden Gesamtzustandes verschieden. So gibt es in Deutschland zur Zeit eine schwarzweißrote und eine schwarzrotgoldene Restaura-

tion. So äußert sich restauratives Denken und Fühlen in den verschiedenen Parteien verschieden, in den Kirchen verschieden, in den Lebensbereichen verschieden.
Der Vorgang ist so breit, daß genug Platz in ihm ist auch für sehr respektable Menschen und Motive. Adalbert Stifter war ganz gewiß ein respektabler Mann und ein bedeutender Dichter. Auch muß jeder Mensch, der etwas Bestimmtes ausrichten will, Verbindungen eingehen mit der Welt, in der er wirkt. Der »Widerstand«, das radikale Nicht-mit-machen, der Maquis, das Partisanentum sind Grenzfälle. Nur eine offenkundig böse und illegitime Macht fordert einen solchen unbedingten Widerstand heraus. Restaurierte Systeme sind nicht so böse und nicht so illegitim, daß man ihnen gegenüber zum Widerstand, zur Sabotage, zum Ungehorsam aufrufen kann. Auch gehört es zum normalen restaurativen Zustand, daß die Gegen-Möglichkeit, um deretwillen man zum offenen Kampf aufrufen könnte, nicht immer zur Übernahme der Macht und der Verantwortung bereit ist. Der restaurative Zustand ist so geartet, daß man in ihm seine Angelegenheiten betreiben kann – und ihn oft eben dadurch stützt. Nur die Berufsrevolutionäre vermögen einem restaurativen Zustand gegenüber radikal nein zu sagen; dieses Nein auch radikal durchzuhalten, bringen aber nur diejenigen unter ihnen fertig, die sich die Eisenbahnfahrkarten, die sie für ihre berufsrevolutionären Reisen brauchen, zu fälschen oder zu stehlen verstehen. Wer seine Verantwortung für die anderen, die Welt und die Geschichte nicht so radikal auf einen Punkt zu vereinfachen vermag wie der Berufsrevolutionär, wird sich auf vielerlei Weise in das restaurative System verstricken, zum Beispiel durch Steuerzahlen, ja er wird bewußt nützliche Verbindungen mit ihm eingehen, etwa indem er in ihm als Lehrer wirkt. Einen Tyrannen oder einen König kann man stürzen, einen restaurativen Zustand muß man überwinden. Aber es kann zu der Überwindung dieses Zustandes gehören, daß man irgendeinen oder irgend etwas in ihm zu stürzen hat.
*Restaurationen sind »natürliche«* Vorgänge. »Natürlich« ist die aktive Selbstsucht der großen und kleinen Privilegierten und ehemals Privilegierten, ihr Drang, die Stellung zu halten und auszubauen. »Natürlich« ist die Bequemlichkeit der Massen und ihr

Mangel an Phantasie: nichts ist »natürlicher«, als wiederherzustellen, was gewesen ist. So geschieht die Restauration aus der Schwerkraft der menschlichen Natur, sie ist das Naheliegende und Wahrscheinliche, und viele Menschen, die niemals vom absoluten Anruf des sozialen Gewissens erweckt und erschüttert worden sind, schwimmen im Strom der Restauration so munter, so gewissenlos und mit so gutem Gewissen wie die Fische im Wasser, in ihrem natürlichen Element. Die eigentliche Sünde der Restauration ist die Sünde der Unterlassung: derer, die berufen waren oder sind, jene menschlichere Welt zu erdenken, zu erfühlen, zu erkämpfen, zu erproben. Die eigentlichen Schuldigen sind die zur Erneuerung Berufenen, die zu bequem sind, die Inbrunst des Gefühls, die Anstrengung des Begriffs, die Mühe und das Risiko der Tat, die Mühe des Dienstes, das Kreuz des Opfers auf sich zu nehmen. Die eigentlichen Schuldigen sind die matten Christen und die matten Sozialisten, die ausweichen: entweder in die Revoluzzerei, den Radikalismus, die revolutionäre Ideologie und den revolutionären Lyrismus oder in die Geschaftlhuberei, in »das gute Werk«, den Praktizismus oder aber in den Verzicht, die Resignation, das Privatleben, die »Religion«.

Was nun Deutschland betrifft . . .

Wir können die Verantwortung nicht abschieben. Wohl aber läßt sich nicht verkennen, daß die Okkupationsmächte viel getan haben, um die restaurative Lösung zu fördern. Sehr bald nach der Befreiung kamen junge Herren aus Amerika und fragten, warum wir keine Revolution gemacht hätten. Nun, es war nicht leicht, bei Ausgangssperre eine Revolution zu machen. Jene hatten ihren Anteil an unserer Revolution in El Alamein, in der Normandie, in Italien und Frankreich tüchtig, erfolgreich und unter schweren Opfern erledigt, dem unseren sahen sie mit verständlicher Skepsis entgegen. Es war verboten, zu tun, was eigentlich hätte geschehen müssen, und die Maschinenpistolen in den Händen der noch jüngeren Männer, die in den Straßen herumfuhren, garantierten unsere Bravheit. Denunzia-

tion ist kein Ersatz für eine fällige Revolution. Es war nicht nur dieses Ausgangsverbot, es war auch nicht nur das Reiseverbot, das Fehlen des Post- und Telefon-Verkehrs: es war auch das Fehlen der Freiheit, das in jenen Monaten, da der Acker des Volkes bereitet war wie niemals zuvor und niemals seither, die fälligen Lösungen, Versuche und Verbindungen verhinderte. Es hätte Mut dazu gehört, den deutschen Dingen ihren Lauf zu lassen, zuzusehen, was daraus würde, abzuwarten, wer sich Gehör verschaffte, wer Schlüsselworte zu sprechen und Menschen um neue Ziele zu sammeln vertand. Es war wohl zuviel verlangt von einer Militärbehörde. Auch weiß niemand, ob wir es geschafft hätten. Als man die Demokratie tropfenweise einzuführen beschloß, eben militärbehördlich reglementiert und bloß »von unten nach oben«, in den Gemeinden beginnend, ohne übergreifende Verbindung und Kraft und auch nur Kenntnis, da war das restaurative Schema schon angelegt: wie sollte man in den vielen tausend Gemeinden, in denen nicht zufällig einer von den Menschen mit neuen Ideen saß, anders beginnen als nach dem alten Rezept? Man bildete die ersten deutschen beratenden Körperschaften nach dem Schema Kommunisten, Sozialdemokraten, Katholiken, Protestanten, jede Gruppe 25 Prozent. Damit restaurierte man die alten Parteien und zugleich den alten politischen Gegensatz zwischen den Säkularisierten und den Christen. Man verführte die Deutschen, zum Jahr 1932 zurückzukehren – unter Abzug der Nationalsozialisten und Militaristen.
Die Deutschen freilich ließen es sich gefallen.
In den Konzentrationslagern und in den Hinterstuben der inneren Emigration waren Schwüre geschworen worden. Die ersten, die sie brachen, waren die *Kommunisten*. Bei ihrem Auftreten im Frühjahr 1945 merkte man: sie hatten ihre Linie, sie gaben sie nicht preis, sie diskutierten nur scheinbar, sie verhielten sich vom ersten Augenblick an taktisch, die anderen waren für sie nicht Partner, sondern Objekte. Sie waren die Klügsten, sie hatten sich niemals Illusionen gemacht, sie spielten das alte Spiel weiter. Sie waren das erste Element der Restauration. Sie waren die ersten, welche die Geschichte verrieten und sich nicht realdialektisch, sondern restaurativ und taktisch verhielten.

Ob die *Sozialdemokraten* im wesentlichen durch diese integrale Taktik der KP verführt wurden, sich selbst in der alten Form wiederherzustellen, oder ob dafür ihr eigener Wille maßgeblich war: sie haben sich wiederhergestellt und sind dadurch zum zweiten Element der Restauration geworden. Was wäre fällig gewesen? Der Versuch, die überlieferte Enge zu sprengen, ohne darum ins Vage zu zerfließen; der Versuch, den christlichen kleinen Mann durch eine entschlossene Absage an das Freidenkertum für die Partei des sozialen Fortschritts zu gewinnen; der Versuch, die falsche Alternative »Evolution oder Revolution« zu überwinden und sich selbst als eine Partei der verantwortlichen, täglich reformierenden Revolution zu verstehen; der Versuch, die falsche Alternative »orthodoxer oder revisionistischer Marxismus« zu überwinden und den Marxismus ernsthaft und lebendig auf die gegebene Wirklichkeit anzuwenden und ihn daran zu erneuern; die Revision des geschichtlichen Versagens von 1914; Selbstkritik der verpaßten Revolutionen von 1918 und 1932; die Kritik der Weimarer formalen und liberalen Demokratie und das Programm einer realen Demokratie; die Verjüngung der Partei, die Überwindung der Parteibürokratie durch eine lebendige Parteidemokratie und durch Kader; die Hereinnahme der Flüchtlingsmassen; der Aufbau einer sozialistischen Bewegung, die viel vom Geiste Rosa Luxemburgs und einiges vom Geiste Carlo Mierendorffs hätte. Was in Wahrheit aus der Sozialdemokratie geworden ist, kann man der Rede entnehmen, die Gerhart Lütkens am 4. Dezember 1949 in Darmstadt zum Gedenken dieses Carlo Mierendorff gehalten hat – oder indem man sich einen Vortrag ausdenkt, den Carlo Schmid über Rosa Luxemburg halten würde, wenn er je auf diese ausgefallene Idee käme. Es gab Ansätze; man ist weniger doktrinär (aber auch weniger radikal), man ist toleranter (aber auch weniger gläubig), man hat viel Verantwortungsgefühl für die Gegenwart (aber zu wenig für die Zukunft). Jene großen fälligen Möglichkeiten sind nicht verwirklicht worden. Die Partei hat es vorgezogen, sich selbst zu restaurieren, und zwar nicht als soziale Bewegung, sondern als Staatspartei, als die Partei Eberts und Scheidemanns, als die Partei der Fehler von 1914, 1918 und 1932. Erst als sie von der CDU hier und dort und zuletzt im Bund

überrundet wurde, begann sie sich darauf zu besinnen, daß ihre geschichtliche Aufgabe nicht der Staat der Gegenwart, sondern die Gesellschaft der Zukunft ist. Ob sie daraus eine antirestaurative Politik entwickeln wird, ist noch fraglich. Wo sie regiert, ist sie eine Kraft der Beharrung, nicht der Änderung.
Außer den Kommunisten und Sozialdemokraten gab es anfangs nur noch *die Katholiken und die Protestanten*. Hätte es nur schon sofort die Nationalliberalen gegeben, die einige Jahre später die aktivsten Träger der Restauration wurden! Damals hatten sie den Mut weder zu ihrem Liberalismus noch zu ihrem Nationalismus, und vielleicht haben einige von ihnen, heimatlose Bürger, in der jungen CDU dazu beigetragen, daß aus der Union der Christen nicht das geworden ist, als was sie angelegt war: eine Kraft, hierzulande das Antlitz der Erde zu erneuern. Die »Frankfurter Leitsätze« und das »Ahlener Programm« sind heute eine bittere Lektüre. Das Christentum ist nicht ohne weiteres ein politisches Prinzip. Eine wahrhaft christliche Partei müßte eine revolutionäre christliche Bewegung sein, eine sehr unbequeme Bewegung, denn die Forderungen des Christentums sind unbequem, und sie richten sich nicht an die anderen, nicht an den Staat, an die Partner, sondern an die Christen selbst. Das Opfer ist eine politische Zumutung, und die Verwirklichung der Gerechtigkeit ist ein revolutionäres Ziel. Eine christliche Partei wird den Menschen nicht sichern, sondern beanspruchen; sie wird die Partei nicht irgendwelcher Interessen, sondern gegen alle einzelnen Interessen sein. Denn das Gemeinwohl ist zwar in seinem lautersten Verstand das allgemeine Interesse aller, aber ebendeshalb mutet es jedem einzelnen Interesse ständig Opfer zu. Wird diese heroische Form einer christlich-politischen Bewegung verfehlt, so steht eine christliche Partei in Deutschland (und sicherlich auch anderswo) in der schweren Versuchung, eine restaurative Partei zu werden. Denn sie wird nach der Lage der Dinge eine Partei von vielen Kleinbürgern und Mittelständlern, von angesehenen und christlich sanktionierten Honoratioren und Würdenträgern, von Bauern und einer Schicht von Arbeitern sein, die in gewisser Hinsicht eine positive Auslese aus der Arbeiterschaft ist, sich aber nicht gerade durch politische Energie auszeichnen wird. Es gibt heutzutage kein unpolitisches Christen-

tum mehr: wo es nicht als erneuernde Kraft wirkt, wirkt es als die Sanktion des Bestehenden.

Noch immer kämpft und arbeitet in der CDU/CSU christlicher Geist gegen den Geist der Restauration, ebenso wie in der SPD sozialistischer Geist dagegen kämpft, aber in beiden Parteien liegt das Schwergewicht auf der restaurativen Seite. Die Formel der politischen Demokratie, welche beide Parteien verbindet, ist ehrlich gemeint; gemeinsam ist beiden auch der Griff nach der Staatsbürokratie, einer mächtigen und anspruchsvollen Staatsbürokratie. Auf der rechten Seite mischt sich dieser Wille mit Wirtschaftsliberalismus, mit patriarchalischen Vorstellungen, mit dem Traumbild einer Gesellschaft, in der die Persönlichkeiten, die Honoratioren, die kirchlichen Würdenträger ihre Rolle spielen – auf der linken mit dem Wunschbild einer perfekten sozialen Apparatur. Das gemeinsame Schwarz-Rot-Gold hat dort seit der Koalition mit den beiden Rechtsparteien einen schwarzweißroten Schimmer, hier einen rötlichen. Beide haben neben einer beachtlichen Zahl von tüchtigen Arbeitern in der Verwaltung, in den Bundestagsausschüssen, in der Kommunalpolitik, die sich die Haare raufen über den sinnlosen Zank der Chefs, auch oppositionelle Mitglieder, Abgeordnete und Funktionäre, unruhige antirestaurative Menschen. Ein Element der Belebung und guter Radikalität sind in beiden Parteien die Ostvertriebenen (deren Schreier ja anderswo sitzen) – aber welche Umwege der restaurative Gedanke zu machen vermag, kann man daran sehen, daß sich eine gewisse Gruppe von Flüchtlingen, die in der Heimat großen Besitz gehabt hat, in der Frage des »Feststellungsverfahrens« mit den hiesigen Besitzbürgern verbündet, die sich für dieses Verfahren einsetzen, um dadurch Zeit zu gewinnen. Diese ehemals reichen Besitzbürger verteidigen schon den Besitz, den sie noch nicht haben, gegen den raschen Bedarf der Armen!

Wir brauchen nicht viel von der FDP zu sagen. Ihr kleiner linksdemokratischer Flügel möchte auf eine idealistische Weise, ihr größerer besitzbürgerlicher Flügel sehr handfest die »Störungen« ausschalten, die von den Ansprüchen der modernen Massen ausgehen, und die »Ordnung« wiederherstellen, welche die Freiheit der Besitzenden und Unternehmenden garantiert. Wir sind sehr froh über den weisen, lässigen und zuverlässigen Bundespräsidenten, den uns diese Partei geliefert hat. Als linker Flügelmann der bürgerlichen Restauration will er nichts anderes restaurieren als den gebildeten, sozialen und humanen Bürger. Verkörpert er also nicht die deutsche Zukunft, so ist er doch von allen Präsidenten einer restaurativen Periode, die sich denken ließen, einer der liebenswürdigsten, und da wir in einer solchen Periode leben und der Präsident nicht der Führer, sondern der Repräsentant seiner Zeit sein soll, so ist wenigstens *er* am richtigen Platz.

Übrigens ist der Präsident unter den Funktionären der Republik noch *der* Mann, der am ehesten alt sein darf. Wenn Abgeordnete, Parteiführer, Minister zu einem großen Teil über sechzig Jahre alt sind, so spricht sich schon darin der Geist der Epoche aus. Das hat niemand so angeordnet oder beschlossen: es ist ein allgemeiner *Zustand:* die Neigung, sich auf die Erfahrung, auf die bewährten Ideen, auf bewährte Männer zu verlassen.

Man verläßt sich auch auf *die Bürokratie*. Ihr Einfluß, so rasch nach dem Zusammenbruch, wo man der Pioniere bedürfte, ist selbst ein restauratives System. Unsere ausländischen Freunde beschweren sich über die große Zahl der früheren Pg in dieser Bürokratie – aber sie verwechseln manchmal Ursache und Folge, wenn sie darin die Ursache gewisser Mängel des deutschen Staates sehen: nicht weil die Nazi am Ruder sind, werden reaktionäre Dummheiten gemacht, sondern weil man die Bürokratie restauriert, braucht man die Pg-Beamten.

In der Frage des nationalsozialistischen Einflusses verknoten sich im übrigen restaurative und reaktionäre Fäden. Es sind oft reaktionäre Gerichtsurteile gewesen, welche unseren Protest hervorgerufen haben – aber es ist ein restauratives System, das diese Richter etabliert und schützt. Im kleinen spielt sich tausendmal ab, was sich im großen gerade in der europäischen Politik abspielt: die faschistischen Staaten werden gerade um so viel zahmer, daß sie in ein restauratives Gefüge einbezogen werden können. *Die Reaktion wird als rechter Flügelmann der Restauration hoffähig.*

## Andere Formen der Restauration

Der Tatbestand der Restauration wäre zu eng begriffen, wollte man nur an die Politik denken. Es war ein restauratives Symptom, daß nicht zuerst Wohnungen, Volkshäuser und Schulen, sondern Cafés, Luxusgeschäfte, Restaurants und Goethe-Häuser gebaut wurden. Jeder Blick in fast jede Illustrierte Zeitung zeigt, wo die Interessen der Leser vermutet werden: in der Vergangenheit. Sogar die Hohenzollernzeit wird jetzt heraufbeschworen. Wenn man sich so intensiv und zugleich so spielerisch für die Schicksale der Prinzen und Prinzessinnen dieser Familie interessiert, so zeigt das an, daß man mit dem Herzen und der Phantasie in der Vergangenheit lebt (ersatzweise in der Hohenzollernschen, da es noch zu fragwürdig ist, schon in einer jüngeren zu leben?). Dabei mögen die Fürstlichkeiten (und die Nazi-Führer) sogar ziemlich schlecht wegkommen: nicht daß man sie etwa schätzt, ist das restaurative Symptom, sondern daß man sich überhaupt mit ihnen abgibt, daß man mit ihnen spielt.
Ähnliches läßt sich über das neubelebte studentische Verbindungswesen sagen. Seine Auswüchse sind reaktionär, aber man hat nicht viel von eigentlichen Auswüchsen gehört, die Studenten scheinen sich der alten Formen im allgemeinen maßvoll zu bedienen, und sie sind vielerorts bemüht, neuen Geist in die neugeflickten alten Schläuche zu füllen. Restaurativ aber ist das Klima, in dem das Bedürfnis entstand, diese durch mehrere Studentengenerationen völlig abgerissene Überlieferung neu zu aktivieren. Man kann die restaurative Sehnsucht, die Flucht in die Vergangenheit nicht deutlicher ausdrücken als durch solche Wiederbelebungen. Die Farben und Säbel der Korporationen sind sogar doppelt ein Symptom der Restauration: weil sie ja schon das erstemal restaurativ waren. Schon der romantische Protest der Jugend nach den Freiheitskriegen entlehnte seine Formen uralten privilegierten ständischen Ordnungen. Das Symbol, das heute die Sehnsucht nach der Zeit vor 1914 ausdrückt, nach der Zeit, da das Schreckliche noch nicht passiert war, hat vor hundertdreißig Jahren den Traum bürgerlicher Jugend ausgedrückt, feudal zu sein.

Zwiespalt des Bewußtseins

Alles dies würde nicht als restaurativ empfunden, wenn nicht gleichzeitig ein völlig anderes Bewußtsein lebendig wäre. Es drückt sich in einem Teil der Literatur, in der Philosophie, in der Theologie aus. Es gibt einen alten Zwiespalt zwischen dem theoretischen Bewußtsein einerseits und anderseits dem Vordergrund des sozialen Lebens nebst dem vulgären Bewußtsein, das ihn unmittelbarer ausdrückt. Er äußert sich heute als der Zwiespalt zwischen einem der Zukunft zugewandten Bewußtsein und einer Praxis, welche die Formen und Symbole und Mächte der Vergangenheit heraufbeschwört, um die Vorteile der Gegenwart ungestört genießen und sichern zu können. Daß *nach* den »Tag- und Nachtbüchern« von Theodor Haecker, daß *nach* Guardinis »Der Herr«, *nach* Karl Barth, *nach* Pliviers »Stalingrad« und Kogons »SS-Staat« das geschieht, was geschieht – *das* ist das besondere Ärgernis unserer Epoche. Das der Zukunft zugewandte Bewußtsein ist teils apokalyptisch, teils – in der christlichen Theologie – eschatologisch, teils geschichtlich und politisch; gerade auch das wissenschaftliche Bewußtsein beginnt seine Verantwortung für die Zukunft, die Gesellschaft, die Geschichte zu erkennen. Die »Elite« denkt und empfindet allerorten antirestaurativ – in den Institutionen spielt sich, teils unterirdisch, teils sichtbar, ein Kampf zwischen den Restauratoren und den Erneuerern ab, in der Wirtschaft und im Alltag überwiegt die restaurative Wirklichkeit.

In der *Wirtschaft* . . .

Der große Sprung in die Restauration geschah im Augenblick der Währungsreform. *Diese* Währungsreform *war* ein Akt der Restauration; da entgegen den deutschen Vorschlägen der umwälzende Akt des Lastenausgleichs nicht mir ihr verbunden wurde, fixierte sie das Privileg des Sachwertbesitzes und enthielt den Flüchtlingen den Start auf gleicher Ebene vor. Da man ferner auf den Anreiz der gehorteten Ware nicht verzichten wollte, ja diese gesetzwidrigen Vorräte mit in die Rechnung einbezog, privilegierte man eine Händlerschicht, innerhalb derer sich dann bald ein stürmischer Kreislauf der neuen DM vollzog. So waren auf doppelte Weise die

Besitzenden die Gewinner. Dieser Vorgang war das Signal: von diesem Augenblick an witterte alles Alte und Gewesene Morgenluft. Es ist nicht zu verkennen, daß auch für dieses unglückliche Ereignis die Alliierten die spezielle Verantwortung tragen, wenn freilich auch die Bereitschaft der Deutschen, das Geschehene restaurativ auszunützen, auf die Dauer viel mehr Gewicht hatte als der alliierte Fehler.

Jetzt sind wir bereits wieder so weit, daß eine bestimmte Schicht von Industriellen nicht nur die Stahlproduktion sich erhöhen, sondern dahinter auch die Macht zurückkehren sieht. Zu ihrem restaurativen Geist gehört jener Schuß Angst um die neuen Konjunkturgewinne, der sie nach parteipolitischen Rückversicherungen Ausschau halten und mannigfache Deckungen im internationalen Gefüge der Restauration suchen läßt.

Und in den Zeiten der Remilitarisierung werden nicht diejenigen militärischen Fachleute, die als Privatpersonen loyale Demokraten und Staatsbürger sind, zu Einfluß, Geltung und Macht kommen, sondern in der Maske des Fachmanns die soziale Clique der Militäraristokratie und die politischen Offiziere.

## Offene Fragen

Es gibt auch heute noch offene Fragen, in denen über den Sieg oder die Überwindung der Restauration entschieden werden könnte.

Die eigentliche Belastungsprobe der Restauration ist der *Lastenausgleich*. Ein lahmer, unzureichender Lastenausgleich wird die Restauration stärken: denn er wird denen geben, die haben, er wird die Privilegien sichern, er wird die rechtmäßig Fordernden zu ihrer ungerechten Armut verurteilen, er wird die Herzen der Besitzenden verhärten. Ein wirklicher Ausgleich der Lasten würde antirestaurativ wirken, weil er in jedem Fall das Netz des Reichtums und der Privilegien zerreißen würde; unklug und gewaltsam ausgeführt, würde er zu schweren Krisen und Erschütterungen, klug und wirksam ausgeführt, zu einer Auffrischung des sozialen Gefüges und zu einer besseren und freieren Atmosphäre führen. Ein gerechter Lastenausgleich (und mit ihm die Annahme der Ostvertriebenen)

setzt entweder eine Überwindung der restaurativen Wirtschaftspolitik voraus, oder er wird ihr Ende erzwingen.
Ein Stoß ins Zentrum der Restauration wäre auch ein wirkliches *Mitbestimmungsrecht*. Das gilt freilich keineswegs ohne weiteres von seiner parlamentarischen Durchsetzung. Ein Mitbestimmungsgesetz wäre nur die formale Voraussetzung für den eigentlichen Vorgang, der dann fällig wäre: für die Durchdringung der wirtschaftlichen Macht und Verantwortung der Bundesrepublik mit der Kraft und dem Willen einer Arbeiterbewegung, die durch diesen Vorgang aus einem restaurativen Faktor zu einer Kraft der Erneuerung werden würde. Hier liegt der Ansatz der stärksten Hoffnung.

## Europäische Restauration

Die europäische Bewegung aber, so neu sie ist und so notwendig sie ist, bedeutet nicht ohne weiteres eine Überwindung der Restauration: denn *Europa* selbst ist von der Restauration bedroht.
Auf dem europäischen Plan ist der Vorgang sehr verwickelt. Die Bildung Europas selbst ist ein völlig neuer Vorgang, für den es in der Vergangenheit wenig Vergleichbares gibt; anderseits besteht aber die Gefahr, daß dieses völlig neue europäische Staatsgebilde vorwiegend von den restaurativen Kräften bestimmt wird. (Für *dieses* Europa gibt es ein Vorbild: die »Heilige Allianz«.) Anders ausgedrückt: indem man in der Außenpolitik der Nationalstaaten nicht restaurativ, sondern fortschrittlich handelt, hebt man die restaurative Innenpolitik auf das europäische Niveau. Diese Gefahr sollte alle Gegenkräfte alarmieren. Zugleich legt aber auch die Dynamik, die mit dem Vorgang der Bildung Europas verbunden ist, diesen Gegenkräften nahe, den Kampf vor allem auf dem europäischen Feld zu führen.
Von den größeren Nationen und Staaten Europas sind die Deutschen, die Österreicher, die Italiener, die Franzosen und vielleicht die Belgier in derselben Lage: die fällige, die durch ihr Schicksal ihnen nahegelegte politische Erneuerung verpaßt zu haben. Man hat diese Erneuerung teils vom Widerstand (am meisten in Frankreich),

teils von der Niederlage erwarten können. In Frankreich und in Italien hätte eine solche Erneuerung von einer »Volksfront« ausgehen können, wenn eine solche möglich gewesen wäre: sie wäre mit marxistischen Kommunisten möglich gewesen, nicht aber mit Stalinisten. Der Stalinismus hat in diesen beiden Ländern die Erneuerung verhindert. Er hat einerseits starke fortschrittliche Kräfte fehlgeleitet, isoliert, von den realen Vorgängen und realen Möglichkeiten getrennt, so daß die Front der Erneuerung um eben diese Kräfte schwächer wurde; er hat die nichtstalinistischen fortschrittlichen Kräfte zum Paktieren mit restaurativen Kräften gedrängt, und er hat einen Antibolschewismus provoziert, der in der ganzen Welt nicht nur eine harte Notwendigkeit, sondern leider zugleich ein Vorwand und ein günstiges Klima für alle restaurativen Kräfte geworden ist. In Frankreich ist auch die Reaktion durch den Gaullismus einigermaßen isoliert worden, so daß die Restauration als verpaßte Erneuerung und als positive Erscheinung dort in einem sehr labilen Zustand ist, zum Unterschied von Italien, Deutschland und Österreich, wo die Reaktion und der Faschismus durch die Niederlage entmächtigt waren; ebendarum konnte sich die Restauration um so nachdrücklicher durchsetzen. Doch beginnt der Gaullismus offenbar allmählich aus einem romantischen Halbfaschismus zu einer normaleren reaktionären Kraft sich zu entwickeln, die assimilierbar wird. Sie wird bereit sein, ihren Beitrag zur Befestigung der restaurierten Ordnung zu leisten, auf dem französischen sowohl wie auf dem europäischen Feld. (Auch die französische Kolonialpolitik ist eine ständige Versuchung zur Restauration: die menschlichere Welt, die unsere Aufgabe ist, mutet den Franzosen eine eindeutige Revision dieser Politik zu.)
In den anderen genannten Ländern überwiegt die »christlich-demokratische« Restauration. Der eigentliche Sinn der Bestimmung Bonns zur Bundeshauptstadt ist hier zu suchen: in dem Traum eines christlich restaurierten Europa, eines in seiner Grundstruktur bürgerlichen Europa, das den Liberalismus durch eine Sozialordnung überwinden möchte, die den bürgerlichen Schichten und Werten ihren Bestand und ihren Vorrang, den Arbeitern einen »angemessenen Platz« und der Kirche so viel Einfluß und weltliche Festigung sichert, wie nur eben dem Zeitgeist abzuzwingen ist. Er ist kein

böser Traum, dieser Traum von einem »christlichen«, »konservativen«, »sozialen« Europa bürgerlicher Prägung, er ist in den Köpfen und Herzen vieler ein schöner, ein edler Traum – und er ist mehr als ein Traum. In Bonn, Rom, Wien, Brüssel, Lissabon sind Machtpositionen erobert, in Frankreich ist noch nichts verbaut, Spanien ist ein heimlicher Bundesgenosse und wird eines Tages ein offener sein – und sind nicht in England die künftigen Herren, die eine europäische Politik begünstigen, die Konservativen? Wie mischt sich in diesem Konzept das Interesse der Privilegierten, das Weltbild des Bürgers, das Denken der Alten, die Angst vor der Zukunft, der gute Wille zum Ausgleich, die Sorge um das Christentum! Wie gibt ihm der Kurzschluß vom Besitz der Heilswahrheit auf den Besitz der politischen Wahrheit einen Anschein von christlicher Konsequenz! Und wie wird darin in Wirklichkeit mit der Geschichte sogar das Heil selbst aufs Spiel gesetzt! Denn man darf zu sagen wagen, daß das Heil heute nicht die Ordnung der Privilegierten, sondern die helfende Ordnung verlangt, nicht die Sicherung des christlichen Besitzstandes, sondern die christliche Solidarität mit dem Armen, dem Benachteiligten, dem Nichtchristen.

Was ist zu tun?

Viel Tagesarbeit in der restaurativen Wirklichkeit, ohne Illusionen. Ob in der Regierungskoalition oder in der Opposition: der viel wichtigere Schnitt zwischen den Kräften der Erneuerung und denen der Restauration geht quer durch die beiden Lager hindurch, obwohl aus vielen Gründen das neoliberal-christlich-demokratische Regiment mit der Restauration besonders zu tun hat. Um so mehr Tagesarbeit, gerichtet auf das Ziel, das hinter dieser Gegenwart liegt, getan aus dem Geist und dem Bewußtsein, wie notwendig die Erneuerung allerwege ist. Viel, anscheinend unscheinbar, wird von vielen im Land, in Europa, in der Welt dafür getan.
Ohne Illusionen: diese nützliche, helfende, notwendige Tagesarbeit ändert den Grundcharakter unserer Periode nicht.
Zur Nüchternheit gehört auch die Erkenntnis, daß es jetzt sinnlos wäre, in Deutschland eine Bewegung oder Partei antirestaurativen

Charakters zu gründen. Ob man sie in der Gegend der sogenannten »heimatlosen Linken«, der radikalen Sozialdemokraten, antistalinistischen Kommunisten, Trotzkisten usw. ansetzen wollte oder aber dort, »wo der linke Flügel der CDU an den linken Flügel der Sozialdemokratie stößt«, in einer Schicht von lebendigen Christen, Sozialisten oder Humanisten: es ist für eine solche Neugründung nicht der Augenblick; sie würde sich an den falschen Alternativen in der Sackgasse Westdeutschland verbrauchen. Wohl aber sollten die antirestaurativen Kräfte einander erkennen. Und sie sollten eine Sprache entwickeln, in der sie miteinander reden können, ob sie nun Christen, Marxisten oder Humanisten sind, nicht eine Einheitssprache, sondern eine Sprache, in der das trennende Bekenntnis und die gemeinsame Mitmenschlichkeit zugleich ausgedrückt sind.

Was ferner geschehen kann, ist Arbeit am Bewußtsein der Zeit, Arbeit am öffentlichen Gewissen, an der öffentlichen Meinung. Sagen, was ist. Theoretische, publizistische und pädagogische Arbeit. Ferner Studium: eine viel genauere Tatbestandsaufnahme der sozialen Wirklichkeit, als sie hierzulande üblich ist, mit genaueren Methoden, redlich, intensiv. Tausende von einzelnen, Hunderte von Gruppen sind da am Werk. Es ist eine Arbeit, die ihre Frucht tragen kann, wenn die Zeit gekommen ist – für den Fall, daß die Zeit kommt.

Schließlich: die gegebenen Ansätze einer antirestaurativen europäischen Bewegung mit zäher Beharrlichkeit und mit Phantasie entwikkeln – in die Tiefe, in die Breite. In allen Schichten, die für eine Erneuerung in Frage kommen, insbesondere in der Arbeiterschaft, in der Jugend, in der Intelligenz, auch in der Jugend und Intelligenz der Bauernschaft. Nicht Verhandlungen von Büro zu Büro, von nationaler Organisation zu nationaler Organisation (das auch!), sondern eine originär europäische Arbeit sozusagen »auf der Straße«, von Arbeiter zu Arbeiter, von Student zu Student. Bildung einer von vornherein gemeinsamen geistigen Plattform, und Bildung europäischer Zellen lebendiger Menschen. Eine europäische Bewegung gegen den Geist und die Macht der Restauration.

Nur revolutionäre Herzen können diese Bewegung tragen. Sie fordert Mut, Ausdauer und eine Klugheit, die in der Gegenwart nicht steckenbleibt. Denn innerhalb der Sackgassen kann der Kampf nicht gewonnen werden.

*Den beiden Aufsätzen folgen Beiträge, die zwischen der human-sozialistischen Zielsetzung und der tatsächlichen Restauration Einzelaspekte behandeln. Der erste ist 1947 geschrieben, der zweite 1979. Die Reihe beginnt mit meinem Protest gegen den Wiederaufbau des Goethe-Hauses in Frankfurt. Etwa drei bis vier Jahre, bevor die Epoche endgültig als restaurativ erkennbar wurde, witterte ich aus diesem Anlaß die Gefahr. Das Wort »Restauration« ließ seine doppelte Bedeutung erkennen.*
*Gegen eine andere Verwischung der Spuren des Krieges greift der ca. 30 Jahre später geschriebene Beitrag »Der nationale Sozialismus und der Krieg« den heute noch weit verbreiteten Versuch an, unseren als national und »anständig« aufgefaßten Krieg als Alibi zu beanspruchen, wenn es darauf ankäme, unsere nationalsozialistische Vergangenheit aufzuarbeiten, »Trauerarbeit« zu leisten. Der Aufsatz kritisiert also um unserer besseren Zukunft willen ein weit verbreitetes gegenwärtiges Verhältnis zu unserer Vergangenheit.*

## Das Frankfurter Goethehaus: Mut zum Abschied

Was als Ausnahme begonnen hat, vermag Gewohnheit und Regel zu werden; es ist schon mehr als einmal vorgekommen, daß aus einem »Sonderfall« ein Präzedenzfall geworden ist. Den Anfängen sollst du widerstehen.

Aus Franz Göttings Beitrag »Goethes Straßburger Credo« im Maiheft 1947 der »Frankfurter Hefte« vermag auch der dem literarischen Leben fernstehende Leser eine Vorstellung davon zu gewinnen, was das im März 1944 vernichtete Goethehaus am Frankfurter Hirschgraben für viele Menschen in aller Welt und nun gar für die besten Frankfurter bedeutet hat: es war wahrhaft eine *casa santa* der europäischen Bildung; kein Wort mehr darüber. Im übrigen lese man in »Dichtung und Wahrheit« nach, zu deren Hauptschauplätzen dieses Haus gehört, der Wohnsitz des Herrn Rath, der das gotische Gebäude zu seiner Familie größerer Bequemlichkeit und gemäß seiner eigenen reichsstädtischen Würde im Stile der Zeit umgebaut hat, die Welt des Knaben Wolfgang und bereits die Residenz Frau Ajas. Das ist nun dahin, nicht einmal die Umfassungsmauern blieben stehen. Ein zerstörtes Haus, wie hunderttausend andere.

Eines Tages mußte die Frage an die Verantwortlichen herantreten, was mit dem Platz zu geschehen habe, der geblieben ist, und was mit den Resten und den geretteten Möbeln. Sollte man den »heiligen« Ort als Erinnerungsstätte unbebaut lassen, einen Gedenkstein setzen, die geretteten Stücke irgendwo in einem Museum aufstellen? Sollte man ein solches Museum an Ort und Stelle errichten? Oder sollte man das Haus selbst wiederaufbauen? Vielleicht hätte sich die Antwort auf diese Fragen noch hinausschieben lassen, bis die Voraussetzungen des Neuaufbaus der deutschen Städte im allgemeinen und der Frankfurter Altstadt im besonderen materiell, rechtlich und geistig geklärt sein würden. Manch einer, und nicht nur unter den Banausen, wird sagen: haben wir nicht andere Sorgen? Aber der Eifer der Freunde dieses ehrwürdigen Ortes und ihre Sorge um die Rettung und den Verbleib der bisher noch erhaltenen Erinnerungsstücke drängten nach einer rascheren Entscheidung. Außerdem steht ein Jubiläum in Aussicht: das Jahr 1949, das zweihundertste seit Goethes Geburt. Daß gerade diesem Argument schwer zu widerstehen ist, zeigte schon der vorausgehende Beschluß über die Paulskirche; ein Jubiläum ist nun einmal ein mächtiger Hebel: es setzt Kräfte und Mittel frei, auf welche die verantwortlichen Männer jeweils kaum werden verzichten wollen. So fiel denn die Entscheidung bald: zuerst im Verwaltungsrat des »Freien Deutschen Hochstiftes«, der bekannten Stiftung in Frankfurt, die als Eigentümerin des Hauses um seine Pflege die größten Verdienste hat, sodann im Magistrat der Stadt, der sich – obschon grundsätzlich ungeklärt blieb, wieweit er zuständig ist – ebenfalls damit befaßt hat. Der Beschluß lautete: *das Goethehaus soll unverändert und am alten Platz wiederaufgebaut werden.* Am 5. Juli ist der Grundstein gelegt worden.

Wahrscheinlich ist jene Entscheidung im Grunde schon viel früher gefallen: an dem Tage, da Ernst Beutler zum ersten Mal über die rauchenden Trümmer kletterte. Der Wille dieses verehrungswürdigen und in allen Fragen, die Goethe und sein Haus betreffen, außerordentlich zuständigen Mannes hatte von vornherein ein großes Gewicht. Auch hat der Gedanke, das Haus in seiner alten Gestalt wiederhaben zu können, etwas sehr Einfaches und Einleuchtendes: ihm öffneten sich sofort die Köpfe, die Herzen und die Geldschränke, und es waren gute Köpfe, gute Herzen und gute Geldschränke darunter. Nach alledem ist es sehr wahrscheinlich, daß allen zeitbedingten Schwierigkeiten zum Trotz das Goethehaus am 28. August 1949 in der alten Gestalt dastehen und wie in früheren guten Zeiten die Blumengabe des Shakespeare-Hauses zu Stratford on Avon entgegennehmen wird.
Als wenn nichts geschehen wäre.
Aber es *ist* etwas geschehen, und dieses Geschehen ist unwiderruflich. Um dieses Schicksals willen mehr noch als wegen der einzigartigen Bedeutung des Goethehauses ist jener Entschluß nicht eine Frankfurter Angelegenheit, sondern eine nationale.

## Bedenken der Baumeister

Es lag nahe, daß sich gegen den Plan einer Rekonstruktion des Goethehauses zunächst und zumeist die Ideen des »Werkbundes« erhoben. Diese Ideen, vor allem ihre erste, die der einfachen und wahrhaftigen Gestalt, haben für die Menschen unserer Generation etwas unmittelbar Überzeugendes, und sie haben sich unter den besseren Architekten, unter den »Gebildeten« überhaupt und auch wohl unter der Jugend durchgesetzt. Wer überhaupt verantwortlich über das zukünftige deutsche Bauen nachdenkt, verwirft mit dem Werkbund jenes verräterische Wort »Wiederaufbau« und erstrebt einen Neuaufbau aus dem sachlichen, klaren, dienenden Geiste der neuen Architektur: eine Art zu bauen, die »funktionsgerecht«, sachgerecht, materialgerecht, bescheiden und ehrlich ist. Wir denken nicht daran, unsere Städte wiederaufzubauen, wie sie gewesen sind. Nicht ihre baulichen Greuel, aber auch nicht ihre verlorenen Kostbarkeiten wollen wir wiederherstellen. Wir haben weder Geld dafür, noch Zeit noch Lust dazu. Wir wollen nicht die Städte unserer Großväter, sondern die unserer Kinder bauen. Viele knüpften daran gar die Hoffnung, das Bild unserer neuen Städte werde, wären wir einmal über das Ärgste hinweg, nicht nur sparsamer, schlichter, sachlicher sein als das alte, sondern auch würdiger, nobler, sozialer, geistiger, kurz: schöner. (Wobei sie freilich kaum hoffen können, die Schönheit gewisser historischer Stadtteile und den Rang der edleren unter den zerstörten Bauten zu erreichen.) Man verwirft überall und allgemein den Historismus und die Stilkopie, – es fragt sich nur, ob eine solche Stimmung immer standhält, wenn im einzelnen Falle der Gedanke auftaucht, ein bestimmtes, sehr vertrautes und sehr geliebtes Gebäude, von dem man sich nicht trennen kann, genau wiederherzustellen. Ein solcher Gedanke kann etwas sehr Verführerisches haben.

Übrigens: Nun gar, wenn man, wie in Karlsruhe, ein wichtiges Gebäude noch originaler wieder aufführen kann, als es je gewesen ist! So soll es, wie man hört, mit Weinbrenners Kirche geschehen, die man nach den ursprünglichen im Original nicht ganz verwirklichten Plänen des Baumeisters neu errichten will. Hier wird ein selbst schon historistisch empfundenes (wenn auch bedeutendes) Bauwerk rekonstruiert, – damit man nie vergesse, wie ein Klassizist nachempfunden hat . . .

In der Tat machen denn auch die Freunde der Rekonstruktion des Goethehauses in Frankfurt geltend, es könne sich natürlich nur um eine *Ausnahme* handeln. Und in der Tat liegen ja Umstände besonderer Art vor; die Geburtsstätte Goethes ist um ihres einzigartigen Wertes willen im vorigen Jahrhundert besonders sorgfältig in dem Zustande erhalten oder in den Zustand zurückversetzt worden, den sie zur »Goethezeit« hatte; sie ist aber auch wie kaum ein anderes zerstörtes Haus mit allen Mitteln der Zunft studiert, untersucht, ausgemessen, photographiert, registriert worden: man kennt dieses gewesene Haus außerordentlich genau, ja von allen wichtigen Einzelbestandteilen (von den Geländern, Gittern, sogar von den Tapeten) sind durch die Sorgfalt der Pfleger des Hauses Proben vor der

Zerstörung bewahrt geblieben. Man »kann« also in diesem Falle rekonstruieren, vor allem wenn man es bald besorgt, solange dieses von vielen sehr geliebte Haus noch in allen Einzelheiten ganz lebendig in der Erinnerung steht.

Man *kann* in diesem Falle also rekonstruieren. Aber es wird sich zeigen, daß man es trotz diesen einzigartigen Voraussetzungen *nicht* kann.

Schon vor dem ersten Spatenstiche erhebt sich eine recht merkwürdige Schwierigkeit: diejenigen, die zunächst und vor allem können müßten, die Baumeister, *wollen* nicht. Man kann getrost die Behauptung wagen: es wird sich kein Architekt von Rang und Bedeutung finden, der diese Aufgabe übernehmen will. (Es ist kein Zufall, daß das einzige Magistratsmitglied, das gegen die Rekonstruktion stimmte, der für das Bauwesen zuständige Stadtrat gewesen ist: ein Architekt.) Man könnte daraus ein Argument gegen die Architekten machen: man könnte meinen, diese vom Geiste des Werkbundes mehr oder weniger angesteckten Baumeister sähen die Frage eben zu sehr als Fachfrage ihres Berufes oder als Prinzipienfrage ihres Bundes. Und braucht man sie denn überhaupt? Es handelt sich ja gar nicht um eine eigentliche oder gar »schöpferische« Bauleistung; es ist nicht mehr zu tun, als getreu wiederherzustellen, was gewesen ist; an die Stelle der vom Baumeister zu entwerfenden Pläne treten die vorliegenden Aufrisse, Pläne und Detailzeichnungen des alten Hauses. Man braucht hier den Bauunternehmer, den Bauleiter und die Handwerker, – ein Architekt würde geradezu stören. In der Tat haben bei den Wiederherstellungen des vorigen Jahrhunderts die Architekten viel verdorben: sie bildeten sich ein,im Geiste des Stils ergänzen oder gar verbessern zu können, sie wollten nun einmal doch auch Baumeister sein statt Restauratoren; das Ergebnis kennen wir: in der reichlich durchsichtigen Maske der Gotik oder der Renaissance gähnt uns der hausbackene und überhebliche Geist jener Akademiker an. Und so müßte denn auch im Falle Goethehaus, so könnte man meinen, der Geist der Architekten aus dem Spiele bleiben: hier sei kein Dienst am Geist zu tun, sondern ein Dienst am Wort; hier sei weder zu planen noch zu »gestalten« noch auch nur zu deuten, hier sei Philologie der wörtlichsten Art zu treiben, Wiederherstellung des überlieferten Textes, weiter nichts. Mit dem, was Baumeister unter »Bauen« verstehen, mit dem, was ihre Lust, ihre Leidenschaft und ihre Aufgabe ist, hat diese Wiederaufrichtung des gestürzten Hauses in der Tat nichts zu tun.

Die Frage ist nur, ob das überhaupt geht. Ob man mit den Eigenschaften und Verfahren, die zum Ausflicken reichen, ein Haus errichten kann, in allen seinen wesentlichen Strukturen und mit allen seinen lebendigen Zutaten. Man kann es nicht. In den Architekten wehrt sich nicht der Geist und der Ehrgeiz der Zunft, sondern der Geist und Sinn des Bauens selbst. Man kann ein Modell von einem Hause machen, natürlich; greift man dabei aber zum Maßstab 1:1, zur Lebensgröße, so gerät man vom Modellieren ins Bauen hinein, ob man will oder nicht, und wenn man dann an der Idee des Nachmodellierens festhält und den Geist des Baumeisters ausschließt, dann entsteht eben unweigerlich das, was dabei entstehen muß: *ein schlechter Bau*.

Im einzelnen wird man jeweils die Wahl zwischen zwei Möglichkeiten des Schlechten haben. Die eine ist eine Wiederherstellung nach den Plänen und Bildern des Vorhandenen, ausgeführt aber von normalen heutigen (nehmen wir an: tüchtigen) Handwerkern und mit ihren Mitteln, Verfahren und Werkzeugen; Ergebnis: Kopien, die niemanden täuschen, der ein Gefühl für die »Handschrift«, die Haut den Duft, die Originalität, den Geist des Stils hat, Kopien, aus denen es einen kühl und ernüchternd anweht, weil das Mißverhältnis zwischen dem Erstrebten und dem Erreichten gar zu offenkundig ist. Wir kennen das aus unzähligen Restaurierungen und Stilkopien des vorigen Jahrhunderts. Die andere Möglichkeit ist das vollendete Fälscherkunststück. So etwas gibt es, selbstverständlich. Wenn man nicht nur Vermeer kopieren, sondern sogar in seiner Art neue Bilder so malen kann, daß die Experten darauf hereinfallen, so kann man auch (mit geringerer Kunst) Fenstergitter, Schmucksteine, Treppengeländer, Türfüllungen, Tapeten so nachahmen, daß alle Welt die Hände über dem Kopf zusammenschlägt über eine so täuschende Echtheit. Dazu gehört eine besondere Begabung, die im Kleinen gewiß als Liebhaberei und meisterliches Handwerk zuweilen zu finden ist, die bei einer Betätigung im Großen freilich immer etwas

Zweideutiges hat, wegen der innigen Beziehung zur Täuschung, zur Fälschung, zur Lüge; übrigens gehört auch eine reich ausgestattete Fälscherwerkstatt dazu, viel Zeit und also auch viel Geld. *Schlechte Nachahmung oder peinliche Fälschung,* – zwischen diesen beiden Möglichkeiten wird man von Fall zu Fall immer wieder zu wählen haben; im Ganzen wird es wahrscheinlich auf eine unerquickliche Mischung von beiden herauskommen. (Das Ergebnis: der endgültige Verlust des Goethehauses, der geistige Verlust, die Verfälschung des letzten, was in Wahrheit noch davon geblieben ist: der an den Ort gebundenen Erinnerung.) Die Phantasie der Architekten entdeckt solche Gefahren am raschesten, aber es handelt sich nicht um eine Zunftfrage: die Baumeister wollen nicht bauen, was wir alle nicht gebaut wissen sollten.

Selbstverständlich gibt es Grenzfragen. Selbstverständlich werden wir historische Gebäude, die geringe Schäden und Lücken aufweisen, zur passenden Zeit wiederherstellen, wie sie gewesen sind, und das Fehlende nachahmend ergänzen: hier soll kein Purismus gepredigt werden. Selbstverständlich werden wir in anderen Fällen, dort nämlich, wo die Schäden und Lücken groß sind, anderseits aber noch wesentliche Elemente des alten Baus gerettet sind, die erforderlichen Ergänzungen an das Erhaltene taktvoll anpassen, vor allem was die Maßverhältnisse und den Baustoff betrifft. So liegt etwa die Aufgabe bei dem anderen bereits in Angriff genommenen Frankfurter Projekt, der Paulskirche. In wieder anderen Fällen wird sich ein unbefangenes Daneben- und Hineinsetzen neu entworfener Bauteile aus heutigem Geist empfehlen, so wie das unsere Väter zu allen Zeiten getan haben, solange der Historismus noch nicht erfunden war. (Man ist an manchem Ort dabei, sich über diese Fragen und Aufgaben des Neuaufbaus klarzuwerden; im einzelnen verlangen sie, auch wenn sie grundsätzlich gelöst und in verhältnismäßig eindeutige Regeln gefaßt sind, von dem Baumeister vor allem anderen *Takt*.) Wo aber ein Gebäude gänzlich zerstört ist, kann es nur die eine Lösung geben: *ein neues Haus zu bauen*. Es gibt da keine Wahl, – oder vielmehr: die echte Wahl fängt hier gerade erst an, die Wahl nämlich zwischen den vielen Möglichkeiten, die das eigentliche, starke, schöpferische Bauen freigibt und aus denen zu

einer guten, echten und dauernden Gestalt zu kommen die Begabung, die Aufgabe und der Ruhm des Baumeisters ist. Die Anhänglichkeit an ein geliebtes zerstörtes Bauwerk darf dieses Recht und diese Pflicht, in die sich Baumeister und Bauherren teilen, niemals außer Kraft setzen.
Die Verfechter der Rekonstruktion am Hirschgraben haben das Gewicht ähnlicher Einwendungen selbst empfunden. (Man würde sich überhaupt täuschen, wenn man sie für rückschrittliche Geister hielte: ihr Fehler ist nur, daß sie dieses Haus zu sehr lieben.) Sie machen ihnen gegenüber geltend, es handle sich überhaupt nicht um eine Frage des »Wiederaufbaus«, sondern um eine museale Frage: der geplante Bau sei nichts anderes als ein museales Modell des Goethehauses und übrigens zugleich eines »gotischen Bürgerhauses«, – die einzige Möglichkeit für die Frankfurter, sich am lebensgroßen Objekt eine lebendige Vorstellung davon zu machen, wie unsere Vorväter in der Altstadt gewohnt haben. Darf man im Eifer der Werbung die Sache Goethes (um deretwillen man sich die ganze Mühe gibt) so weit beiseiteschieben, daß man sein Haus als ein »gotisches Bürgerhaus« aus- und der Besichtigung preisgibt?

## Bedenken von Goethe her

Das Wesen der echten Reliquie haftet an der wirklichen, materiellen Identität der Gegenstände. Hat man ein mit allen Mitteln der archivarischen Kunst und Technik hergestelltes getreues Modell der Krone Karls des Großen vor sich und daneben ein Stückchen Goldblech aus der echten, so stellt sich in einem empfänglichen Sinn vor diesem der Schauder der Ehrfurcht ein, nicht vor jenem. Lehrreicher ist das Modell, das »Numinose« haftet am authentischen Überrest. In diesem Sinne hat denn auch der »radikale« Vorschlag seinen Sinn, die Trümmerstätte würdig aufzuräumen und zu lassen, wie sie ist: als das, was wirklich und wahrhaftig vom Hause Goethes noch da ist. Die Vergegenwärtigung des großen Mannes könnte sich an keiner noch so überzeugenden Kopie so leibhaft und so geistigwirklich vollziehen wie an dieser echten Reliquie. Wenn aber an der

Stelle, wo dieses Haus stand, seine Maske steht, so erschlägt die Täuschung die Wirklichkeit: dieses Modell (das man anderswo gern aufstellen könnte, wenn es das Geld, das Material und die Arbeitskraft lohnte) wird an der echten Stätte gerade dadurch, daß es ein Modell jenes Hauses ist, jenes Haus eben *nicht* sein, ja in einer besonders nachdrücklichen Weise *nicht* sein. Man wird durch das Haus gehen in dem Gefühl (dem gleichgültigen, dem bitteren, dem resignierten, je nach Stimmung und nach dem Verhältnis, in dem man zu Goethe steht): hier hat Goethe *nicht* gelebt. Und es wird kein Ort mehr in Frankfurt sein, da man sagen kann: hier hat er gelebt. Man ist daran, diesen Ort endgültig zu zerstören. Man wird in jenem Modell vor Meisterstücken der nachahmenden Technik oder gar der Fälscherkunst vielleicht der Sprachgewalt des (nachgeahmten) Stils eine Weile erliegen, wird sich des wahren Sachverhalts erinnern, wird reflektieren und sich schließlich in einem Irrgarten der Gefühle finden, sich halb belehrt und halb mystifiziert vorkommen. Und dann um so endgültiger dieses Schein-Haus der Fremdenindustrie überlassen.

Dem Verehrer Goethes, der so empfindet, wird eher ein Gegenvorschlag einleuchten, den Professor Bartning in Fühlung mit dem Werkbund und der Stadtplanung in Würdigung der Wünsche des Freien Deutschen Hochstiftes dem Magistrat vorgetragen hat: man gebe einem noblen und taktvollen Baumeister – es wurde Tessenow genannt – den Auftrag, an der Stelle des Goethehauses einen Bau zu errichten, der die Situation und die Grundproportionen des alten Hauses übernimmt, seinem Erbauer und den Zeitgenossen aber weder Stil- noch Material-Kopien zumutet und also auch seinen Besucher niemals in den irritierenden Zweifel versetzt, ob er es jeweils mit alt oder neu, mit echt oder nachgeahmt zu tun hat. In dieses neue Gehäuse aber setze man die erhaltenen echten Teile an den ihnen entsprechenden Stellen als echte Reliquien ein. Nur von einem solchen Haus, nicht aber von der Kopie des alten aus ließe sich auch der ganze Hirschgraben neu entwerfen, sowohl baulich als auch seiner Zweckbestimmung nach.

Im übrigen können die vom Goethekult ausgehenden Überlegungen nicht ohne weiteres ausschlaggebend sein. Goethe war kein Heiliger, wir sind seine Gläubigen nicht, seine Reliquien sind nicht »numinos«, mögen sie auch eine Empfindung der Ehrfurcht auslösen. Wir stehen zu Goethe nicht in einem Verhältnis der Ehrfurcht und Verehrung schlechthin, sondern in einem *kritischen* Verhältnis, – worunter nicht ein negatives verstanden werden darf, sondern genau das, was das Wort sagt: ein unterscheidendes. Wir setzen uns mit ihm als mit einem wahrhaft gewichtigen Element der Geschichte unseres eigenen Geistes auseinander. Wir sagen Ja und sagen Nein, wir nehmen an und wir verwerfen: wir tun ihm, wie Reinhold Schneider sagt, die Ehre an, an sein Wort die Wahrheitsfrage zu stellen. Bezieht man in diese Auseinandersetzung das Goethehaus ein, so erhebt sich ein neuer Einwand gegen seinen Wiederaufbau. (Der eben erwähnte Dichter hat ihn auf seine Weise zuerst ausgesprochen.)

Das Haus am Hirschgraben ist nicht durch einen Bügeleisenbrand oder einen Blitzschlag oder durch Brandstiftung zerstört worden; es ist nicht »zufällig« zerstört worden, genauer gesagt: in einer Kausalkette, die keine Beziehung zu dem eigentümlichen Wesen dieses Hauses hätte und also ihm gegenüber äußerlich wäre. Sondern dieses Haus ist in einem geschichtlichen Ereignis zugrundegegangen, das mit seinem Wesen sehr wohl etwas zu tun hat. Es gibt Zusammenhänge zwischen dem Geist des Goethehauses und dem Schicksal seiner Vernichtung. Einige von ihnen sind mit Händen zu greifen: wäre das Volk der Dichter und Denker (und mit ihm Europa) nicht vom Geiste Goethes abgefallen, vom Geist des Maßes und der Menschlichkeit, so hätte es diesen Krieg nicht unternommen und die Zerstörung dieses Hauses nicht provoziert. Die große Vernichtung steht folgerichtig am Ende eines Weges, der von Goethe weggeführt hat. Andere Zusammenhänge, positive, sind weniger leicht einzusehen, aber darum nicht weniger wahr und wirklich. Jenes deutsche Volk der Dichter und Denker hat unter dem Einfluß des Idealismus und der Klassik, unter dem Einfluß auch Goethes, die Wirtschaft und die Macht allzusehr außer Kontrolle gelassen und dadurch den Mächtigsten überliefert, und es ist nun einmal so, daß diese Aufspaltung des deutschen Wesens und diese »trahison des clercs«, dieser hochmütige und schwächliche Verrat der Geistigen an der »Welt«, unmittelbar zu dem geführt hat, was über uns gekommen ist. Daß der große Realist Goethe nicht auch im Politischen ein gläubiger Realist war, sondern trotz großen Einsichten idealistisch und allzuklug vor ihm resignierte, gehört zu den Teilvoraussetzungen der Katastrophe, die sein Geburtshaus vernichtete. Hätten wir diese Schwäche Goethes und vieler guter Deutscher rechtzeitig überwunden, so wären wir derer Herr geworden, die seine Größe verraten haben.

Mit anderen Worten: es hatte seine bittere Logik, daß das Goethehaus in Trümmer sank. Es war kein Versehen, das man zu berichtigen hätte, keine Panne, die der Geschichte unterlaufen wäre: es hat seine Richtigkeit mit diesem Untergang. *Deshalb soll man ihn anerkennen*. Die Zerstörung dieses Hauses gehört so gut zur deutschen und europäischen Geistesgeschichte wie seine Errichtung im Stil eines gotischen Bürgerhauses, wie sein Umbau im Geist neuer Zeiten, wie die Weihe, die es durch seine Bewohner vor zwei und anderthalb Jahrhunderten erhalten hat, und wie die etwas bedenkliche Apotheose, die es im bürgerlichen Jahrhundert erfuhr. Wir sollten dieses letzte Kapitel einer langen Geschichte, den Zusammenbruch, nicht wegwischen wollen, es ist außerordentlich beredt und wichtig, es ist die Pointe: wir könnten sonst die Nutzanwendung verfehlen. Nur eines ist hier angemessen und groß: den Spruch der Geschichte anzunehmen, er ist endgültig.

## Die Sprache des Symbols

Wir müssen ohnehin den Mut aufbringen, vielerlei Abschied zu nehmen, nicht nur vom Hause Goethes. Und damit stünden wir beim Kern der Frage. So außerordentlich achtbar die Pietät ist, welche das persönliche Motiv der meisten Anhänger des Frankfurter Planes ist: der Wiederaufbau selbst wirkt als ein Sinnbild des Geistes der Restauration. Die Vorstellung, das geliebte Verlorene in die Wirklichkeit zurückzwingen zu können, ist entweder eine ohnmächtige Auflehnung gegen jenen Urteilsspruch oder sie ist sentimental. Beides aber ist bedenklich und gefährlich. *Darum* vor allem fordert der Plan zu einem grundsätzlichen Widerspruch heraus. Was von

uns heute verlangt wird, ist ja das genaue Gegenteil einer trotzigen oder gefühligen Wiederherstellung des Vergangenen. Der erste Schritt aber heißt: Einverständnis.
Er ist nicht leicht. Es ist schrecklich und es scheint über alle Begriffe zu gehen, was wir erlebt haben; aber allmählich dürften wir einsehen können, daß diese Schicksale nicht ganz außerhalb aller Normen stehen, wie sehr das auch der bürgerliche Idealismus meinen mag, der seine kurze und zweifelhafte Idylle für die eigentliche Welt gehalten hat. Was wir erlebt haben, ist vielmehr in aller seiner Schrecklichkeit natürlich und menschlich, – gemäß den Schrecken, die in der menschlichen Natur verborgen sind. Der Mensch baut, und der Mensch zerstört. Kein Werk, das dem ersten Teil dieses Gesetzes sein Dasein verdankt, ist gegen den zweiten Teil gefeit. Wer den Plan Frankfurts, den Merian 1628 geschnitten hat, mit dem Zustand der Stadt vor dem letzten Krieg und dann wiederum mit dem heutigen vergleicht, erkennt zu seinem Erstaunen, daß die beispiellose Vernichtung von 1944 kaum mehr hat niederwerfen können, als die zehn Generationen vorher auch ohne Sprengbomben und Phosphor in zäher Kleinarbeit beseitigt haben. Der Mensch baut, und der Mensch zerstört. Wir müssen uns damit abfinden, ja wir müssen damit in einem tieferen Sinne einverstanden sein. Es war ein schwerer Schock für uns, die Altstadt Frankfurts (das heilige Köln, die geliebten Städte des Nordens und Südens, Münster und Freiburg, Paderborn und Würzburg . . .) vernichtet zu wissen. Es fiel ein dunkler Schatten auf uns herab; es schien, daß das Leben seinen Sinn oder doch seinen Glanz verloren hatte. Mag sein, daß manche sich von diesem Schlag nicht erholen können. Respekt vor ihnen! Aber Ilion sank in Asche, die alexandrinische Bibliothek, der Kaiserpalast in Peking mit den Zeugnissen einer sechstausendjährigen Kultur; es ist erlaubt, noch heute darum zu trauern, man kann nicht darüber »zur Tagesordnung übergehen«, aber *dürfen uns diese unwiderruflichen Geschehnisse daran hindern, weiter zu tun, was uns aufgetragen ist?* Der Mensch zerstört, und der Mensch baut. Aufgetragen ist uns: zu bauen. Es gibt aber keine hartnäckigeren Bekenntnisse zum Gewesenen als die Restaurationen.
Freilich muß man eine Zukunft haben, um so zu empfinden. Man

darf unter Geschichte nicht nur das verstehen, woraus wir kommen, sondern auch das, wohin wir gehen, in Zeit und Ewigkeit. Es ist zuzugeben, daß heute ein angestrengter und angespannter Glaube dazu gehört, seine Entscheidungen auf eine sinnvolle Zukunft dieser Menschheit abzustellen, echte Hoffnung zu haben. Man macht sich fast lächerlich damit, wenn man im Ernst aus dieser Hoffnung wirkt und arbeitet. Aber alle wahre Produktivität hängt daran. Auch unsere Vorstellung von einem wahrhaft neuen Frankfurt, von den menschlichen Städten unserer Kinder und Enkel hängt daran. Dem Mut zur Zukunft entspricht die Entschlossenheit, Abschied zu nehmen von dem, was unwiderruflich vorbei ist. Noch einmal: es kommt nicht auf die Motive der Handelnden an, die Sprache der Bauten ist beredter als die Denkschriften der Bauenden: es ist ein Versagen vor der Zukunft, was jenes Gespenst des Goethehauses in der Sprache des steinernen Symbols aussagen wird.
Der Stadt Frankfurt aber stehen Siedlungspläne besser an. Zu bedauern ist jener Entschluß auch um ihretwillen, die sich in ihm falsch entscheidet, indem sie eine ihrer bedeutungsvollsten Überlieferungen nicht im Geist und in der Wahrheit weiterführt – und was ließe sich nicht alles aus Goethes gewandeltem Geist in dieser Stadt für die Zukunft fruchtbar machen! –, sondern in einer schwächlichen und trügerischen Illusion.

## Der Nationalsozialismus und der Krieg

Nicht nur aus Anlaß des Falles Filbinger kann man den Eindruck gewinnen, der Zweite Weltkrieg werde in den letzten Jahren immer mehr als eine normale Erscheinung gesehen, als ein Krieg wie der Erste, vor allem als ein Ereignis, das man vom gleichzeitigen Ereignis Nationalsozialismus säuberlich trennen könne. Es fehlt nicht viel daran, daß ein »vaterländischer Krieg« daraus wird, doch haben uns die Russen zum Glück dieses Wort vorweg- und also weggenommen. Jedenfalls kann man von einer nachträglichen Normalisierung eines Krieges sprechen, der uns mindestens kurz vor und nach seinem Ende als ein grauenhaft absurdes Ereignis erschienen ist.

## Verdrängung des Krieges

Die Wendung hat früh angefangen. Schon in den fünfziger Jahren tauchten die Ritterkeuze wieder auf. Ihnen war das Hakenkreuz aufgeprägt; damit wurde man dadurch fertig, daß man es herausoperierte. So einfach war das. Der große Brockhaus bildet den Orden unter der Bezeichnung ab: »Eisernes Kreuz 1939, Modell 1958«. Modell 1958: das Datum markiert die Entnazifizierung des Krieges. Es verdient erwähnt zu werden, daß da das Kreuz zweiter Klasse abgebildet ist. Doch stößt man kaum auf Landser, die das Modell 58 tragen: die aktive Verklärung des Krieges herrscht in den höheren Rängen vor, – in den anderen wird sein Problem verdrängt.
Natürlich spielten auch personalpolitische Rücksichten mit. Wie die Reichswehr der Republik nicht ohne die Offiziere des Kaisers glaubte auskommen zu können – was den Seecktschen Staat im Staat erzeugte –, so die Bundeswehr nicht ohne Offiziere, die man nun nicht mehr Nazi-Offiziere nennen durfte, sondern Offiziere der Wehrmacht. Dabei war diese Wehrmacht zum ersten zwischen 1932 und 1933 eine absolute Voraussetzung dafür, daß der Nationalsozialismus zur Macht kam, zum zweiten die entscheidende Voraussetzung für den planmäßigen Ablauf der zum Zweiten Weltkrieg führenden außenpolitischen Aktionen Hitlers; drittens blieb sie bis zum letzten Augenblick mit wenigen Ausnahmen das funktionierende Werkzeug seines verbrecherischen Wahns. Noch heute spukt diese Verknüpfung fragwürdiger Traditionen in unseren Köpfen nach: in der noch immer umstrittenen Frage, an welche Tradition die Streitmacht der Bundesrepublik, die wie alle Sozialkörper ihre Überlieferung sucht, anknüpfen soll. Unter anderm steht die Institution der Bundeswehrhochschule so lange auf brüchigen Füßen, wie der Streit nicht ausgetragen ist. Die wahre Lösung dieser für die Zukunft der Republik zentralen Frage muß den scharfen und endgül-

tigen Trennungsstrich zum Nationalsozialismus enthalten; der aber wird so verlaufen müssen, daß er die Wahrheit über den Zweiten Weltkrieg einschließt. Sie heißt: Der Nationalsozialismus und dieser Krieg waren und sind identisch. Wie für Hitlers Außenpolitik, so kämpfte der Soldat auch für Hitlers Staat, den Eugen Kogon mit Recht als den »SS-Staat« bezeichnen konnte. Die Generale, die Leutnante, die anderen Chargen und die einfachen Soldaten haben sich die Sache subjektiv meist anders zurechtgelegt, jede Gruppe in ihrer Art. Sie waren dazu genötigt, um in einigen Ehren vor sich selbst bestehen zu können. Das ist verständlich, aber es ändert leider nichts am Sachverhalt. Ich möchte denen nicht in den Rücken fallen, die durch eben ihren Glauben und guten Willen entschuldigt, ja subjektiv gerechtfertigt sind. Auch leugne ich nicht die positiven Kräfte, die im Verband der Wehrmacht und im Verlauf des Krieges wirksam geworden sind. Selbst ihre sekundären Tugenden, ein Stück guten Preußentums, Disziplin, Nüchternheit, Verläßlichkeit, in Grenzen sogar der Gehorsam, sind nicht zu verachten. Das gilt, obwohl man mit diesen Tugenden oft genug Schindluder getrieben hat. Treue war mehr, – vor allem, wenn sie im Verhältnis der Kameraden konkret wurde. Diese verteidigten schließlich auch das Leben des Nebenmannes, wenn sie vor allem in der Periode der Rückzüge die Front Hitlers verteidigten. Gute Erinnerungen an bewährte Kameradschaft könnten es den Betroffenen schwer machen, heute zu erkennen, in was sie damals verstrickt gewesen sind – schuldig, mitschuldig, schuldlos. Aus dem Widerspruch zwischen dem System und dem Krieg hat sich für viele Soldaten ein tragischer Konflikt ergeben, der Respekt verdient. Im Attentat vom 20. Juli wurde er auch im Handeln sichtbar, – noch in dem Versuch, einen Verbrecher an der Fortsetzung seiner Tat und an weiteren Verbrechen gewaltsam zu hindern.

## Lüge und Gewalt

Man darf sich durch die relative Geschlossenheit und Abgrenzung des Soldaten- und Kriegswesens, wie sie sich durch die eigene

Hierarchie, Gerichtsbarkeit, Uniform, den eigenen Ehrenkodex, durch die einzigartige Dispens vom Hitler-Gruß bis zur Offiziers-Revolte des Jahres 1944 darstellte, nicht zu einer Fehleinschätzung dieser Besonderheit verleiten lassen. Diese Geschlossenheit der Wehrmacht wurde weit dadurch wettgemacht, daß sie als für den Kampf organisierte Macht unmittelbar dem Gewaltwillen Hitlers dienstbar werden konnte. Daß sie oft gezögert hat, hängt mit ihrem konservativen Grundzug zusammen, der auch ihr Bild vom Krieg mitbestimmte. Einer, der der Wehrmacht distanziert nahestand, hat die Verwandlung des Krieges besser verstanden als die Generale: Ernst Jünger; er hat den auf die totale Gewalt abzielenden Charakter des modernen Krieges früh wahrgenommen, der sich um 1917 aus dem begrenzten Wesen des Krieges der bürgerlichen Nationalstaaten entwickelt hat. Das Kennzeichen des neuen Krieges ist nicht nur die Technisierung, sondern eben auch die totale Gewalt. (Es gehört zu Ernst Jüngers Lebenslüge, daß er im Zweiten Weltkrieg in Paris gerade die so vulgäre Gewalt Hitlers übersehen und einen Krieg kultiviert hat, den es nicht mehr gab.)

Die verdrängte Wahrheit jener Epoche, die Identität von Nationalsozialismus und Krieg, läßt sich in Hitlers »Mein Kampf« nachlesen. Wollte man den etwas abenteuerlichen Versuch machen, den Geist jener Bewegung und den Geist dieses Krieges zu beschreiben, so käme man am Ende auf zwei besonders auffällige gemeinsame Grundbestimmungen. Da ist, in einem Wortschwall scheinvernünftiger Argumente verhüllt, auf der einen Seite der Geist der Lüge, das heißt einer verstiegenen Ideologie, von der aus evidente Tatsachen verfälscht oder gar ins Gegenteil umgelogen werden; da ist auf der anderen Seite, viel greifbarer, der unbedingte Wille zur totalen Gewalt. Lüge und Gewalt sind konstitutiv für beide Aspekte des identischen Geschichtsereignisses: des kriegerischen Nationalsozialismus, des nationalsozialistischen Krieges.

Ich scheue mich nicht, hier moralisch zu argumentieren. Sucht man zwischen den in unserer Zeit vertretenen Normsystemen, Ethiken, moralischen Konventionen die Grundstrukturen des Bösen, so wird man sie in der Lüge und in der Gewalt finden, – beide bezogen auf den andern und die anderen. Positiv entsprechen diesen beiden

Formen des Bösen einerseits Wahrheit und Wahrhaftigkeit, anderseits Zuwendung und Solidarität. Ich kenne die Ambivalenz der Aggression, und ich kenne die Schwierigkeit, auf die Pilatus anspielte, als er skeptisch fragte: »Was ist Wahrheit?« Aber als vereinfachte Annäherung an die Wirklichkeit des Bösen wird man bei vielen Anthropologen, Tiefenpsychologen, Philosophen und Theologen bestätigt finden, daß Lüge und Gewalt seine Urformen sind.

Einige bezeichnende Bilder sollen die Identität der beiden Ereignisse belegen. Da ist das berühmte Foto aus der Potsdamer Garnisonskirche, wo sich Hitler im Frack des Reichskanzlers tief über die Hand des Generalfeldmarschalls-Präsidenten Hindenburg beugt: der Lügner braucht noch den Oberbefehlshaber der bewaffneten Gewalt. Da ist der Pakt mit Pilsudski, betrügerische Vorbereitung des Überfalls auf dessen Land. Da ist der Pakt mit Stalin, lügnerische Voraussetzung für diesen Überfall. Da sind der erlogene Anschlag auf den Sender Gleiwitz und die Aufheizung des Danzig-Problems als direkte Anlässe. Polens Aufteilung ist ebensosehr Konsequenz des Nationalsozialismus, nämlich seiner Ideologie vom fehlenden Lebensraum im Osten und von der Minderwertigkeit der slawischen Rasse, wie der Abschluß des ersten Kriegsabschnittes: Lüge und Gewalt identisch.

## Die Ursprünge

Lassen wir es bei dieser Liste von Bildern bewenden, und betrachten wir die Ursprünge.

Da muß man sehr weit zurückgehen. Die Schuld am Ersten Weltkrieg – man weiß das heute nicht mehr – ist eine Schlüsselfrage entscheidender Jahre bis in unsere Tage hinein geblieben. Natürlich kann man sie nur beantworten, wenn man sich nicht auf Monokausalität einläßt. Die Explosion von 1914 hatte viele Ursachen, Gründe und Anlässe. Man kann in einer Dimension auf die vier oder fünf Imperialismen verweisen: auf den klassischen, vom deutschen Gegenanspruch gereizten der britischen Weltmacht, auf den aus bürgerlichem Reichtum und preußischem Machtwillen verschmolzenen neudeutschen Imperialismus wilhelminischer Prägung, auf den panslawistischen russischen, auf den revanchistischen französischen, am Ende auf den konservativ-reaktionären der österreichisch-ungarischen Monarchie. Man kann in dem Zusammenstoß dieser Imperialismen sodann den pubertären Ausbruch des europäischen Bürgerkriegs sehen, atavistisch von Grund auf – ohne ein rationales Verhältnis zwischen den je vorgestellten Kriegszielen und den zu erwartenden Mitteln des modernen Krieges.

Sieht man sich die Schichten und Gruppen an, die ihn teils bewirkten, teils mittrugen, so war er ein Krieg der Militärs, der Staatsführungen, des Bürgertums, seiner Großwirtschaft und der akademischen Intelligenz; die Arbeiter fielen in letzter Minute auf ihn herein; die Bauern mußten wie eh und je mitmachen. Daß man hineingeschlittert sei, ist ein verharmlosender Ausdruck für dies alles. Besser trifft das Wort des britischen Politikers: »In Europa gehen die Lichter aus«.

Fasse ich den Anfang der Katastrophe ins Auge, den Kriegsausbruch selbst, so muß ich mich auf meine eigenen Eindrücke und Erfahrungen sowie auf engagierte Studien stützen, die sich natürlich nur auf sekundäre Quellen beziehen konnten. Solche Fragen müssen auch Themen für Nichtfachleute sein dürfen: für Zeitgenossen, die betroffen sind. Den Kopf hinhalten mußten sie ohnehin, – sie müssen auch wissen dürfen, für was und für wen. Das Ergebnis dieser Überlegungen: Die relativ größte Schuld wird man leider Deutschlands Auswärtigem Amt und Wilhelm II. zusprechen müssen. Sie haben dem reichlich labilen und schwachen Österreich nicht nur einen gefährlichen Blankoscheck zum ultimativen Vorgehen gegen Serbien gegeben, sondern es zwischen besorgten Beschwichtigungsansätzen sogar dazu aufgefordert, den Serben unerfüllbare Bedingungen zu stellen, also auf den gewollten Krieg hin zu spekulieren. Es würden dann Österreich selbst, dann Rußland, dann Frankreich, schließlich doch auch England in dieser traurigen Liste folgen.

Man muß so weit zurückgehen, weil sich zwischen 1918 und 1933, vor allem aber in den entscheidenden Jahren um 1919 an diesem Punkt die Geister scheiden. Als uns der Versailler Vertrag das

Bekenntnis zur Alleinschuld Deutschlands abverlangte, glaubten nur wenige an diese radikale Vereinfachung. Aber die Demütigung hatte einen anderen Stellenwert, wenn man Deutschlands Mitschuld, ob als groß, ob als normal jedenfalls erkannt und anerkannt hatte. Dann konnte die Niederlage eher entweder als Konsequenz oder als Fatalität, als eine verlorene Wette sozusagen, am Ende eben als bittere Realität akzeptiert werden, und es kam dann nur darauf an, die schlimmen Folgen allmählich zu mildern. Wer jede Kriegsschuld leugnete, überhöhte die Demütigung zur unerträglichen, zur historischen Schande. Dies und die Dolchstoßlegende, welche die militärische Niederlage dem Verrat der beiden Arbeiterparteien zuschrieb, diese Mischung war, um Bertolt Brechts Sprache zu sprechen, »der Schoß, aus dem das kroch«: aus dem in schon ursprünglicher Identität Hitlers Nationalsozialismus und der Zweite Weltkrieg geboren worden sind.

Ich verkenne die gesellschaftlichen, vor allem wirtschaftssozialen Faktoren nicht, die nach der Weltwirtschaftskrise in der Zeit der Arbeitslosigkeit Kleinbürger, auch Arbeiter, Bauern und den Mittelstand dem Rattenfänger in die Arme trieben, soweit diese Schichten nicht durch ein eindeutiges politisches oder auch religiöses Bewußtsein dagegen gefeit waren. Ich weiß wohl, daß der Faschismus ein situationsgeprägtes Bündnis aller der Gruppen und Mächte war, die ihr unmittelbares Interesse nicht mehr wie bisher durch parlamentarische Demokratie glaubten wahren zu können, sondern nur durch unmittelbare Beteiligung an ausgeübter Gewalt.

Beides, die pseudorevolutionäre Bewegung der Mitte und das faschistische Bündnis traten zwischen 1930 und 1934 ins hellste Licht. Vorher, als jene Bewegung als kleine Minderheit wie eine Randerscheinung aussah, waren die beiden Stränge der Anti-Versailles-Aktion noch deutlich zu unterscheiden. Der Nazistrang zielte auf die totale Revision in West und Ost und auf viel mehr ab, auf Lebensraum im Osten, auf mindestens die halbe, nämlich mit England geteilte Herrschaft in Europa, und er zielte eben deshalb auf den großen Krieg ab; dieser erschien sodann als Tilgung jener Schmach, wurde aber auch um seiner selbst willen gewollt: als Äußerung der arisch-germanisch-deutschen Vitalität. Man kann es

nachlesen. Der andere Strang, vertreten durch den schwarz-weiß-roten Teil des Bürgertums, die militärischen Traditionalisten und durch die schweigende Reichswehr, war bescheidener. Weder um die Weltherrschaft wollte man kämpfen, noch auch nur um Elsaß-Lothringen, wohl aber dachte man teils gerade heraus und unbedingt, teils für den Fall des Falles an den Handstreich gegen Polen, um dann Danzig, den westpreußisch-posener-polnischen Korridor und Ostoberschlesien zurückzugewinnen, – irgendwann zur rechten Stunde. (Zu welchem anderen Zweck hätte man die Panzerkreuzer A und B nötig gehabt, als zur Beherrschung der Ostsee? Und Rußland war damals noch nicht als potentieller Feind aufgetreten, – im Gegenteil: es half beim Aufbau der Reichswehr heimlich mit.)
Auch dieser rechtsreaktionäre Drang wurde in den letzten Jahren der Republik immer irrationaler, am meisten auf den Universitäten, bei Professoren und Korporationsstudenten; nur die Reichswehr blieb lange nüchtern und schwieg. An dem Treffen der Harzburger Front war sie noch nicht beteiligt, in Potsdam war sie dann, als die Entscheidung mit ihrer Hilfe gefallen war, zur Stelle.
Der Kult der nationalen Lüge erscheint nicht weniger schlimm, sondern gefährlicher, wenn man sie als Selbstbelügung, zum Teil als Selbsttäuschung versteht. Sie und die Bereitschaft zur Gewalt waren zwischen dem »Stahlhelm«, den Journalisten Hugenbergs, der Reichswehr einerseits, der SA und der SS anderseits die geheime Verbindung auch dann, wenn sich (selten genug) die SA-Stürme einmal mit Stahlhelmern auf der Straße prügelten.

## Hitlers Krieg

Waren also Nationalsozialismus und Kriegsbereitschaft im Zeichen von Lüge und Gewalt am Ursprungsort identisch, zentral in der Verweigerung der Niederlage und der Verklärung des Ersten Weltkrieges, so wurde diese Identität perfekt und ganz und gar offenkundig, als dann der Zweite Weltkrieg endlich ausgebrochen war. Vorher hatten die Militärs gegen Hitler öfters aufbegehrt, weil sie, wenn es ernstzuwerden schien, dem Frieden oder vielmehr dem

Krieg nicht trauen wollten. Als er dann da war, griffen sie zu. Sie nahmen jene Identität in Kauf. In diesem Punkt waren wir uns einmal alle einig. Hitlers Gegner begrüßten einander am Morgen nach der Machtergreifung verbittert oder verstört mit dem Wort: »Das ist der Krieg!« Soweit sie auch nach den Triumphen der Blitzkriege festblieben, haben sie keinen Augenblick vergessen können, daß es Hitlers Krieg war, auch in den Nächten, da nicht seine, sondern Roosevelts und Churchills Bomben auf ihre Häuser fielen. Die anderen aber, soweit sie nicht geradezu applaudierten, wurden täglich darüber belehrt, wer da diesen heldenhaften Kampf führe: sie sollten und sie mußten glauben, daß sie für Hitlers Sache kämpften, litten, opferten, geopfert wurden.

Sonderbar genug, daß viele das heute nicht mehr wahrhaben wollen. Sie zirkeln aus der Realität einen Krieg heraus, der ihnen gewiß als grausam in der Erinnerung ist, als abenteuerlich sodann, vielleicht sogar ein wenig im guten und reizvollen Sinn, aber doch auch im schlimmen Sinn, aber jedenfalls als ehrenwert. Ging man nicht in den Krieg auch, um sich aus dem Bannkreis der Parteimacht zu entfernen? War es nicht manchmal lebensrettend, in die Wehrmacht zu gehen? Ging man dann nicht aus dem Schmutz in den reinen Raum sauberen Soldatentums? Es ist, als ob der Männerkampf, der in der Antike und bei den Germanen einstmals als das Höchste des Lebens galt, etwas von seiner alten Würde zurückgewonnen hätte, in gedämpfter Manier natürlich, verbürgerlicht und auch auf diese Weise normalisiert. Man denkt nicht genauer darüber nach; man profitiert vom Mechanismus der Verdrängung, der einen glauben läßt, der Krieg wenigstens könne einem doch als isolierbarer Teil oder gar als Gegenwelt des Nazismus ein Alibi geben, man könne doch nicht an einem schrecklichen und irrsinnigen Verbrechen teilgenommen haben. Ich spreche bewußt nicht von *den* Verbrechen in der Mehrzahl, etwa von der Erschießung von Patrioten, die einen besseren Krieg führten; die wenigsten Soldaten waren an solchen Verbrechen im Plural beteiligt; ich spreche vom Krieg als ganzem, der als solcher ein Verbrechen gewesen ist.

Die Normalisierung des Krieges reicht über den Zweiten Weltkrieg hinaus. Man könnte da zum Beispiel an die Fachsprache und objektivierende Diktion der Militärpolitiker und Strategen unter den deutschen Journalisten denken. Das demonstriert jedoch nur eine viel allgemeinere, geradezu welthistorische Folge jener Normalisierung. Ich sprach vorhin von dem »besseren Krieg«, den die Partisanen, den die Polen geführt haben. Ihre Verteidigung des Vaterlandes, die Gegenwehr der Norweger, der Holländer und Belgier, der verlorene Krieg der Franzosen, der Krieg der Engländer, der Russen waren eindeutig Verteidigungskriege; der Krieg der Amerikaner, die nur indirekt bedroht waren, war ein Befreiungskrieg.

## Wiedergewöhnung an den Krieg

Wir waren in den zwanziger Jahren in Europa und in aller Welt schon einmal sehr weit in der Überwindung der Kriege. Der Kellogg-Pakt, der den Krieg feierlich, vielleicht allzu feierlich geächtet hat, ist nur ein Symptom dafür. In Europa dachte niemand an Krieg außer den nicht sehr bedeutenden Faschisten Mussolinis, die sich früher als die Deutschen im Geiste der Gewalt formiert hatten, und bei uns die Leute, von denen die Rede war, die reaktionären Scharfmacher, die Nazi und ihr Führer. Aus den Wirbeln von Weimar hätte sich auch ohne ihn Gefährliches zusammengebraut, – das große Verbrechen aber war nur er zu planen fähig.

Hitler hat den Krieg nicht dadurch rehabilitiert und sogar geadelt, daß er ihn begann und führte, sondern daß er andere zwang, ihn zu führen. Die Landung der Angelsachsen in der Normandie ist nicht nur ein großes Kriegswerk, als solches wohl größer als die Überraschungsüberfälle Hitlers, sondern sie war als Anfang der Befreiung Europas ein gutes Kriegswerk, politisch-moralisch gut. Vor Hitler konnte man Pazifist sein oder doch, wenn man nüchtern war und die Ismen nicht schätzte, an die absehbare Überwindung der Kriege glauben oder auf sie hoffen. Seit Hitlers Krieg konnte man kein Pazifist mehr sein: man mußte ja hoffen, daß seine Anschläge niedergeschlagen wurden: durch Gegenkriege.

Seitdem haben wir uns wieder an den Krieg gewöhnt. Er gehört erneut zu unserem politischen Alltag. Natürlich kann niemand beweisen, daß ohne den Exzess Hitlers und ohne die Notwendigkeit, seine Gewalt mit Gegengewalt zu beenden, die Kleinkriege rund um die Erdkugel, die man kaum mehr zählen kann, in geringerer Zahl geführt worden wären. Es sind zuviele Wenn und Aber in solchen Rechnungen. In Europa jedenfalls gab es keine Kriegsgründe mehr, – außer den unseren. Niemand kann auch wissen, ob und in welcher Weise ohne Hitlers Krieg Stalin seine Macht bis zur Elbe und Donau hätte ausdehnen wollen und können. Fast sicher ist aber zum Beispiel, daß Japan ohne die deutsche Ermutigung und die deutschen Siege den Schlag gegen die USA und den Versuch, Asien zu beherrschen, nicht riskiert hätte. Er war erst nach der schauerlichen Normalisierung des Krieges durch den Krieg denkbar.

Auch dies alles ist zu bedenken, wenn über »den Nationalsozialismus und den Krieg« zu spekulieren ist: Der Nationalsozialismus, der es von Anfang an für völlig normal und dazu für vital und ehrenhaft hielt, sich durch Krieg zu nehmen, was man nehmen sollte, hat dadurch, daß er es ausprobiert und anderen gute Gründe zum Zurückschießen geliefert hat, das heutige Elend kräftig mitbewirkt. Er hat uns allen wieder beigebracht, in Kriegen zu denken. Diese Normalisierung des Krieges ist ganz anderer Art als die innerdeutsche, die uns das Alibi für gute Lebensführung liefert. Verhängnisvoll sind sie beide.

Einen Schritt, der möglich wäre, der sogar naheläge, will ich zu tun unterlassen: ich will nicht die Frage stellen, ob es ohne den Nationalsozialismus und seinen Krieg die Atombombe gäbe, den Overkill. Hier wachsen die Dimensionen der Hypothesen ins Unfaßbare. Ob die Vereinigten Staaten oder ihre Physiker in dem sicheren Glauben gehandelt haben, Hitler bereite seinerseits die Bombe vor, können wir nicht genau wissen. Wir wissen also nicht, ob die amerikanische Bombe mehr defensiv oder doch auch offensiv, wenn auch im defensiven Krieg, entworfen worden ist. Jedenfalls hat nicht Hitler sie gebaut, und wenn in tausend Jahren oder schon in hundert Generalbilanz gemacht werden wird, so könnte es sein, daß man viel Grauen auf zwei Punkte verteilen wird: auf den Krieg der Nazi und auf den Abwurf der Bombe über Hiroshima und Nagasaki. Vielleicht würde diese Bilanz auch den Namen Vietnam nennen. Aber über den zweiten und den dritten Punkt sollten vor allem die Freunde nachdenken, die uns befreit haben. Als ich ihre ersten Panzer sah und die Gesichter unter den kurzgeschorenen Haaren, habe ich mir halb arglos, halb ahnungsvoll geschworen, ihrem Land nie zu vergessen, daß sie uns, daß sie unter anderm mich befreit haben. Möge der ganz große Krieg, der allergrößte Krieg nie so normal werden, daß ich diesen Eid brechen muß.

# Sozialismus gegen das Ende einer Illusion

*Als Gegengewicht zur Restauration schrieb ich etwa zur selben Zeit die Überlegung zum »Wort Sozialismus« nieder. Der Aufsatz versucht natürlich auch dessen Inhalt differenzierend zu bestimmen, aber es kam und kommt mir auch sehr auf das Wort an, das vor allem die Verbindung mit der historischen Arbeiterbewegung festhält.*
*In diesem Aufsatz ist von dem »Dienst« die Rede, »die Kluft zwischen Marxismus und Christentum« zu schließen. Dieser Aufgabe gilt der Beitrag »Marxismus in christlicher Sicht«. Seine Gedanken habe ich – wohl 1948 – nach Stichworten frei den Freunden von der »Deutschen Volkschaft« vorgetragen: fünf Stunden lang und im Freien an einem schönen Sommertag in Radevormwald. Der Aufsatz spricht Schlüsselerkenntnisse aus, und sein Grundgedanke ist noch heute für mich entscheidend, wenn es darum geht, mein Engagement in der Geschichte zu verstehen.*
*Könnte ich diesen Aufsatz heute noch unterschreiben? Seine Kernposition durchaus, und auch sein Pathos kann ich heute noch nachvollziehen. Die christliche Position würde ich nicht mehr so unbefangen in den traditionellen theologischen Begriffen formulieren. Das eigentliche Thema würde ich heute noch dringlicher und genauer behandeln können: mit Hilfe der Einsichten von Helmut Peukert. Wieviel davon in meine Grundvorstellung einer marxistisch-christlichen Nähe eingehen könnte, deutet schon der Titel des ersten seiner Bücher an: »Kommunikationstheorie, Handlungstheorie und Fundamentaltheologie«. Tatsächlich hat ja schon der ursprüngliche Marxismus eine Struktur, die sich von der gegenwärtigen Kommunkations- und Handlungstheorie aus gut verstehen ließe. Wenn Peukert so eindrucksvoll von den Opfern der Geschichte aus denkt, so darf man das neben das Denken von Karl Marx stellen, der vom Proletariat und von der Proletarität ausging. Im Denken – und auf einer hohen Stufe der Abstraktion – verwirklicht Helmut Peukert viel von dem, was mir als christliche Antwort auf den Marxismus der ersten Stunde vorschwebte.*

## Das Wort Sozialismus

In fast jedem der unzähligen Gespräche, die in den letzten anderthalb Jahren bei vielen Gelegenheiten und besonders unter Christen über jenen »Sozialismus« geführt wurden, in dem wir einen gangbaren und notwendigen Weg aus dem Abgrund zu einer sinnvollen Ordnung erblicken, fiel irgendwann einmal die Bemerkung: »In der Sache stimme ich Ihnen zu, ich kann da durchaus mitgehen, ich sehe ein, daß es anders gar nicht zu machen ist; aber können Sie das, was Sie da wollen, denn gar nicht anders nennen?« Auch brieflich wird uns immer wieder gesagt: *Die Sache: ja, – das Wort: nein.* Wollte man es sich bequem machen und in der Linie des geringsten Widerstandes vorgehen, so würde man sagen: opfern wir doch ruhig das Wort, Worte sind Schall und Rauch, die Hauptsache ist, daß die Sache verwirklicht wird, nennen wir sie einfach . . . ja, dann fängt es an, gar nicht mehr einfach zu sein, denn es gibt keinen anderen Namen für das, was gemeint ist. Solidarismus? Ein Fachausdruck aus der innerkatholischen Erörterung der sozialen Frage, viel zu eng, wenn man ihm seinen überlieferten Inhalt läßt, der mit dem Namen Heinrich Pesch verknüpft ist, aber auch viel zu eng, nämlich zu wissenschaftlich, wenn man den Begriff in der Richtung auf das, was heute gemeint ist, inhaltlich zu erweitern sucht. Ja, wenn es um eine akademische Untersuchung ginge, die ein wissenschaftliches Urteil über einen objektiven Sachverhalt vermitteln wollte! Dann ließe sich unschwer ein angemessener neuer Ausdruck finden. Aber es geht ja in Wahrheit nicht um die Theorie – freilich *auch* um eine Theorie –, sondern um einen wirklichen Weg zu einem wirklichen Ziel, und es geht um die Einsicht, den Willen und die Tat derer, welche diesen Weg wirklich gehen sollen. Wir erörtern also nicht einen Begriff, sondern eine Losung, eine »Parole«. Eine Losung aber ist weder ein theoretischer Begriff noch ein Schlagwort; sie ist ein Appell sowohl an die Einsicht als auch an den Entschluß, ja an eine ganze Reihe von Einsichten und Entschlüssen. Parolen müssen weckende, aufrufende Kraft haben, sie müssen Kopf und Herz ansprechen. Darum geht es nicht mit der »Wirtschaftsdemokratie« und nicht mit der »Gemeinplanwirtschaft« und auch nicht mit der

»berufsständischen Ordnung«, – ganz abgesehen davon, daß alle diese Begriffe zu eng »definiert« und damit begrenzt sind. Hier zeigt sich ein großer Vorzug des Wortes »Sozialismus«: es gibt kaum ein zweites Wort aus der neueren geschichtlichen Welt, das so viel Bestimmtheit mit so viel Fülle und Weite vereinigt. Und das, obwohl es ein »Ismus«-Wort ist. Die »Ismen« neigen im allgemeinen zur Blutarmut; unter denen, die geschichtlichen Rang haben (Liberalismus, Kapitalismus), hat der Sozialismus in hundert Jahren am meisten Glanz gewinnen können, und er hat seine Anziehungskraft trotz der ungeheuren Abnutzung, die alle politischen Parolen in den letzten dreißig Jahren erfahren haben, erstaunlicherweise behalten; nicht einmal der Mißbrauch des Wortes im »Nationalsozialismus« hat daran etwas geändert.
Dieser Hinweis auf die lebendige und wirksame Kraft der Losung »Sozialismus« wird freilich denen keinen Eindruck machen, denen es im Grunde gerade darauf ankommt, sich ihrem Bannkreis zu entziehen. Es ist kein Zufall, daß in solchen Einwänden gegen das Wort Sozialismus, in denen an sich die Sache selbst bejaht wird, dieses Ja meist den Tonfall des Zugeständnisses hat. (»Ich gehe da durchaus mit, ich sehe ein, daß es nicht anders geht.«) Es ist nicht schwer zu durchschauen, daß sich da oft hinter dem Einwand gegen das Wort doch ein stiller Widerstand gegen die Sache versteckt. Man verengt das, was eigentlich die Einsicht in das geschichtliche Gesetz eines Zeitalters sein sollte, zu dem Geständnis gewisser wirtschaftstechnischer Maßnahmen.
Aber damit niemandem Unrecht geschehe: es gibt unter den Gegnern des Wortes auch Menschen, welche die Sache selbst wirklich wollen, sei es als das Ergebnis einer nüchternen Deutung der modernen Wirklichkeit, sei es, daß sie von der Beweisführung der sozialistischen Bewegung beeinflußt sind, oder seien es Christen, die in ihr die zeitgemäße Ausprägung der zeitlosen Gerechtigkeit erblicken, oder Katholiken, die aus der Verarbeitung der großen sozialreformerischen Rundschreiben der Päpste zu einer solchen Lösung gekommen sind. Es gibt ja eine Reihe von verständlichen Gründen für eine solche Zurückhaltung dem Wort gegenüber. Es kommt aus dem neunzehnten Jahrhundert und bringt dessen Bela-

stung mit. Viele wittern darin den Geruch der reinen Diesseitigkeit, das Streben nach irdischem Glück und irdischer Vollkommenheit, die Täuschung des Paradieses auf Erden; das Wort schmeckt ihnen nach Materialismus und Atheismus. Andere verknüpfen mit ihm Vorstellungen einer Zukunft, die sie schreckt: ihr geistiges Auge sieht im Sozialismus einen allmächtigen Staat, der Herr über den Wirtschaftsapparat und dadurch über jeden einzelnen geworden sein wird, die Herrschaft der durchorganisierten Mittelmäßigkeit, das Ende der Freiheit und der Persönlichkeit, eine fragwürdige Welt aus Beton, Glas, irdischem Glück, Zwang und Langeweile, eine Welt ohne Demut und Geheimnis. Andere meinen, es vertrage sich nicht mit der Reinheit eines selbständigen Denkens, wenn wir – und unter diesem »wir« sind je nach den Umständen die Katholiken, die Protestanten, die Christen, ihre Parteien zu verstehen – geistige Anleihen bei »dem anderen Lager« machten. Andere wiederum weisen auf die Schwierigkeit hin, das christliche Volk für das Wort Sozialismus zu erwärmen; es sei nun einmal schon durch mehrere Geschlechterfolgen hindurch gewohnt, darin eine Gefährdung des Glaubens zu sehen, und es mache auch in diesen Monaten neben manchen erfreulichen Erfahrungen mit einzelnen Vertretern etwa der SPD doch auch immer wieder Erfahrungen, welche die alte Vorsicht als berechtigt erscheinen ließen.

Wir nehmen diese Bedenken ernst. Wenn wir trotzdem an dem Wort festhalten, dann haben wir dafür eine Reihe von Gründen; eigentlich aber geschieht es aus einem einzigen Grund: aus geistiger Redlichkeit. Der Mensch ist der Sprache gegenüber nicht völlig frei; er bewegt sich in ihr als in einem überlieferten gemeinsamen Gut; wo wir eine Sache meinen, wirklich meinen, die im Sprachgebrauch der Menschen einen bestimmten Namen wirklich hat, da sind wir an diesen Namen gebunden. Wenn es Gegengründe gibt, so werden sie selten das Gewicht jener Einsicht haben, die zwar im neuen Testamente in einem tieferen Sinne gemeint ist, aber doch auch in ihrer flacheren Anwendung tief und wahr bleibt, der Einsicht: »Die Wahrheit wird euch frei machen«, sie ist immer das Beste, sie schlägt am Ende immer zum Guten aus. Nun handelt es sich hier freilich nicht um einen Tatbestand, der so einfach wäre wie etwa der, daß man eine gewisse Frucht »Apfel» nennt, aus dem einfachen Grunde, weil sie ein Apfel »ist«. Verhielte es sich so, dann brauchten wir die Frage nicht lange und sorgfältig zu erörtern. Es handelt sich hier nicht um ein Ding, sondern um einen geschichtlichen Begriff von großer Inhaltsfülle und Vieldeutigkeit. Wenn wir es für eine Pflicht geistiger Redlichkeit halten, unser wirtschaftlich-soziales Zielbild »sozialistisch« zu nennen, so ist das also nicht ohne weiteres eine Selbstverständlichkeit. Aber es ist das zwingende Ergebnis sorgfältiger Überlegungen und Untersuchungen. Dieses Ergebnis ist nicht gleichgültig. Worte sind nicht Schall und Rauch. Sie wirken und sie verpflichten.

## Der Wortsinn

Das Wort »Sozialismus« bezeichnet einen geschichtlichen Begriff. Wer eine Stellung zu ihm finden will, wird also nicht unbedingt vom ursprünglichen Wort-Sinn ausgehen können, sondern sich an den geschichtlichen Inhalt mehr oder weniger gebunden fühlen. Gleichwohl ist es gerade in unserer Sache angebracht, auch den ursprünglichen Wort-Sinn ins Auge zu fassen. »Socius« ist der Genosse – ein guter alter Begriff. Genossenschaftlich zu wirtschaften, nicht im Sinne gewisser so benannter vorkapitalistischer Organisationsformen, sondern in den unaufhebbaren Bedingungen der modernen arbeitsteiligen Großwirtschaft, in der Welt der Fabriken, – es wäre nicht übel, es träfe ziemlich genau das, was gerade wir erstreben. In dem Wort »Genosse« steckt ja sowohl die Bindung an das gemeinsame Ganze als auch der Anspruch und die Würde des Einzelnen: ein Genosse ist nicht ein Massenatom, ein namenloses Steinchen, ein auswechselbares Element, eine gesichtslose Nummer, – das »Personalistische«, das wir in vielen Erscheinungsformen des Sozialismus vermissen, ist also in dem Wort selbst enthalten. Das Eigenschaftswort »socialis«, »nach Art eines Genossen», wird ja übrigens auch ohne weiteres angenommen, ja oft dem Sozialismus entgegengestellt: als das »Soziale«. Geht der Widerstand also nur gegen den »Ismus«? Wittert man in dieser Endung eine Vereinseitigung? So wie der Liberalismus die Freiheit einseitig will oder der Individualismus das Individuum, der Nationalismus die Nation? Davon kann hier eigentlich keine Rede sein: der Begriff »Genosse« ist in sich ausgeglichen, er enthält keine Tendenz, die in einem »Ismus« vereinseitigt werden könnte. Macht man aus dem Genossenschaftlichen einen»Sozialismus«, so liegt es nahe, ihn nicht als die Vereinseitigung, sondern als das *System* des Genossenschaftlichen zu verstehen. Das aber würde die Sache, die wir meinen, sehr genau treffen: Sozialismus ist ja in der Tat das zu einer konkreten Ordnung erhobene Soziale im Sinne des Genossenschaftlichen. Es gibt hier eine deutliche Grenze zwischen der Sozialpolitik, die nicht notwendig das Wesen und damit das Ganze betrifft, sondern Teile angreift und also unsystematisch sein kann, und der sozialistischen Politik, die »aufs Ganze geht«, aufs Ganze des sozialen Lebens. Daß gerade diese Gesamtreform notwendig ist, ein eigentlicher Umbau des wirtschaftlichen und sozialen Lebens, das ist freilich die Erkenntnis, die unserer Politik zugrunde liegt. Wer sie bestreitet, wird mit Recht das Wort Sozialismus ablehnen, – weil er die Sache ablehnen muß.

Es ist merkwürdig, daß man den unmittelbaren Wortsinn aus dem Wort offenbar nicht mehr heraushört. Ein ganz ausgezeichneter Wirtschaftspolitiker, der sachlich entschieden eine sozialistische Linie vertritt, glaubte vor kurzem den Ausdruck Sozialismus verwerfen zu müssen, weil »es uns ja keineswegs um eine Verstaatlichung der Produktion geht, sondern darum, sie in einer vielfältigen Weise im Leben der Gesellschaft zu verwurzeln«. Er tat so, als ob Sozialismus »Etatismus« hieße und Sozialisierung Verstaatlichung; in Wahrheit heißt aber ja sozialisieren geradezu vergenossenschaften, vergesellschaften; der Staat steckt nur als eines der Organe der Gesellschaft drin. Gerade wenn man auch auf diesem Feld der zentralen Regelung nur so viel zugesteht, wie es um des Wohls des Ganzen und aller Teile willen unumgänglich erscheint, wenn man also als Endziel einen Sozialismus im Auge hat, der im arbeitenden Volk verwurzelt und reich gestuft ist, wird man das Wort sprachlich angemessen finden.

## Die Freiheit: kein Einwand, sondern eine Aufgabe

Eine andere beliebte Methode, dem Wort Sozialismus aus dem Wege zu gehen, ist das *Schema der Gegensätze*. Man arrangiert da etwa: Hier das System des verabsolutierten Individuums, nämlich Individualismus, Liberalismus, Kapitalismus, dort das System der absolut gesetzten Gemeinschaft, nämlich Kollektivismus, Totalitarismus, Sozialismus; beide sind dann natürlich falsch, und die Wahrheit ist natürlich irgendwo in der Mitte. Das Grundschema ist richtig – wenn es nicht abstrakt bleibt, sondern mit geschichtlicher Anschauung gefüllt wird –, die Einordnung des Sozialismus aber ist falsch; geht man vom geschichtlichen Tatbestand aus, so wird man nämlich mit viel größerem Recht an seine Stelle den »Kommunismus« setzen können, die Wahrheit in der Mitte aber ist dann eben der Sozialismus. Doch weit interessanter als eine solche schematische Einreihung, die als solche nichts beweist, sondern selbst aus der Geschichte bewiesen werden muß, ist die Frage, worin jene Wahrheit der Mitte der Sache nach zu bestehen habe. In Wahrheit ist die Aufgabe, das Anrecht der Person und das der Gemeinschaft in einer rechten Weise auszugleichen, *als ein ewiges Problem auch ein innersozialistisches Problem,* so wie es ein innerbürgerliches und ein innerfeudales gewesen ist. Das Problem heißt: Wie sah der Bereich der Person (und anderseits: der Gemeinschaft) aus, als die Gesellschaft im wesentlichen durch bäuerliche Arbeit und herrschaftlichen Besitz am Boden existierte? Wie, als die bürgerliche mehr oder weniger freie Verfügung über die Produktionsmittel das Gesicht der ganzen Gesellschaft bestimmte? Und für den Sozialismus: Wie werden Person und Gemeinschaft gesichert sein, wenn die Gesellschaft »genossenschaftlich« über eine arbeitsteilige Großwirtschaft verfügt? Wir behaupten keineswegs, daß diese Frage im Sozialismus ohne weiteres gelöst sei. Es handelt sich um eine schwierige und für unser geschichtliches Schicksal entscheidende Aufgabe. Daß die Vermassung und Entmachtung und alles, was mit ihr an Gefahren verbunden ist, uns heute unmittelbar bedroht, kann und darf niemand übersehen. Aber diese Gefahr liegt nicht im Sozialismus, sondern in den gemeinsamen Umständen des späten

Kapitalismus und des frühen Sozialismus, nämlich in der Tatsache der Wirtschaftsverflechtung, der Groß-Industrie, der Großstädte. Die Krise ist dringlich genug, aber sie liefert keinen Einwand gegen den Sozialismus, sondern enthält eine innersozialistische Aufgabe. Diese Aufgabe spricht nicht gegen ihn, sondern geradezu für ihn, denn keine andere Ordnung erscheint so geeignet, diese Frage in unsere Hand zu bekommen, – ja, der Sozialismus würde nicht im entferntesten unser Herz und unseren Kopf so in Anspruch nehmen, wie er es tut, wenn wir ihn nicht als die Voraussetzung, und zwar als die einzig mögliche Voraussetzung erkannt hätten, gerade diese Gefahr abzuwenden. Das geschieht dadurch, daß er die gesellschaftliche Welt in *unsere* Hand gibt: in der Menschen Hand, in die Hand demokratischer Eliten. *Die Freiheit und die Würde der Person ist geradezu der Sinn und das Ziel des Sozialismus,* ein Satz, dem wir nur noch seine freilich entscheidende Bestimmung hinzuzufügen haben, um ihm den Rang einer Begriffsbestimmung zu geben: Sinn und Ziel des Sozialismus ist die Freiheit und Würde der Person *unter den Bedingungen der arbeitsteiligen Großwirtschaft*. Die arbeitsteilige Großwirtschaft, – das ist die zu einem einzigen Geflecht zusammengewachsene moderne Wirtschaft, ist die Welt der Industrie, die Welt der Städte und der Menschenmassen. Wer sich um das Ja zu dieser Welt herumdrückt, etwa indem er in die vorindustrielle bäuerlich-handwerkliche Welt zurückstrebt oder sich grundsätzlich nur in der Welt des Geistes aufhält, als Schwärmer, Ideologe und Phantast, sei es auch als Schwärmer und Ideologe im Christentum, – wer diese unsere arbeitsteilige industrielle Wirklichkeit entmächtigt, der kann der Forderung ihrer technischen, sozialen, politischen und sittlichen Bewältigung und damit dem Sozialismus freilich zu entgehen glauben. Wer dieses Ja aber spricht, wer sich darüber im klaren ist, daß die moderne arbeitsteilige Massenwelt mit unserer Bevölkerungszahl gegeben ist als der Grund, auf dem wir stehen, als ein Ergebnis unserer Geschichte, das nicht rückgängig zu machen ist, der hat nur zwischen drei Lösungen die Wahl: er hat sich zu entscheiden zwischen der kapitalistischen Anarchie, der faschistischen Diktatur und dem Versuch, diese Wirklichkeit vom Menschen her in Ordnung zu bringen, nämlich zum Funktionieren und zur

Gerechtigkeit zu bringen: und eben das nennen wir Sozialismus.
In Wahrheit wollen aber die meisten keinen dieser drei Wege, sondern sie wollen etwas Viertes, das im Grunde etwas Negatives ist: die Nicht-Entscheidung. Sie wollen weitermachen, sie wollen es darauf ankommen lassen. Sie wollen jene Mischung zwischen dem Kapitalismus und dem sozialen Staat, die haargenau in der Linie des geringsten Widerstandes liegt. Sie vermögen das sehr eindrucksvoll auszudrücken; sie sagen: wir wollen die Freiheit, und wir wollen dort, wo die Freiheit entartet, die Bindung dieser Freiheit von der Gemeinschaft her. Wir bestreiten nicht, daß es manche von ihnen ehrlich meinen, aber die meisten wollen in Wahrheit nur der Entscheidung aus dem Wege gehen; sie lassen die Dinge laufen, wie sie laufen, und sie beschränken sich darauf, dort nach dem Staat zu rufen, wo ihre eigenen Interessen von den Ergebnissen dieses Laufenlassens bedroht sind oder aber – die besseren – wo Not und Unrecht gar zu offensichtlich sind. Mit ihnen haben wir es in unserer Frage am meisten zu tun, hier steckt durchweg der Widerstand auch gegen das Wort. Die Faschisten schweigen ja; die Meinung, das verwickelte gesellschaftliche Gefüge der modernen Welt könne nur durch die eindeutige Herrschaft einer bevorzugten Menschengruppe in Ordnung kommen, wagt sich zur Zeit nicht ans Licht der öffentlichen Erörterung. Die Kapitalisten schweigen gleichfalls; einige von ihnen haben auf dem Schwarzen Markt zu viel damit zu tun, sich in die »Naturgesetze« von Angebot und Nachfrage an der förderlichsten Stelle einzuschalten, andere, die dazu zu anständig oder zu »seriös« sind, warten auf den Zeitpunkt, da nach vollzogener Sozialisierung der Pleite (die ihre volle Zustimmung findet) der Gewinn wieder privatisierbar sein wird, – wer wird sich *heute* zur Wirtschaftsfreiheit bekennen? Wohl aber möchten diese Leute verhüten, daß heute wirtschaftliche oder politische Tatsachen geschaffen werden, die der nächsten kapitalistischen Epoche gar zu sehr im Wege stehen würden, – von dieser Erwägung aus kann man manches behutsame Wort verstehen, das im Namen der »wirtschaftlichen Vernunft« vor »Sozialisierungsexperimenten« warnt. Aber im allgemeinen schweigen die Kapitalisten wie die Faschisten, und die

Erörterung spielt sich zwischen denen ab, die mit dem Flickwerk einer Sozial- und Wirtschaftspolitik von Fall zu Fall auskommen wollen, einschließlich gewisser unvermeidlicher Sozialisierungen, und denen, welche die Zeit gekommen glauben, die Wirtschaft auf den Plan und den Plan auf das Volk gründen, den Sozialisten also.

### Der Bereich des Wortes Sozialismus

Hier nämlich liegt die Grenze. Es gibt marxistische, nichtmarxistische und antimarxistische Sozialisten. Es gibt Sozialisten, die möglichst viel, und Sozialisten, die möglichst wenig sozialisieren wollen. Es gibt Staatssozialisten und Volkssozialisten. Es gibt optimistische und es gibt pessimistische, es gibt ungeduldige und es gibt geduldige, gewalttätige und friedliche, wissenschaftliche und schwärmerische, pöbelhafte und aristokratische, kluge und dumme, sture und elastische, böse und gute, unfromme und fromme, alte und neue Sozialisten. (Der Sozialismus spielt sich nämlich in der bunten endlichen Welt ab, so wie sie ist, und wer sich nur die Rosinen aus dem Kuchen schneiden wollte und nur mit einem ihm ganz besonders angemessenen Teil der Wirklichkeit zusammen Sozialist sein wollte, der machte es auf dem Feld der Politik so wie es der Katharer in der Kirche machte – der als der Ketzer schlechthin gilt.) Sie alle aber wollen den Plan – das unterscheidet sie vom Kapitalisten und vom Entscheidungslosen –, und sie wollen den Plan in die Hand derer legen, die in und vom ihm leben – das unterscheidet sie vom Faschisten. Auf dem Grunde dieser doppelten Entscheidung sind nicht nur viele verschiedene Spielarten möglich und wirklich, sondern sogar viele tiefe und abermals entscheidende Gegensätze. Die Welt ist endlich, die Geschichte geht weiter, der Kampf geht weiter, der Sozialismus ist kein Rezept und keine Patentlösung. Gleichwohl ist das Gemeinsame aller Sozialismen und Sozialisten von großer Bedeutung und eindeutiger Bestimmtheit: der Plan und die Demokratie. Dieses Gemeinsame, ist es einmal erkannt und bejaht, gibt für alles Weitere den Rahmen ab, gibt jeder einzelnen politischen Erscheinung eine charakteristische Farbe, eine bestimmte Richtung

und einen bestimmten Sinn, ist für jedes einzelne Anliegen von großer Bedeutung. Beides ist festzuhalten: das eine, daß die sozialistische Entscheidung nicht die Patentlösung ist, sondern eine große Fülle von Schwierigkeiten, Gegensätzen, Aufgaben und Verantwortungen bestehen läßt, aber auch das andere, daß sie bedeutsam genug ist, jedem und allem eine neue Farbe zu geben: das gilt zum Beispiel von der Bindung und der Freiheit; beiden gibt sie einen neuen Sinn und einen neuen Ort. Das gilt vor allem ferner von einer ganzen Reihe von »konservativen« Kräften, Tatsachen, Begründungen, Gruppen, Anliegen, die *vor* dieser Entscheidung keine Ansätze der Verwirklichung finden oder gar freiwillig oder unfreiwillig einen »reaktionären« Charakter annehmen, *nach* jener Entscheidung aber in einem neuen sozialistischen Zusammenhang geradezu »befreit« werden und höchst wichtige Aufgaben haben. Wer den wichtigen politischen Begriff der »Integration« kennt, die »Einkörperung in ein Ganzes«, wird verstehen, was hier gemeint ist: jede einzelne politische Idee, Kraft, Sorge, Gefahr wird durch die sozialistische Entscheidung nicht etwa weggezaubert, sondern sie bekommt durch sie einen neuen »Platz« in einem neuen Ganzen, und die Meinung der Sozialisten ist eben diese: daß der neue, der sozialistische Gesamtzusammenhang der »angemessene«, gebotene, richtige, lösende, entspannende, produktive ist.
Wer in diesem Sinne in der sozialistischen Entscheidung einen geschichtlichen Integrations-Vorgang sieht, kann auf ein *Wort,* ein eindeutiges Wort dafür nicht verzichten. Einmal ist der Vorgang so bedeutsam, daß er als ganzer benannt werden muß. Anderseits muß immer wieder die charakteristische Wendung bezeichnet werden, die jede gesellschaftliche Teilwirklichkeit erfährt, wenn sie in den Bereich der neuen Zielsetzung eintritt.
Es handelt sich um einen Vorgang von erdumspannender Breite und geschichtlicher Tiefe. Der Name darf also nicht aus engen räumlichen oder zeitlichen Gesichtspunkten gewählt werden. In Nord- und Südamerika, in China, erst recht in England, Frankreich und Italien steht man ja vor derselben Entscheidung. Sieht man den Vorgang so, dann hat man gar keine Freiheit in der Wahl des Namens, auch nicht die geringste Freiheit. Dann zwingt einem die sprachliche Redlich-

keit das Bekenntnis zu dem einzigen Wort auf, das diesen Vorgang in allen Sprachen der Welt bezeichnet; es ist das Wort Sozialismus. Gerade in seiner Abgrenzung gegen engere, bestimmtere Spielarten und Entartungen erfüllt es genau die Aufgabe, nicht mehr und nicht weniger zu bezeichnen als das, was als Gesetz des Zeitalters festgehalten werden muß; es bezeichnet genau das, was die kommende Zeit von der Zeit der kapitalistischen, imperialistischen und faschistischen Krisen unterscheiden wird, ohne aber darüber hinaus eine bestimmte Einzellösung (wie die des Kommunismus, Bolschewismus, nationalen Sozialismus) oder eine Einzeltendenz (wie die des Kollektivismus, Materialismus, Utilitarismus, Marxismus) mit auszusprechen. Sieht man die Sache groß genug an, als eine Sache der ganzen Welt und vor allem Europas und als eine Sache nicht des Jahres 1946, sondern unserer Zeit, so hört die Frage des Wortes auf, eine Frage zu sein: so darf man sie mit der Frage vergleichen, ob es erlaubt ist, jene Frucht eine »Kernfrucht« oder einen »Rundling« oder eine »Birnenschwester« oder sonstwie zu nennen, die nun einmal alle Welt einen – Apfel nennt.
Vorausgesetzt freilich, daß man wirklich einen Apfel will und nicht eine Banane. Vorausgesetzt nämlich, daß man wirklich eine funktionierende und gerechte Ordnung einer in den Grundzügen geplanten und vom arbeitenden Volk getragenen Wirtschaft will. Aber ebendarum geht ja unsere Erörterung: ob man eben dieser Sache diesen Namen geben soll.

## Die Last der Vergangenheit

Das ist nun freilich sehr unbefangen von der Gegenwart und von der Zukunft aus gedacht. Dürfen wir darüber die Vergangenheit ganz vergessen? Die Belastungen des Wortes vom neunzehnten Jahrhundert her? Die Tatsache, daß der Sozialismus hundert Jahre lang vorwiegend atheistisch, materialistisch und marxistisch war? Und daß die beiden Parteien, die ihn heute in Deutschland als ihr eigentliches Ziel bekennen, entweder durchaus oder doch wenigstens zum Teil immer noch atheistisch, materialistisch und marxistisch sind?

Diese Belastungen sind nicht zu leugnen. Das Wort Sozialismus bezeichnet neben dem, was als politisches Ziel mit ihm gemeint ist, auch jene Bewegung des vorigen Jahrhunderts, die mit der Erkenntnis dieses Zieles geschichtlich verknüpft ist. Aber der Sozialismus war immer wesentlich breiter als die Arbeiterbewegung. So gab es neben ihr immer einen sehr entschiedenen konservativen Antikapitalismus aus christlichem Antrieb, der sich in Vogelsang und anderen mit gutem Grund ausdrücklich als »Sozialismus« bezeichnete. Ferner war auch die sozialistische Arbeiterbewegung selbst immer breiter als der marxistische Sozialismus. In England hat er sich nie durchgesetzt, und auch in Deutschland gab es immer wieder christliche Sozialisten, so vor dem Weltkrieg den katholischen Priester Wilhelm Hohoff, nach ihm Theodor Steinbüchel; im Sozialismus der säkularisierten Welt aber bestanden neben der marxistischen Strömung immer idealistische (etwa im Anschluß an Kant und an Fichte), romantische, ethische, völkische, religiöse, insbesondere evangelische Spielarten. Auch geschichtlich gesehen bleibt also das Wort elastisch genug und ist doch auch wieder zugleich bestimmt genug, – denn allen den 63 Sozialismen, die ein deutscher Gelehrter einmal unterschieden haben soll, ist die Vergesellschaftung von Produktionsmitteln gemeinsam, gleichviel ob total oder nur zentral, gleichviel ob mit dieser oder jener Begründung und ob ihr Träger im Staat, in der »Arbeiterklasse«, im »Volk« oder in der »Gesellschaft« gesucht wird.

Gleichwohl bleibt ein Rest. Der stärkste Träger der sozialistischen Idee war die Arbeiterbewegung, und in Deutschland war ihre erfolgreichste Theorie der Marxismus. Deshalb bleiben die Bedenken vieler Menschen, vor allem vieler Christen, verständlich. Es bleibt der Verdacht, irgendetwas von jenen Belastungen könne mitgedacht oder mitgefühlt werden, wenn das Wort »Sozialismus« benutzt wird. Das ist unumwunden zugegeben. Wir sind aber der Meinung, daß dieser Rest (den man im übrigen in der Praxis durch Erklärungen oder Zusätze jederzeit ausschalten kann) getragen werden muß, und zwar abermals aus »Redlichkeit«, diesmal aus geschichtlicher Redlichkeit. Der Ort, an dem die sozialistische Lösung, die heute als Gesetz des Zeitalters offenbar geworden ist, nicht zwar allein entdeckt, aber politisch wirksam und entscheidend, sozusagen geschichtsträchtig geworden ist, ist die Arbeiterbewegung. Hier vor allem hat man sie entwickelt, hier hat man für sie gearbeitet, gekämpft und gelitten. Diese Einsicht hat ihre Verpflichtung. Sie verpflichtet uns zwar nicht im geringsten zur Billigung auch nur des geringsten Irrtums oder der kleinsten unsittlichen Regung oder irgendeiner anderen Belastung, die mit diesem geschichtlichen Prozeß verbunden war, sie verpflichtet uns aber zu der Anerkennung der geschichtlichen Leistung und darüber hinaus auch zu der Anerkennung eines wirklichen Zusammenhanges zwischen ihr und unserer heutigen Aufgabe. Der engere Sozialismus der Arbeiterbewegung ist geschichtlich mit dem weiteren dieser Stunde verknüpft. So unabhängig der einzelne von uns in den Begründungen seiner sozialistischen Zielsetzung auch sein mag: die Verwirklichung kann nur in einer gemeinsamen Bemühung gelingen, in welche jener engere historische Sozialismus als ein wichtiger und unentbehrlicher Mitträger eingeht. Diese geschichtliche Verbindung muß es uns leichter machen, in dem Wort Sozialismus jenen Rest von Mißverständlichkeit mit zu tragen.

## Die eigentliche Wirklichkeit des alten Sozialismus

Nun sind freilich manche Menschen, vor allem Christen, der Meinung, jene Irrtümer und Irrwege der geschichtlichen deutschen Arbeiterbewegung seien mehr als nur »Belastungen«. Sie seien geradezu das Wesen der Sache selbst, zum mindesten ihre Wurzel, ihre Grundlage. Das sei ja gerade das geschichtliche Verhängnis: daß der Sozialismus aus dem Materialismus entspringe und deshalb folgerichtig auch in ihn münde; er sei vom Fuß bis zum Kopf ein Geschöpf der modernen von Gott abgefallenen Menschenwelt, ein Bruder des Liberalismus, ein Sohn der Aufklärung, in der Wurzel verdorben durch Naturalismus und Materialismus, diesseitig durch und durch.

Wer den historischen Sozialismus so sieht, dem wird es freilich schwer fallen, für den heutigen und morgigen das Wort anzunehmen, und man *kann* ihn zweifellos so sehen. Dann muß man im Ernst der Meinung sein, der eigentliche Antrieb der sozialistischen Arbeiterbewegung sei die Gottesfeindschaft gewesen, die Not der proletarischen Existenz habe höchstens zum Anlaß gedient, und der eigentliche Zielwille dieser Bewegung gehe auf die gottlose Gesellschaft, die klassenlose sei nur nebenbei mitgemeint. Es ist die Frage nach der *eigentlichen Wirklichkeit* der sozialistischen Arbeiterbewegung, um die es hier geht. Wir sind der Meinung, daß jene Deutung die geschichtliche Wirklichkeit verfehlt und den Menschen, die sie bildeten, Unrecht tut. Wir sehen die eigentliche Wirklichkeit des historischen Sozialismus in der Befreiungsbewegung der Arbeiterschaft; von ihr aus verstehen wir ihre Gesellschaftsdeutung, ihre Zielsetzung und ihre Theorie; von ihr aus suchen wir auch ihre Gottlosigkeit zu verstehen, als einen bitteren Irrtum, welcher in der Not und Verlassenheit der proletarischen Existenz, in der geistigen Luft des bürgerlichen Materialismus und in der praktischen Gottentfremdung der kapitalistischen Welt nahelag. Die Proletarier haben Gott verloren, weil sie den Menschen verloren hatten; sie haben sich schwer als Kinder Gottes und Personen verstehen können, weil man ihnen nicht als Kindern Gottes und Personen begegnete, sondern in dem erbarmungslosen Mechanismus des Arbeitsmarktes. Als sie aus der Ausbeutung herausdrängten und die Lösung in der Vergesellschaftung der Produktionsmittel suchten, wollten sie nicht die Gottlosigkeit und den Genuß, sondern zunächst Freiheit, Sicherheit und Gerechtigkeit. Daß sie den im Christentum verkündeten Vater nicht fanden, dürfen wir als eine geschichtliche Verstrickung begreifen, die uns von diesem Sozialismus nicht trennt, sondern uns mit ihm geradezu verbindet: da sich in ihr eine christliche Schuld und eine große christliche Aufgabe offenbart. Es ist keineswegs diese Verbindung, die uns zu dem Wort Sozialismus greifen ließ, aber sie schirmt gleichsam jenen Einwand ab. Sie erlaubt uns (und verpflichtet uns zugleich), den Rest von historischer Belastung, der an dem Wort Sozialismus klebt, bewußt auf uns zu nehmen. Der eigentliche Grund unseres Bekenntnisses zum Wort Sozialismus aber liegt anderswo: in dem Bekenntnis zu seiner »Sache«: zu einer vom Gemeinwohl her gesteuerten Wirtschaft. In ihr sehen wir die eigent-

liche Wirklichkeit auch des historischen Sozialismus, nicht in dem Materialismus, dem er zeitweilig und weitgehend verfallen ist.
Das war ein wenig umständlich. Es läßt sich auch im Gleichnis sagen. Da kommt jemand her und sagt: »Ich würde diesen klugen und sauberen Landmann da nicht ›Bauer‹ nennen, denn der Bauer ist bekanntlich tölpelhaft und schmutzig.« Und ein anderer entgegnet ihm: »Erstens ist der Bauer nicht ganz so tölpelhaft und schmutzig wie du meinst, vor allem nicht jeder Bauer, und zweitens liegt eine gewisse Begrenzung seines Horizontes und ein bißchen Dreck in der Natur der Sache, und bei besseren Preisen und bei besseren Landschulen wäre er auch ein wenig unterrichteter und ein wenig sauberer. Drittens und vor allem aber macht nicht der Horizont und der Dreck das Wesen des Bauern aus, sondern die Tatsache, daß er das Feld beackert und Vieh zieht, – das ist seine eigentliche Wirklichkeit. Darum darfst und sollst du deinen klugen und sauberen Freund ruhig einen Bauern nennen und brauchst nicht geziert und biedermeierisch vom Landmann zu reden . . .«
Ergebnis: Wir verstehen unter einem Sozialisten nicht den Atheisten und Utilitaristen und Weltgläubigen und Materialisten, sondern den sozialen Vorkämpfer und den Anhänger einer gewissen Wirtschafts- und Sozialverfassung. Da es aber in der Tat viele Sozialisten gibt, die Atheisten, Utilitaristen, Materialisten und noch alles Mögliche sind, was wir abzulehnen allen Grund haben, so pflegen wir dem Wort Sozialismus noch einen Zusatz anzufügen, der jedes Mißverständnis ausschließt. Wenn wir dabei die verwirklichte geschlossene Sozialordnung im Auge haben, an der ja nicht wir Christen allein beteiligt sein werden, so nennen wir das gelegentlich einen »personalistischen Sozialismus«; denn dieser Zusatz, für dessen Gehalt wir in Deutschland eine genügend breite Schicht glauben gewinnen zu können, schließt schon die schlimmsten Mißverständnisse aus, indem sie die Person ins Spiel bringt. Denken wir einzig und allein an unseren Anteil dabei, an unsere christliche Sicht, so könnten wir von einem »christlichen Sozialismus« sprechen, aber da leicht einer denken könnte, wir meinten damit nicht unsere eigene Sicht, sondern den angestrebten Zustand Deutschlands vom Jahre 1950, wir glaubten also einen eigentlich christlichen Sozialismus auf dieser

Erde und gar im zur Hälfte säkularisierten Deutschland verwirklichen zu können, so vermeiden wir lieber diesen Ausdruck und sprechen von einem *»Sozialismus aus christlicher Verantwortung«*. Wir meinen damit ein Doppeltes: Einmal, daß wir den Sozialismus nur insofern und so weit wollen, als er von einem echten und eigentlichen Christen verantwortet werden kann, zweitens aber: daß die christliche Verantwortung (für Volk, Wirtschaft, Gesellschaft und Staat, für Freiheit und Person, für Eigentum und Menschenwürde) uns positiv dazu bringt, den Sozialismus und gerade den Sozialismus und (auf der Ebene des Vergleichbaren, also im Vergleich mit dem alten oder einem reformierten Kapitalismus, mit dem Faschismus oder dem Kollektivismus) *nur* den Sozialismus zu wollen.

Ein Wort in diesem Zusammenhang zu der Enzyklika »Quadragesimo Anno«, auf die sich verständlicherweise mancher Gegner unseres Sprachgebrauches beruft. Diese richtunggebende päpstliche Weisung wird dem Reformwillen des historischen Sozialismus gerecht. Sie macht sich offenkundig und entschieden zum Anwalt des Proletariats, sie billigt seinen Befreiungskampf, sie kritisiert mit ihm den Kapitalismus grundsätzlich und scharf und stellt Grundsätze einer Neuordnung der menschlichen Gesellschaft auf, in denen wir unser Ziel gerechtfertigt und begründet finden. Freilich nimmt uns die Kirche die eigentliche geschichtliche Entscheidung nicht ab und kümmert sich erst recht nicht um die Faktoren der politischen Verwirklichung, deren Berücksichtigung eine »ideale« Lösung ausschließt und uns dazu zwingt, schon in die Zielvorstellung selbst das vertretbare Kompromiß mit aufzunehmen. Sie beurteilt auch die historische Arbeiterbewegung nicht nach ihrer geschichtlichen Funktion, wie sie sich nur der eigenen geschichtlichen Entscheidung voll erschließt, sondern nach dem Wahrheitsgehalt ihrer Aussagen. Unter diesem Gesichtspunkt kann sie nicht zu einer schlichten Bejahung dieser Bewegung kommen, – ebensowenig wie wir einzelnen Christen selbst. Sie unterscheidet Irrtum und Wahrheit und sie wertet auch den überlieferten Bestand an Aussagen über die Welt, die im Namen des Sozialismus vertreten worden sind, als eine Mischung von Irrtum und Wahrheit, – im Ganzen also als Irrtum.

Unser Bekenntnis zum Sozialismus aber meint nicht jene aus Wahrheit und Irrtum gemischte Überlieferung theoretischen Inhalts, die auch wir – nicht nur als Christen, sondern schon als Volkswirtschafter und Soziologen – kritisieren, sondern es meint ein konkretes geschichtliches Ziel, und es sieht im historischen Sozialismus den Grundantrieb der Arbeiterschaft, die nach eben diesem Ziel unterwegs war. Das ist kein anderes Urteil, sondern ein anderer Gesichtspunkt des Urteils, ein Gesichtspunkt, der sein Recht und seine Verpflichtung in unserer eigenen politischen Verantwortung für das deutsche und europäische Schicksal hat. Von ihm aus ist auch das Bekenntnis zu dem Wort Sozialismus zu verstehen.

Im übrigen ist seit 1931 viel geschehen, in der Sache selbst, nämlich in der wirtschaftlichen, gesellschaftlichen und politischen Entwicklung, vor allem im deutschen Chaos, ferner im Selbstverständnis der Sozialisten, – wer wird heute noch im Ernst behaupten wollen, daß der Atheismus zum Wesensbestand etwa der SPD gehöre? Schließlich ist auch im Bereich des Sprachgebrauches manches geschehen; jedenfalls erinnern wir uns nicht, daß ein Katholik zur Ordnung gerufen worden wäre, der einmal ein paar Jahre lang das Wort »Nationaler Sozialismus« vertrat. Der Begriff Sozialismus ist sehr aufgelockert worden, und sein Schwergewicht hat sich entschieden von der Seite des »Weltanschaulichen« nach der Seite des Wirtschaftlichen und Sozialen verschoben. Wenn man von einem Unbekannten hört, er sei Sozialist, so stellt man sich unter ihm weder einen Revoluzzer noch einen Freidenker vor noch auch nur einen Mann ohne Kragen mit einer roten Blume an der Jacke, sondern zunächst einmal den Anhänger einer gebundenen demokratischen Wirtschaft, und von dieser Basis aus fragt man erst weiter: KPD, SPD oder CDU? Freidenker oder Christ? Arbeiter, Bürger oder Intellektueller? Staats- oder Volkssozialist? Das ist der unbefangene heutige Sprachgebrauch; er stimmt mit unseren Auffassungen vom namenbestimmenden Schwergewicht der Sache überein.

## Das Schlüsselwort des deutschen Weges

Dann gibt es da noch einen Grund, für den die Deutschen als leidenschaftliche Parteigläubige und die Christen als überzeugte Bekenner wenig Sinn haben, – den politischen Grund. Das Wort Sozialismus ist gerade in Deutschland und gerade jetzt geeignet, richtig zu scheiden und richtig zu verbinden, – »richtig« im Sinne des möglichen deutschen Weges und der für ihn zu gewinnenden Teile des deutschen Volkes. Die »Parole« Sozialismus ist geeignet, genügend viele und genügend starke Kräfte und Ideen auf ein politisches Ziel und einen neuen Staatsinhalt hin gemeinsam in Bewegung zu bringen. Sie ist das Schlüsselwort einer »Koalition«, und zwar der richtigen Koalition. Es scheidet eine zukünftige staatstragende Gruppierung der Kräfte und Ideen nach »rechts« hin klar und eindeutig gegen die Reaktion, gegen den Kapitalismus, den Liberalismus, den Nationalliberalismus, den Nationalismus, und es erfüllt nach »links« hin die Funktion, den Kommunisten die Bedingung ihrer Mitwirkung zu sagen: diese Bedingung ist der Sozialismus, dessen Wesen jeden Totalitarismus ausschließt. Wohlgemerkt: es geht nicht um den Bereich der demokratischen Spielregeln; von ihnen ist niemand ausgeschlossen, der sie selber anerkennt, es wird Raum genug für die Opposition im Rahmen der Gesetze bleiben, für Liberale, Nationalisten und sogar auch für Anhänger totalitärer Lösungen, solange sie die Spielregeln anerkennen und beachten. Es geht vielmehr um die Ermittlung eines politischen Inhaltes der Demokratie, um die Ermittlung einer Staatsidee. Bisher ist keine andere Lösung sichtbar geworden (und wird auch nicht sichtbar werden), die uns diesen Dienst leisten könnte, die deutschen Kräfte und Ideen »richtig« zu verbinden, – vor allem, die Kluft zwischen »Marxismus« und »Christentum« zu schließen, eine neue Klassenaufspaltung zu verhindern und aus beiden Geschichtsmächten eine produktive Lösung zu gewinnen.

## Zusammenfassung

Im Mittelpunkt der Deutung unserer geschichtlichen Stunde, von der wir ausgehen, steht die Vorstellung der »Gemein-Plan-Wirtschaft«; wir nennen sie »sozialistisch« aus Gründen der sprachlichen Redlichkeit, weil sie als wesentliche Voraussetzung etwas enthält, was allen Sozialismen gemeinsam ist: die Vergesellschaftung der zentralen Produktionsmittel. Wir nennen sie sozialistisch, um jenen »Sprung« zu benennen und zu bekennen, jenen qualitativen Unterschied, der zwischen der alten und der neuen Ordnung besteht: zwischen einem von allen Ecken und Enden her eingeschränkten, aber grundsätzlich freien sozialreformierten Kapitalismus und einer grundsätzlich ans Gemeinwohl gebundenen und von ihm aus geplanten, wenn auch dann im einzelnen so frei wie nur eben möglich einzurichtenden Gemeinwirtschaft. Wir nennen diese neue Ordnung ferner sozialistisch, weil wir aus Gründen der geschichtlichen Redlichkeit den Zusammenhang mit denen nicht leugnen wollen noch können, die diese neue Ordnung in vielen Spielarten und mit vielerlei Gründen, darunter auch unzureichenden und häretischen, seit hundert Jahren gefordert haben. Wir nennen sie ferner sozialistisch, weil dieses Wort geeignet erscheint, die in Deutschland in Frage kommenden Kräfte der Verwirklichung einerseits fester zusammenzuschließen und anderseits gegen die wesensverschiedenen Tendenzen des Kollektivismus, des Kapitalismus und des Nationalismus klar abzugrenzen: wir erkennen in dem Wort Demokratie die allgemeinste Voraussetzung, in dem inhaltsreichen und zugleich in gutem Sinne begrenzteren Wort Sozialismus das Schlüsselwort der produktiven deutschen Koalition. Wir nennen diese neue Ordnung ferner sozialistisch abermals aus Gründen der sprachlichen Redlichkeit, weil dergleichen in der ganzen Welt als sozialistisch bezeichnet zu werden pflegt. (Den Christen ins Ohr geflüstert: Wir möchten vermeiden, daß sich in der Weltgeschichte des Jahres 2500 bei der Beschreibung des um 1850 vorbereiteten, um 1950 sich durchsetzenden sozialistischen Zeitalters, welches das bürgerliche ablöst, die Fußnote findet: »Aus Gründen, die heute schwer verständlich sind, haben sich übrigens die Christen, die doch so wesentliche geistige, sachliche und persönliche Beiträge zum Ausbau der sozialistischen Ordnungen geleistet haben, in den ersten beiden Jahrhunderten des Wortes »sozialistisch« enthalten; sie mußten die kompliziertesten Umschreibungen wählen, um das Wort vermeiden zu können, auf dessen Nichtgebrauch sie sich merkwürdigerweise festgelegt hatten und das doch der Sache, die sie vertraten, so angemessen war.»)

Das etwa sind die Gründe, die uns bestimmen, das Wort Sozialismus in Anspruch zu nehmen. Wir empfehlen es allen den Christen, die dahinter gekommen sind, daß zwischen der eingeschränkten Produktionsfreiheit und der mit Freiheit durchsetzten Wirtschaftsplanung nicht ein bloß quantitativer, sondern ein wesentlicher Unterschied ist. Wer geistig von dem einen System in das andere übertritt, hat eine »Bekehrung« hinter sich, keine religiöse, sondern eine politische. Wer diese Bekehrung hinter sich hat, sollte sie bekennen: das geschieht durch die Aneignung des Wortes Sozialismus. Wir glauben, daß den Christen, die jene Bekehrung hinter sich haben, dieses Bekenntnis nicht erspart bleiben darf. Darum treten wir nicht nur für die Sache ein, sondern auch für das Wort.

## Marxismus in christlicher Sicht

Muß man die Bedeutung und Dringlichkeit einer christlichen Auseinandersetzung mit dem Marxismus eigens begründen? Man hört und liest zuweilen, daß der Marxismus sogar innerhalb der sozialistischen Bewegung geistig eigentlich überholt, erst recht aber und gerade nach den bitteren Erfahrungen der letzten Jahrzehnte aus christlicher Sicht schlechthin erledigt sei, als ein Stück des glücklich überwundenen neunzehnten Jahrhunderts. Nun, er gehört in der Tat dem neunzehnten Jahrhundert an; aber wenn er gleichwohl noch Bedeutung hätte, so wäre er ja nicht die einzige geistige Macht aus diesem schrecklichen und doch großen Säkulum, die heute noch lebendig ist, ja heute erst wirklich lebendig wird. An Hölderlin wäre zu erinnern, an Kierkegaard, oder an die verhängnisvolle Aktualität, die Nietzsche in der deutschen Intelligenz gewonnen hatte. Und so scheint der Fall in der Tat zu liegen: der Marxismus als geistige Welt ist zwar in den beiden Zweigen, in denen er sich getrennt ins Große entwickelt hat, also im Leninismus und im Reformismus der Sozialdemokratien, ziemlich starr und doktrinär geworden, zum Teil geradezu entartet; aber es wäre ein Irrtum, wollte man deshalb glauben, daß er erledigt wäre: im Gegenteil, man darf allen derzeitigen Gegenanzeichen zum Trotz die Behauptung wagen, er sei noch nicht einmal ausgeschöpft. Noch hat sich kein Denker gefunden, der von der marxistischen Ausgangsstellung aus die gesellschaftliche Welt der letzten dreißig Jahre und vor allem die der Gegenwart wirklich neu erforscht und gedeutet hätte. Aber er wird sich finden, man darf davon überzeugt sein, und er wird sehr Wesentliches zu sagen haben, auch dem Christentum. (Ich spreche nicht von Christus, dem keine menschliche Weisheit etwas zu sagen hat, sondern von uns, von den Christen.) Anderseits hat auch das Christentum den Marxisten etwas zu sagen, sogar etwas Ungeheures, ja etwas Entscheidendes, das Evangelium vom wahren und eigentlichen Heil der Menschen. Daß sie auf verschiedenen Ebenen sprechen und leben, diese beiden Mächte: Christentum und Marxismus, und daß sie eigentlich unvergleichbar sind, liegt auf der Hand, obgleich das nicht nur die Marxisten verkennen, die das ganz Andere mit ihren Maßen messen, sondern auch manchmal die Christen. Gleichwohl ist eine Auseinandersetzung möglich, ja notwendig. Es sind Grundgegensätze vorhanden, aber die wahren Gegensätze sitzen nicht immer da, wo sie nach landläufiger Meinung zu finden sind. Es wird allmählich Zeit, sie neu zu bestimmen, aber nicht nur die Gegensätze, sondern auch die Berührungspunkte, vor allem aber die offenen Fragen, sozusagen die offenen Flanken, – zum Nutzen beider. Es liegt in der Natur der Sache, daß der Beitrag zu dieser Untersuchung, der hier vorgelegt wird, keineswegs vollständig sein kann, sondern nur einige Fixpunkte anzuvisieren vermag.

## Wo findet man den wahren Marxismus?

Nun erhebt sich da gleich zu Beginn eine Schwierigkeit. Wo ist eigentlich der wahre, echte, maßgebliche Marxismus zu finden? Im dialektischen Materialismus Lenins? Im Sozialismus der zweiten Internationale? Karl Marx selbst soll von sich gesagt haben: »Moi, je ne suis pas marxiste«. Wenn nicht einmal *er* Marxist war, wo werden wir einen maßgeblichen finden? Aber man kann aus guten Gründen der Meinung sein, daß es keinen fruchtbareren Ansatzpunkt des Gespräches zwischen Marxismus und Christentum geben kann als das Denken von Karl Marx selbst. Dieser Marxismus der ersten Stunde hat sehr viel Tiefe, und das ist kein Zufall; es hat sozusagen seinen geistesgeschichtlichen Grund. Man könnte sagen, das Denken des jungen Marx gebe einen optimalen geschichtlichen Augenblick wieder. *Karl Marx ist der erste, der von der proletarischen Existenz aus gedacht hat.* Das ist nicht eine beiläufige Kennzeichnung, sondern eine wesentliche, ja fast eine erschöpfende. Nur sie vermag jedenfalls das Wesen des Marxismus wirklich aufzuschließen. Aber dieses radikale Denken von der Existenz des ausgesetzten Ausgebeuteten aus, dieses Denken, das die bürgerliche Sozial-Welt aus den Angeln hebt, und nicht nur sie, sondern das durch sie hindurch und über sie hinaus auch die mittelalterliche Sozial-Welt in einem wesentlichen Sinne kritisiert, dieses Denken, das auch das bürgerliche Weltbild erschüttert, dieses radikal antibürgerliche Denken geschieht in einem Mann, der gerade noch das bürgerliche Denken in seiner Fülle und in seiner Reife selbst erfahren hat: im Deutschen Idealismus, vor allem in seinem letzten und größten Systematiker Hegel. Daß einer, der die Fülle und Reife des bürgerlichen Denkens beherrschte, von der neuen frühen Proletarität aus zu denken unternahm: darin lag die Fruchtbarkeit jener Stunde. Dieser geistesgeschichtliche Augenblick war nicht festzuhalten. Schon im alten Marx und erst recht in allen seinen Nachfolgern ist das marxistische Denken ärmer und flacher geworden, ja geradezu zerfallen, übrigens nicht zufällig, sondern nach einem Verhängnis, das uns Karl Marx selbst zu verstehen gelehrt hat, denn gerade er hat zugleich die Begrenzung jener proletarischen Existenz scharf ins Auge gefaßt.

Aber halten wir uns an jene fruchtbarste Zeit. Das Bild vom umgestülpten Hegel gibt die Besonderheit der Lage nur sehr unvollkommen wieder. Es hat sich nicht um ein Denkexperiment gehandelt, sondern um ein Lebenswagnis. Gleich zu Beginn unserer Erörterung stoßen wir auf eine geheimnisvolle Nähe eines maßgeblichen Marxisten zum Christentum. Denn Karl Marx gewann seinen Lebensinhalt durch einen Akt, der eine tiefe Verwandschaft mit einem wesentlich christlichen Akt hat: durch einen Akt der Gleichsetzung mit dem anderen, mit dem Nächsten, durch einen Akt der Entäußerung, durch ein Opfer. Die Gleichsetzung mit einem anderen ist nicht nur eine sehr schwierige Leistung geistiger Vorstellungskraft und intellektueller Redlichkeit, sondern zugleich eine Leistung der Liebe, denn außerhalb der Liebe gerät dieses wesentliche Erkennen des anderen nicht; und zwar genügt hier nicht eine erotische Liebe, die in dem anderen die Erfüllung und Steigerung des eigenen Lebens sieht, sondern es wird jene eigentliche Liebe gefordert, die ein Loslassen, ein Aufgeben des eigenen Ich bedeutet, ja ein wahres und echtes Opfer seiner selbst. Karl Marx, der gesicherte und gebildete Bürger, hat die proletarische Existenz nicht nur äußerlich entdeckt, sondern sich so ernsthaft und so entschlossen auf ihren Boden gestellt, daß er als erster nicht eine der tausend Formen des bürgerlich-proletarischen Kompromisses entwickeln konnte, wie das seine wohlmeinenden Freunde und Gegner anderthalb Jahrhunderte lang unternommen haben, *sondern daß er das bürgerliche Denken sprengte und sein Geheimnis entlarvte*. Das ist um so merkwürdiger, als doch gerade er es war, der die Gruppengebundenheit des menschlichen Denkens als eine maßgebliche Wirklichkeit, mit der man rechnen muß, entdeckt hat und der daranging, die Gesetzlichkeit dieser Abhängigkeiten zu ermitteln, – aber dieser selbe Entdecker der Klassengebundenheit des Menschen sprengte sie, die ja nur eine statistische Gesetzlichkeit ist und souveräne Ausnahmen kennt, indem er aus der Fülle der bürgerlichen Kultur und aus der Reife des in Hegel gipfelnden bürgerlichen Denkens heraus sich mit der Not des Proletariers identifizierte. Das war ein beispielhaftes Verhalten. Leider hat es ihm kein Christ vorgemacht. Es haben sich zwar einfache christliche Menschen gefunden, die dem notleidenden Fabrikarbeiter wie dem Armen, den es immer unter uns gab, nicht nur ihre Habe, sondern auch sich selbst geschenkt haben; aber es hat sich kein christlicher Denker oder

Politiker gefunden, der diese christliche Bewegung zur Existenz dieser Nächsten hin *im Element des Denkens selbst* vollzogen und ebendarin den Ring des bürgerlichen Denkens gesprengt hätte. Marx tritt dadurch in die Nachbarschaft eines anderen, der zur gleichen Zeit vom Ernst des christlichen Glaubens her eben dieses bürgerliche Denken erschüttert hat, des Dänen Sören Kierkegaard, der freilich zu anderen und zum Teil gegensätzlichen Ergebnissen gelangte. Aber wenn wir trägen christlichen Denker, sehr spät und sehr langsam und oft nach schrecklichen Erfahrungen erst klug geworden, nun allmählich darangehen, die christliche Existenz von der bürgerlichen unabhängig zu machen, – nicht absolut unabhängig, denn wir bleiben ja im geschichtlichen Schicksal und in der geschichtlichen Endlichkeit an das gebunden, aus dem wir kommen, – wenn wir aber doch immerhin vorsichtig tastend das christliche Daseinsverständnis aus dem bürgerlichen zu lösen beginnen, dann vollziehen wir mühsam Bewegungen nach, die Sören Kierkegaard und Karl Marx mit großer Kraft und Leidenschaft begonnen haben, der dänische Christ vom Ernst der Glaubensexistenz aus, der deutsche Jude vom Ernst der proletarischen Existenz aus. Es wird allerhöchste Zeit, das ehrlich und dankbar zu sehen.

## Nahe, ohne zusammenzufallen

Wir sind hier an der Stelle, an der ein ursprünglicher Marxismus und ein echtes, ursprüngliches Christentum einander am nächsten sind. Ich sage nicht: zusammenfallen, denn es wird sich zeigen, daß sie durch eine Welt getrennt sind, nämlich durch das Kreuz Christi. Jene Bewegung, in der sie einander gleichwohl besonders nahe sind, ohne doch zusammenzufallen, ist nach einer Seite hin verneinend, nach einer anderen hin bejahend.
Verneinend, ablehnend ist die Wendung gegen den Idealismus, eine Kampfgemeinschaft gegen einen gemeinsamen Gegner. Es hat zwar hundert Jahre gedauert, bis diese heimliche Bundesgenossenschaft für das öffentliche Bewußtsein erkennbar geworden ist, aber wir sind nun allmählich immerhin so weit, daß wir die christliche

Tönung des Deutschen Idealismus durchschauen und in ihm, der eine tiefe und bedeutende Leistung gewesen ist, einen gefährlichen Widerpart erkennen, den Anspruch der Ineinssetzung von Gott und Welt, die Vergöttlichung der Schöpfung, die Entthronung des persönlichen Gottes durch die Idee, die Leugnung oder noch schlimmer: die Usurpation des Kreuzes, eine hoch verfeinerte Form des Ungehorsams und auch der menschlichen Überheblichkeit, trotz der Größe und Tiefe, welche diesem Denken zugesprochen werden muß. Man lese das Nähere bei Kierkegaard und in der modernen christlichen Literatur nach. Viele von uns haben bei Karl Barth und Gogarten, bei Romano Guardini, Ferdinand Ebner und Theodor Haecker diese Wendung des christlichen Bewußtseins gegen das idealistische Denken mitzuvollziehen gelernt. Müßte es nicht von erheblichem Interesse für sie sein, festzustellen, einen wie scharfsinnigen Bundesgenossen sie in dem Karl Marx der philosophischen Frühschriften finden? Denn was dieser dort gegen Hegel und die Hegelianer ausspielt, ist nicht etwa wie im späteren Vulgärmarxismus die »Materie« oder die »Ökonomie« oder sonst eine minderwertigere Wirklichkeit, gegen deren Anspruch der Idealismus am Ende sogar noch recht hätte, auch nicht die menschliche Gattung, die Feuerbach Hegels Idee entgegensetzte, es ist freilich ebensowenig das Kind Gottes und das Dasein aus Christus, das wir bekennen, aber es ist immerhin der konkrete Mensch, die menschliche Existenz, und das ist schon etwas. Daß es nicht der normale, eingebaute, gesicherte Mensch war, von dem Karl Marx dabei ausging, sondern der Mensch in äußerster Not, in der Verlassenheit und Entwürdigung der Proletarität, – auch das sollte ihn der christlichen Wertung nicht entfremden, sondern geradezu nahebringen. Es war ein *gutes* jüdisches Erbe in Karl Marx, das sich hier gegenüber dem griechisch-bürgerlichen Anspruch der Idee geltend gemacht hat, sozusagen ein Stück verborgenen Judenchristentums.

Diese Bewegung zum konkreten Menschen hin hat Tiefe; sie vollzieht sich nicht nur im Raum der philosophischen Erörterung. Wenn Marx den ideologischen Charakter des bürgerlichen Denkens enthüllt, dann zerstört er nicht nur philosophische Systeme, sondern dann vollzieht er eine Ent-täuschung des bürgerlichen Weltverständnisses selbst, gerade darin ist er den Entdeckungen sehr nahe, die heute von der christlichen Glaubensexistenz aus gemacht werden. Seinen Ideologie-Verdacht, gegen den sich die Christen ein Jahrhundert lang Schulter an Schulter mit dem bürgerlichen Idealismus gewehrt haben, vollziehen wir heute im Namen der Wahrheit Christi mit. Auch wir haben zu erkennen gelernt, daß der Mensch dazu neigt, den unerträglichen Widersprüchen in seinem Dasein durch die Ausbildung einer ideologischen Welt zu entgehen; wir wissen, wie sehr diese gedachte Welt von unseren heimlichen Wünschen bestimmt ist und daraufhin unter eine ganz neue Art von radikaler Kritik gestellt werden muß. Freilich muß man sich die Mühe machen, den eigentlichen Charakter dieser Denkbewegungen in den Formulierungen von Karl Marx ausfindig zu machen, diese Formulierungen sind ja zunächst scharf antireligiös. Marx war kein religiös-gläubiger Mensch, er hat zudem mit seinem Unglauben ernstgemacht und also nur den ideologischen Mißbrauch des Wortes Gottes gekannt, die »Religion« als menschliches Gemächte. Aber sind wir Christen nicht inzwischen auch sehr kritisch gegen diese Möglichkeit geworden? Gegen die Religion als innermenschliches Kultursystem? Sind wir nicht eifrig bedacht, daß unser Glaube an den Gott, der gesprochen hat, nicht mit solcher Religion verwechselt wird?

Nun ist jene Nähe im Verneinenden, wie es immer ist, leichter zu erkennen als die Nähe in der Bejahung. Läßt sich die Ablehnung sogar durch einen gemeinsamen Namen benennen, eben durch die Kennzeichnung »Kritik am Deutschen Idealismus«, »Kritik« des bürgerlichen Denkens, der bürgerlichen Existenz, so ist das im Positiven nicht mehr möglich; die Stellungen treten auseinander und vertragen keine gemeinsame Bezeichnung. Aber ihre Nähe bleibt. Die marxistische Stellung in dieser Erkenntnisbemühung heißt landläufig »materialistische Geschichtsauffassung«, die christliche heißt: christliche Nüchternheit und christlicher Gehorsam. Gerade hier, an der Stelle, wo nach landläufiger Meinung der Gegensatz am schärfsten ist, besteht in Wahrheit eine bedeutsame Nähe. Man muß sehr vieles gegen den ökonomischen Materialismus sagen, gerade auch gegen den verborgenen Idealismus und offenen Optimismus, der noch in ihm steckt, ferner gegen die Flachheit, mit der er meist vertreten worden ist, vor allem gegen sein Verfehlen der Wirklichkeit des persönlichen Herrn der Geschichte, der durch Seinen fleischgewordenen Sohn in der Fülle der Zeiten auf eine entscheidende Weise in die Geschichte der Menschheit eingegriffen hat, im Jahre der Zeitwende zu Betlehem im Lande Juda. Aber gleichwohl stecken in jener Theorie Bestandteile, die eine Nähe zum christlichen Denken haben. Es ist von großer Bedeutung, sie ins Licht zu heben.

Man hat diese antiidealistische Geschichtsauffasung als »widergeistig« aufgefaßt. Nun ist es so eine Sache mit dem deutschen Wort Geist. Es hat einen sehr vielfältigen Inhalt. Es bezeichnet die höchste Wirklichkeit des geistigen Gottes, den Geist schlechthin, den wir als Heiligen Geist anbeten, es bezeichnet zweitens den endlichen existierenden Geist des Engels und des Menschen, vor allem seine Personalität, es bezeichnet drittens in einer etwas bedenklichen Weise zugleich sein Bewußtsein als solches, und zwar nicht nur seinen eben die Person mitbegründenden Kern, sondern auch die »Reflexion«, dazu das Ergebnis dieses seines Nach-denkens und damit auch sein ideologisches Reich, es bezeichnet schließlich in Ausdrücken wie »der Geist der Gotik«, »der Geist des Mittelalters«, »der Geist des Kapitalismus« als sogenannter objektiver Geist das, was wir aus einander entsprechenden Erscheinungen der menschlichen Kultur als ihr Gemeinsames begrifflich zusammenzufassen gelernt haben. Lassen wir weitere Bedeutungen beiseite. Das sind reichlich verschiedene Dinge, nur notdürftig im Negativen zusammengebunden als »das Immaterielle«, als das, was nicht stofflich ist. Den Heiligen Geist kennt Karl Marx nicht, hier steckt seine eigentliche Blindheit, die Blindheit des Unglaubens. Er kann die Rede vom Heiligen Geist nur als ideologisch verstehen. Seine Kritik des Geistes betrifft das Bewußtsein und die Ideologie, vor allem das gemeinsame Bewußtsein und die gemeinsame Ideologie; er leugnet sie übrigens keineswegs, er kritisiert sie nur. Und seine Kritik richtet sich ferner gegen den objektiven Geist, oder vielmehr gegen die Meinung, daß dieser objektive Geist den Charakter eines Subjektes habe, eines maßgeblichen Subjektes sogar, daß er Subjekt der

Geschichte sei. Nicht aber bestreitet Marx, das ist gegen zahllose Mißverständnisse festzuhalten, das, was wir die geistige Natur des Menschen nennen. Im Gegenteil, er hat sie scharf herausgearbeitet. Er faßt den Menschen als produzierenden, sein Leben produzierenden Menschen. Dieser Begriff der Produktivität ist vorwiegend geistiger Art; er besagt, daß der Mensch in einer vom Tier wesentlich verschiedenen Art nicht gelebt wird, sondern Subjekt seines Lebens ist. Wenn er das Verhältnis zwischen Sein und Bewußtsein im Menschen als dialektisch auffaßt, wenn er die Bestimmung des Menschen in der Freiheit sieht, so ist das ein geistiger Menschbegriff, und wenn er das Wesen dieser Freiheit als Bejahung der Notwendigkeit zu fassen sucht, so setzt das eine Vorstellung des Menschen voraus, die der christlichen näher steht als jede andere, die außerhalb des Christentums im 19. Jahrhundert vertreten worden ist. Er sieht nämlich im Menschen das geistig-leibliche endliche Wesen, das nicht als Naturding schlechthin zu verstehen ist, sondern als ein Wesen, das sich zu verwirklichen hat, und zwar in der Freiheit, aber nicht in einer absoluten Subjektivität, sondern in der Bindung an die Notwendigkeit. Das ist in der Wurzel das Gegenteil nicht nur von Materialismus, sondern auch von Determinismus. Wir Christen verstehen den Menschen als ein endlich-geschöpfliches Wesen, das zur Verwirklichung seiner selbst in einer Freiheit zum Gehorsam bestimmt ist. Wir werden sehen, daß der Gegensatz da anfängt, wo jenes Absolute benannt wird, an das nach der Meinung von Marx wie nach unserer Meinung der Mensch gebunden ist. Daß die Wirklichkeit dieses Menschen gesellschaftlich bestimmt ist, eine gemeinsame Wirklichkeit der konkreten Menschen ist, auch darin stimmen die marxistische und die christliche und ebenso die moderne wissenschaftliche Auffassung überein. Am meisten hat es die Christen gestört, daß Marx den Verlauf der Geschichte von dem bestimmt sein läßt, was man landläufig »das Materielle« nennt. Marx sagt sehr eindeutig, was er darunter versteht: es ist zunächst einmal keineswegs die Materie im physikalischen oder metaphysischen Sinne; *der Vulgärmarxismus, der die materialistische Metaphysik und Entwicklungsmechanik übernommen hat, ist marxistisch gesehen ein Rückfall in die bürgerliche undialektische Wissenschaft.*

Was Marx unter dem Materiellen versteht, sind die sogenannten Produktionsverhältnisse, und diese sind als Verhältnisse zwischen produzierenden Menschen verstanden, haben also viel mehr mit dem Geist als mit der Materie zu tun. Daß damit die egoistischen Triebkräfte der Daseinssicherung, des wirtschaftlichen Interesses und des Machttriebes als geschichtsbestimmende Faktoren in den Vordergrund treten, hat man als ein Attentat auf die Würde des Menschen empfunden. Heute ist man allgemein bereit, Marx zuzugestehen, daß er damit das geschichtliche Gesetz der kapitalistischen Zeit richtig oder doch im wesentlichen richtig bestimmt habe, aber man benützt dieses Zugeständnis dazu, ihn ins Unrecht zu setzen, indem man ihn selbst und dieses sein ökonomisches Geschichtsdenken dem kapitalistischen Geist zurechnet. Darin ist viel Wahres, – die proletarische Existenz gehört ja in gewisser wesentlicher Hinsicht der kapitalistischen Welt an –, aber ganz so einfach ist es nicht. Es ist hier nicht der Ort, am geschichtlichen Material selbst den Nachweis zu versuchen, daß sich auch außerhalb der kapitalistischen Antriebe das Handeln der Menschen weitgehend aus Beweggründen solcher Art begreifen läßt, weit mehr, als es eine idealsisierende Geschichtsschreibung getan hat. Es muß in unserem Zusammenhang der Hinweis darauf genügen, daß Marx hier eigentlich etwas Ähnliches feststellt wie das, was alle großen Christen immer wieder festgestellt haben, – eine Entlarvung des Menschen, die Feststellung, daß er egoistisch ist bis tief in das Mark und von dieser Ich-Bestimmtheit *nicht* geheilt wird im Bereich der Bildung, einer humanitären Ethik oder der Kultur, in denen das bürgerlich-idealistische Denken die Heilung sucht. Freilich versagt Marx' Glaube vor der heiligen Wahrheit, daß der Mensch im Glauben und in der Gnade des menschgewordenen Gottes wahrhaft heilbar geworden ist. *Homo omnis mendax,* durch und durch ist der Mensch ein Lügner, – dieses biblische Wort sagt eigentlich noch viel mehr in dieser Richtung aus als Karl Marx, der ja an einen nichtlügnerischen Kern im Menschen glaubt, der sich in der klassenlosen Gesellschaft, im Reich der Freiheit, auf Erden verwirklichen soll. Im Grunde weist Marx auf die Macht und die Mächtigkeit dessen hin, was bei Paulus als »Welt« bezeichnet wird, auf die Macht der triebbestimmten

Endlichkeit. Marx ist darangegangen, soziologisch die geschichtliche Gesetzlichkeit des triebbestimmten menschlichen Handelns zu ermitteln; diese Erkenntnis kann nur nützlich sein, und nicht weniger, wenn im Begriff der Ideologie eine gesetzmäßige Art der Täuschung und Lüge erkannt, beschrieben und entlarvt wird. Karl Marx beschreibt die Welt des Triebs und der Lüge, die Welt, deren Herr wirklich und tatsächlich der »Fürst dieser Welt« ist. Gerade eine von Selbsttäuschungen freie christliche Geschichtsbetrachtung wird sich in der Erforschung und Durchleuchtung der gesellschaftlichen Triebkräfte und ihrer Ideologien der marxistischen annähern; wir werden besser lernen, zu unterscheiden zwischen dem, was der Mensch sein soll, und dem, was er tatsächlich oder gar durchschnittlich ist, und wir werden nicht in jeder illusionslosen Feststellung gleich ein Attentat auf die Würde des Menschen sehen.

## Freiheit in der Bindung

Daß der Mensch anders sein *soll,* als er durchweg ist, auch darin stimmt Marx zunächst in einem vortheoretischen Sinn mit uns überein, er kennt die Trauer über den Verlust der vollen Menschlichkeit, den tiefen Groll über das Versagen und den Verrat; der sittliche Ernst seiner Lebensarbeit ist unverkennbar. Freilich hat das Sollen in seinem Denken, das nicht zur vollen Personalität des Menschen durchstieß, nicht die Bedeutung, die ihm in Wahrheit zukommt. Zwar enthält die dialektische Bestimmung des Menschen, die Marx vornimmt, vor allem die Dialektik von Sein und Bewußtsein, von Notwendigkeit und Freiheit, durchaus einen Ansatz sittlicher Bewertung. Es liegt in ihrem Begriff, daß sie sich nicht mechanisch vollzieht. Anderseits setzen auch unsere eigenen Bemühungen um die Erhellung der sittlichen Entscheidung an dieser Dialektik an, und wir suchen immer tiefer zu erkennen, daß sich die eigentliche Freiheit des Menschen in der Bindung verwirklicht, im Ja auch zu einer Notwendigkeit, nämlich zum Willen Gottes, – aber diese Dialektik ist bei Marx abgeschwächt und verdeckt durch den nicht überwundenen idealistischen Rest in eben diesem Denken, durch den Hegelschen Rest, und durch seine pantheistische Fassung des Absoluten, der Wirklichkeit und Notwendigkeit schlechthin. *Das* Absolute oder *der* Absolute, – die »Notwendigkeit« oder der Wille Gottes, – da scheiden sich die Geister. Die mangelnde Erkenntnis der sittlichen Entscheidung und das Verfehlen des persönlichen Gottes zusammengenommen machen Marx und den Marxismus vor allem blind gegen die menschliche Urwirklichkeit, die wir *Sünde* nennen, und für die ihr entsprechende Erscheinung des Heils, die wir Heiligkeit nennen. Indem wir den Menschen als triebgebunden erkennen, sind wir Christen dem Marxismus nahe; auch in der Scheidung von gut und böse gibt es noch eine Möglichkeit der Verständigung, – aber indem wir den Menschen als Sünder verstehen, sind wir dem Marxismus am fernsten, hier und im Gegenbild des Sünders, im Erlösten, im Heiligen. Erscheinungen wie dem heiligen Franziskus oder auch nur der verborgenen Heiligkeit und darin begründeten Sittlichkeit irgendeines gewöhnlichen demütigen christlichen Menschen wird das System von Karl Marx nicht gerecht, und ebensowenig der Tiefe der menschlichen Verworfenheit. (Sollten nicht gerade die bestürzenden Erfahrungen der letzten Jahre den Marxisten stutzig machen? Ihm zeigen, daß es letzte Wahlmöglichkeiten zwischen gut und böse in der Tiefe des Menschen gibt, die quer zu den ökonomischen Bestimmungen seines Verhaltens stehen?) Sind hier deutliche und klare Unterscheidungen zu machen, so ist sofort wieder eine Annäherung möglich dort, wo nicht von den Möglichkeiten des einzelnen Menschen gesprochen wird, sondern vom Verhalten menschlicher Gruppierungen. Wenn ein neuer Mensch geboren worden ist, rechnen wir Christen sowohl mit seiner Heiligkeit, wie mit seiner Verdammnis, wie mit einem durchschnittlichen Verhalten, das sich erst nach dem Tode zur Heiligkeit läutert; wir rechnen mit allem dem, weil wir mit dem Geheimnis der menschlichen Freiheit und dem dazu gehörenden Geheimnis der Gnade ernstmachen; wir rechnen freilich nicht mit der idealistischen Freiheit, die sich in einem unübersehbaren Feld von Möglichkeiten selbstherrlich und stolz bewegt, wir rechnen mit einer Freiheit, welche die vielen Determinationen der Endlichkeit nicht zauberhaft aufhebt, sondern sie im Gegenteil gerade im Gehorsam als von Gott kommend förmlich annimmt und auf Gottes Willen hin heiligt; aber obwohl wir mit den ungeheuerlichen Gegensätzen der Heiligkeit und der Verworfenheit rechnen, werden wir gleichwohl aus Erfahrung und Lehre doch mit der Wahrscheinlichkeit rechnen müssen, daß sich größere Gruppen reichlich durchschnittlich verhalten, im Sinne der »Welt« des heiligen Paulus. Die moderne Gruppen- und Massenpsychologie bestätigt aus der Erfahrung eine Gesetzlichkeit, die dem Christen von vornherein als wahrscheinlich erscheinen sollte. Es ist – wen würde es wundern, daß dieser moderne Begriff auch hier auftaucht? – es ist eine Gesetzlichkeit statistischer Art. Gerade in der Politik aber, im Vordergrund der Geschichte, im Bereich der Macht kommt es sehr wesentlich auf das tatsächliche Verhalten von Gruppen an. Das fängt schon mit der Erkenntnis an; der Einzelne vermag die Schranken einer standortgebundenen Erkenntnis zu sprengen, die Gruppe kann es wahrscheinlich nicht. So läßt sich der sogenannte Materialismus jener Geschichtsdeutung weithin als Realismus verstehen und so weit mitvollziehen, als seine Deutungen wirklich erhellen, klären und stimmen. Eine Einbeziehung dieses Realismus würde dem Rang des christlichen Geschichtsbildes nicht schaden; es würde dieses Bild nicht nur reicher und wahrer, sondern zugleich christlicher machen, es würde nämlich mit dem christlichen Bild des Menschen besser übereinstimmen als das Hohelied der Menschengröße, das die Idealisten und Romantiker unter den Historikern singen.

## Die Bedeutung des Materiellen

Zudem gibt es auch im positiven Sinne eine christliche Nähe zum sogenannten Materiellen, die wir allzuleicht vergessen. Freilich: Christus hat ganz im Geistigen gelebt und gewirkt, aber sagen wir besser: im Pneumatischen, um den Geist des allerwirklichsten Gottes scharf gegen das Ideologische abzugrenzen. Sein Wirken ging auf den Geist des Menschen, aber sagen wir besser: auf seine Person, auf den Kern seiner Existenz, um auch diese letzte Wirklichkeit des Menschen scharf gegen das Ideologische abzugrenzen.

Wenn wir aber dann in die einzelnen Bereiche des Menschen hineingehen, in die sich dieser Personkern auseinanderfaltet, so sehen wir, wie sehr Christus das bevorzugt, was wir heutzutage als das Niedrige verstehen, das Gebiet der Notdurft. Er wendet seine Wunderkraft nicht an die geistig-seelische Not des Philosophen, auf die er im Nikodemus-Gespräch wohl eingeht, um sie gleich ins Existentielle zu wenden, er wendet sie nicht an die schöpferische Not des Künstlers, der um Ausdruck und Gestalt ringt, sondern er wendet sie an den Hungernden, den Armen und den Kranken. Er vermehrt nicht die hohen Dichtungen, Denksysteme und Bildwerke, sondern Brot und Wein. Christus war offenbar kein Anhänger der modernen Bemühungen um die Geltung eines möglichst harmonischen Rangsystems gestufter Kulturwerte, sondern ein Kenner des menschlichen Daseins. Auch seine richtenden Fragen im Jüngsten Gericht beziehen sich sehr auf dieses materielle Gebiet. Auch wir sollten erkennen, daß dieser sogenannte niedrige Bereich der ist, in dem sich die konkrete sittliche Verantwortung der meisten Menschen durchweg abspielt; sagen wir es paradox: daß es dieses materielle Gebiet und nicht die ideale Sphäre der hohen Gedanken und Formen ist, wo sich das geistige Leben der meisten Menschen durchweg abspielt. Die großen christlichen Wesensinhalte des Daseins: Glaube, Verantwortung, Liebe und Opfer, stehen als wahrhaft geistige Erscheinungen quer zu den oberflächlichen und hochmütigen Scheidungen in »Geistiges« und »Materielles«, wie sie in der Polemik beliebt sind. Wir sollten auch nicht verkennen, daß alle großen Christen geradezu ein Vorurteil für den Armen und Geschlagenen, für den kleinen Mann und seine Bedürfnisse und Nöte gehabt haben. Es ist sonderbar, daß unsere übliche Geschichtsauffassung da die Sympathien, Wertungen und Interessen völlig anders verteilt, nach griechischen Maßen mißt statt nach christlichen. Der Marxismus verkennt gewiß die transzendente Wirklichkeit des Geistes, und nicht nur sie, sondern auch eine Wesensentfaltung des Menschen, wie es etwa die Kunst ist. Das muß man sehen. Zugleich aber ist es hohe Zeit, auf der anderen Seite zu durchschauen, welch tiefer Ungehorsam und welcher Hochmut oft in den Wertungen verborgen ist, die im Namen des sogenannten Geistes der Kultur und der

Bildung gegen das sogenannte Materielle ausgesprochen werden, – von einem darin verborgenen Manichäismus ganz abgesehen. Gewiß, der Mensch lebt nicht vom Brot allein, – aber es ist ein schmähliches Mißverständnis, wenn man dieses Wort Christi auf die Bildung, auf menschliche Weisheit bezieht statt ernsthaft einzig und allein auf das Wort, das aus dem Munde Gottes kommt. Man darf es getrost ergänzen: der Mensch lebt weder vom »Brot« noch vom »Geist« allein, sondern vom Worte Gottes. Hier leben viele Unklarheiten auf beiden Seiten. Verwechselt der Marxist leicht das Ideologische mit dem Geistigen, so neigt der Bürger, auch der christliche, dazu, Geist und Ideologie gleichzusetzen oder gar den ungeschaffenen Geist mit dem geschaffenen zu verwechseln. Im Zwielicht solcher Verwechslungen auf beiden Seiten spielt sich leider durchweg die Erörterung des sogenannten Materialismus ab.

## Christliche Kritik

Aber wenden wir uns wieder der christlichen Kritik am Marxismus zu. Es wurde schon gesagt, daß Karl Marx die Personalität des Menschen an sich wohl kennt. Denn man kann ein Einzelwesen, das sich seiner selbst wesentlich bewußt ist und sich im Ja zur Notwendigkeit in die Freiheit hinein zu verwirklichen bestimmt ist, wohl eine »Person« auch in unserem Sinne nennen. Wenn er die Einzigartigkeit und Würde jeder einzelnen Person gleichwohl nicht in ihrer ganzen Tiefe erfaßt, dann vor allem deshalb, weil er die Person Gottes nicht kennt, also nicht weiß, daß jeder einzelne Mensch mit seinem Namen gerufen und Kind Gottes ist. Marx dringt nicht zu der Erkenntnis von dem absoluten Wert jeder einzelnen Person vor, – der spätere radikale Marxismus hat hier schreckliche Folgerungen gezogen. Dieser Mangel wäre weniger gefährlich, wenn sich Marx auf Teilaussagen über die Welt beschränkt hätte, auf ökonomisch-soziologisch-politische Teilaussagen. Marx war aber ein Philosoph, der *die Wahrheit des Ganzen* suchte, und er war zudem als der heimliche Jude, der er blieb, ein religiöser Mensch, der sich in eine wesentliche, aus dem Dasein und seinen Besonderheiten stammende

Beziehung zum seienden Ganzen zu setzen suchte. Er fand den Schlüssel zu dieser Wahrheit des Ganzen in der Offenbarung nicht; wir werden noch sehen, warum er ihn nicht fand, – die vorgefundene bürgerliche Deutung des Ganzen aber im Hegelschen System hatte er als Trug durchschaut, und so stand er in der Versuchung, seine gefundenen neuen Wahrheiten über die Geschichte zur Wahrheit des Ganzen zu erheben. Er ist dieser Versuchung unterlegen. Er hat seinen Denkansatz, der als offenes System von sehr hohem Erkenntniswert gewesen wäre, vorschnell geschlossen. Mit anderen Worten: er ist vom Pantheismus des Bürgers Hegel nicht losgekommen. Die Absolutsetzung seiner Wahrheit ist das eigentliche Verhängnis gewesen. Nicht, daß er Materialist war, trennt uns von ihm, denn er *ist* kein Materialist gewesen, und wir Christen müssen in seinem Sinne »materialistischer« werden, sondern daß er *Pantheist* war. Auch hierin findet sich freilich eine Gemeinsamkeit; sie liegt in dem Wahrheitsgehalt des Pantheismus überhaupt, in der Wahrheit, daß alles Seiende »göttlich« ist, von der Kraft Gottes getragen, und daß es wie mit göttlichen Augen betrachtet werden muß. Das verbindet uns mit Marx immerhin gegen die Positivisten, die Pragmatisten, die Relativisten, gegen die Leugner jeder absoluten Bindung, die Liberalisten und die Libertinisten, gegen die moderne Wissenschaft und unter anderem auch – es muß mit besonderem Nachdruck gesagt werden – gegen den Vulgärmarxismus. Marx hat den Ernst der absoluten Bindung gekannt. Marx' Anliegen war es geradezu, seine sozialistische Erkenntnis gegen die Unverbindlichkeit der hundert anderen Sozialismen und Reformen seiner Zeit zu sichern; er wollte festen Boden unter den Füßen haben, absoluten Boden, und er wollte die Verwirklichung, er wollte sie wirklich und ernsthaft und ohne Ausrede; er haßte nichts mehr als den Schwindel und das Schwärmertum. Er suchte absolute Erkenntnis und absolutes Handeln. Er suchte diese Sicherheit einerseits in dem, was er »Wissenschaft« nannte, in der nüchternsten realistischen Aufweisung dessen, was *ist* (und er spielte diesen Realismus nicht nur gegen den Dilettantismus und das soziale Schwärmertum aus, sondern auch gegen das, war er Religion nannte und als Ideologie verstand), und er suchte diese Sicherheit anderseits in dem Glauben an den absoluten Sinn und

Wert dieser Wirklichkeit. Er suchte einen Gott, und er fand ihn in der Gesamtgeschichte der menschlichen Gesellschaft. So pantheisierte er die Gesellschaftsgeschichte, so gab er seiner wissenschaftlichen Erkenntnis der bürgerlich-kapitalistischen Wirklichkeit einen absoluten Horizont, einen geradezu heilsgeschichtlichen Horizont. Man kennt ihn: da ist das Urparadies, als das Reich der ersten unentfalteten Freiheit, dann der gesellschaftliche Sündenfall in die Vermachtung, da ist der unabsehbare realdialektische Prozeß der Geschichte und schließlich die absolute Erfüllung im Reich der sozial entfalteten Freiheit. Genauer gesagt, suchte er jene Sicherheit nicht einerseits in der Wissenschaft und anderseits in jener Geschichtsgläubigkeit, sondern gerade in der *Gleichsetzung der wissenschaftlichen Zuverlässigkeit mit der absoluten Gewißheit*. Das ist eine wichtige Feststellung. Wenn etwas für Marx »gewiß« ist, so bedeutet das zugleich wissenschaftlich gesichert und im Glauben gesichert. Sein Begriff der »Notwendigkeit« hat diesen doppelten und doch einheitlichen Charakter. Das hat kaum jemand seiner Nachfolger festgehalten. Im Vulgärmarxismus tritt jene »Notwendigkeit« in ihre beiden Bestandteile auseinander: in die bürgerlich-positivistische Wissenschaft auf der einen Seite – die wirtschaftlichen Kausalketten werden wie naturwissenschaftliche Gesetze betrachtet, die dialektische Notwendigkeit wird wieder zur rein kausal bestimmten Determination – und in den fundamentlosen, schwärmerischen Glauben an die Utopie der klassenlosen Gesellschaft auf der anderen Seite, und das, was bei Karl Marx als Glaube das Ganze absolut zusammenhielt, verhärtet sich zur Orthodoxie. Schließlich bleibt nur übrig, daß die schlechte positivistische und insofern bürgerliche Wissenschaft des Vulgärmarxismus auf eine orthodoxe und unwissenschaftliche Art befestigt und kanonisiert wird. Ganz gewiß würde sich der Marxismus selbst den besten Dienst erweisen, wenn er sich aus seinem Ursprung erneuerte, aber auch der Weg zu einer christlichen Korrektur des Marxismus führt am besten über Karl Marx. (So wie der Weg zu einer katholischen Korrektur des Protestantismus über Martin Luther . . .)

Nähe und Gefahr: der religiöse Charakter des Marxismus

Was man als Nähe zum Christlichen bezeichnen kann, den religiösen, den absoluten Charakter des jungen marxistischen Denkens, gerade das macht es übrigens zugleich besonders gefährlich. Denn es ist eine religiöse Glut, die hier an Christus vorbeigeht und den Vater nicht erkennt. Wenn aus dem Marxismus der Feind erwächst, so erkennen wir selbst in seiner Kampfeswut noch die Verwandtschaft, nämlich die Anerkennung des absoluten Anspruchs, aber eben darum wird seine Feindschaft noch gefährlicher. (Wir werden noch ein Wort darüber zu sagen haben, wie wir ihr widerstehen können.)

Es ist klar, daß in dem pantheistischen Gehalt des Marxismus auch sein gefährlicher Hang zum Totalitären wurzelt. Totalitäre Systeme kommen immer aus dem Pantheismus, mag der Gott, in dessen Namen die Person vergewaltigt wird, aussehen, wie immer er will, sei er die Rasse oder die sich dialektisch entwickelnde Menschengesellschaft. Aber bleiben wir im Gedanklichen. Jener absolute Anspruch der dialektischen Geschichtsentwicklung, wie Marx sie sieht, verbündet sich mit einer Eigentümlichkeit des philosophischen Denkens, von dem Marx ausging, des Hegelschen Systems. Bei Hegel ist es die Idee, die sich dialektisch entwickelt. Also haben alle Glieder dieser unendlichen dialektischen Kette die Reinheit der Idee, jene besondere Reinheit, die der Begriff und nur der Begriff hat, jene Reinheit, worin geradezu das Kennzeichen des richtig gebildeten Begriffes besteht. Als Marx dieses System umstülpte, als er es übernahm, aber nun die konkreten vergesellschafteten Menschen zu den Subjekten der dialektischen Entwicklung machte, blieb doch jener Reinheitsanspruch erhalten, und er wurde durch den absoluten und religiösen Charakter des Ganzen gestützt. Das gibt allen Kategorien von Karl Marx ihre Klarheit, Folgerichtigkeit und Schärfe, zugleich aber jene Beimischung von Unmenschlichem, von Übertreibung, die man ihnen so leicht nachweisen kann. In dieser ihrer Radikalität liegt ihr Nutzen und ihre Grenze. Heute liebt man es, nachzuweisen, daß es jene totale Akkumulation des Kapitals, jene totale Verelendung des Proletariats und jene vielen anderen totalen Erscheinungen, mit denen der Marxismus rechnet, in Wahrheit gar nicht gebe. In der Tat werden bei Marx alle Einsichten, seien sie ökonomischer, soziologischer oder psychologischer Art, zu absolut gesicherten und reinen Kategorien radikalisiert. Freilich dürfen wir ihren großen wissenschaftlichen Erkenntniswert nicht verkennen; sie durchschlagen den undurchsichtigen Nebel der Täuschungen, in dem die Positivisten sich verirren, und sie haben sich auch in ihrem Wert der Erkenntnis künftiger Entwicklungsmöglichkeiten erstaunlich bewährt. Sie bewähren sich auch noch vor der heutigen Wirklichkeit. Aber der grundsätzliche Unterschied ist durchgängig: auch da, wo wir Marx zustimmen, hat die gemeinsame Erkenntnis für uns den Rang einer endlichen Aussage über einen endlichen Tatbestand, sie ist grundsätzlich mit den Irrtumsmöglichkeiten solcher Aussagen belastet, also immer reif zu Richtigstellungen, während sie im marxistischen System sozusagen einen anderen Aggregatzustand hat: sie hat die Starre des Absoluten. Freilich kann die Beweglichkeit des dialektischen Schemas diesen Schaden zum Teil beheben; ein dialektisch angelegtes System ist ja nie so starr wie eine statische Ordnung, ja sie kann sogar auf der anderen Seite zu einer neuen Willkür führen, bis hin zur Taschenspielerei; aber es ist dann eine Taschenspielerei mit absoluten Kategorien. Sollen wir Christen den größtmöglichen Wahrheitsgewinn aus den marxistischen Einsichten gewinnen, so wird immer eine dreifache Haltung nötig sein: erstens große Offenheit und Unbefangenheit in der Sache selbst, also Forschung und Erkenntnis ohne Scheuklappen, immer neu an der Wirklichkeit orientiert, zweitens die Abweisung jenes Grans von Absolutheit, von Dogma und Theologie, die aus der pantheistischen Grundvoraussetzung in die einzelnen Kategorien des Marxismus eingeht, drittens müssen wir aber doch wiederum den absoluten Einschlag jeder Erkenntnis gewinnen und festhalten, aber auf unsere Art, in der wir alle endlichen Erkenntnisse in Beziehung setzen zu Gottes Wirklicheit und Willen, zu unserer Verantwortung vor ihm, ja zur Person Jesu Christi. Gottes Offenbarung, gläubig von und in der Kirche entgegengenommen, und Gottes gesellschaftliche Tatsächlichkeit, nüchtern studiert, sind die maßgebenden Wirklichkeiten, vor denen sich eine geistig-politische Auseinandersetzung zu vollziehen hat, die man, wenn man will, als ein Gespräch zwischen Thomas von Aquin und Karl Marx verstehen kann. Der Inbrunst des geglaubten Marxismus gegenüber genügt freilich eine bloße geistige Auseinandersetzung nicht. Die Größe und beste Kraft des Marxismus besteht in seinem religiösen Gehalt. Er ist pantheistisch abgeschwächt, aber er hat für viele auch heute noch die Kraft des Existentiellen. Die für ihn gestorben sind, haben den Beweis der Echtheit dieses Glaubens geliefert. Wenn wir Christen ihm gewachsen sein wollen, genügt es weder, seine unausgesprochene naturrechtliche Voraussetzung oder seine alles Naturrecht auflösende totale Dialektik mit unserem ausgebildeten Naturrecht auseinanderzusetzen, noch seiner Nationalökonomie eine andere gegenüberzusetzen, noch auch, seinem Glaubensanspruch den unseren entgegenzustellen; es genügt nicht einmal das Zeugnis unseres privaten Lebens für die Wahrheit unseres Glaubens. Dieses Zeugnis muß sich vielmehr *im* Gemeinsamen bewähren: nämlich in der nüchternen Erkenntnis der wirtschaftlichen, gesellschaftlichen und geschichtlichen Wirklichkeit und, noch wichtiger, in der gesellschaftlichen und politischen Entscheidung selbst: nur wenn wir aus der Kraft des Glaubens und der Liebe im Sozialen und Politischen denken und handeln, wird unser Denken und Handeln dem marxistischen gewachsen oder gar überlegen sein. Aber so weit sind wir noch lange nicht, sonst wären die brennenden gesellschaftlichen Nöte der Gegenwart schon wenigstens im Ansatz gelöst. Nur im schweren, harten, bitteren Opfer ließe sich die deterministische Enge des marxistischen Denkens christlich widerlegen, – aber das steht noch vor uns.

## Der bestimmende Gegensatz

Was ist die letzte unser Dasein bestimmende Wirklichkeit? An dieser Frage bestimmt sich der christlich-marxistische Gegensatz. Der Marxist antwortet: die sich dialektisch vollendende menschliche Gesellschaft. Wir antworten: der Vatergott, dessen Kinder wir sind. Das ist ein fundamentaler Gegensatz, dessen Folgen die breite

Wirklichkeit beider Systeme durchdringen. Man braucht nur die Worte Sünde, Demut, Heiligkeit, Sakrament zu nennen, um anzudeuten, welche Welt der Seele es ist, die der Marxismus *nicht* einbegreift. Eine fruchtbare Auseinandersetzung mit ihm wird erst möglich, wenn wir den Panzer seines absoluten und totalen Anspruchs sprengen und an seinen endlich und geschichtlich begriffenen Kern gelangen. Worin besteht dieser Kern? Es war zu Beginn schon einmal davon die Rede: er besteht in dem Versuch, die Welt vom proletarischen Dasein aus zu sehen und sie von ihm aus neu zu ordnen. Wir müssen erkennen, daß dieser Versuch, in dem wir die eigentliche Wirklichkeit des Marxismus sehen müssen, ungemein fruchtbar ist. Er ist vor allem weit fruchtbarer als der Versuch, die Welt von der bürgerlichen Existenz aus zu sehen, ein Versuch, der siebenhundert Jahre lang durcherprobt worden ist, mit großartigen und zugleich schrecklichen Folgen für die Welt und das Christentum. Der Bürger ist der Mensch, der durch eigenen Besitz und eigene Leistung sein Leben in Freiheit selbst und selbstbewußt bestimmt. Vom dreizehnten Jahrhundert an beginnt er zunächst diese Existenz innerhalb der anders gebauten feudalen Welt durchzusetzen und einzubauen, sodann die Welt in ihrem Licht zu sehen und nach ihrem Bild zu ordnen, in einem ungeheuren Vorgang der Bewußtwerdung, des Aufstiegs, der Befreiung, der Ausbreitung und Vertiefung und zugleich der Auflösung. Der Versuch, die Welt von der Proletarität aus zu sehen, ist nicht nur deshalb fruchtbarer, weil diese Art von Dasein neuer ist und die Gegenwart und Zukunft mehr bestimmt als die Bürgerlichkeit, weil sie also heute realer ist als das bürgerliche Dasein, sondern auch deshalb, weil sie im Negativen und im Positiven der Wahrheit näher ist, der Natur des Menschen besser entspricht, und weil sie der christlichen Daseinsauffassung verwandter ist. Leichter geht ein Kamel durch ein Nadelöhr als ein Reicher ins Himmelreich. Das bürgerliche Leben *ist* aber das des Reichen, ist das der Sicherheit durch Besitz und Einzelleistung. Der Proletarier ist nicht nur arm und dem christlichen Herzen deshalb nahe, sondern auch in besonderem Maße begrenzt und ausgesetzt: er enthüllt in aller Schärfe die geschöpfliche Natur des Menschen, der endlich begrenzt und ausgesetzt ist und auf dieser Erde keine bleibende Stätte hat. Hilfe und Heil sucht der Proletarier in der Solidarität und in der gemeinsamen Arbeit an gemeinsamem Besitz: auch diese seine positive Seite entspricht genauer der menschlichen Natur, wie der Christ sie von jeher sieht, und auch dieser sein positiver Weg setzt der Verchristlichung weniger Widerstand entgegen als das bürgerliche Leben. Machen wir es uns nur gehörig klar, welches tiefe Unbehagen die bürgerliche Existenz den großen Christen aller Zeiten bereitet hat! Nicht als ob der Proletarier ohne weiteres christlicher wäre als der Bürger, nicht als ob nicht auch er seine ganz besonderen Gefährdungen hätte, und nicht als ob es nicht aus *jeder* Art gesellschaftlichen Daseins einen unmittelbaren Zugang zu Gott gäbe! Aber der Bürger hat es sehr viel schwerer, und des heiligen Franziskus Versuch, im Dritten Orden das christliche Ja zur Welt und das christliche Nein zur Welt auf der Grundlage der bürgerlichen Existenz zu vereinen und damit das bürgerliche Leben zu verchristlichen, ist denn auch fehlgeschlagen. Die bürgerliche Welt hat ihr allzu heidnisches Ja zur Welt gesprochen, hat sich auf eine sehr resolute Art in ihr seßhaft gemacht und gesichert, hat das christliche Nein in Opfer und Almosen verdinglicht und in den Ständen der Religiosen isoliert, – daher die tiefe Schwächung der religiösen Wirklichkeit, die »Säkularisierung« der bürgerlichen Welt, die »Spiritualisierung« des Christentums, – daher der Abfall. Das besagt nichts gegen den religiösen Ernst des einzelnen Bürgers. Es wird zunächst nichts weiter festgestellt, als daß der Reiche (und natürlich ebenso der, der reich werden will, und erst recht der bedauernswerte Kapitalist, der geradezu reich werden *muß,* bis an den Grenzfall des sozialen Kapitalisten, der aus Liebe zu seinen Arbeitern reich werden muß), – es wird nichts weiter festgestellt, als daß der Reiche mit seiner Besitzlast auf der Seele das Tor zum Himmelreich sehr schwer findet und es noch schwerer durchschreitet, als das Kamel jenes Tor der Stadtmauern von Jerusalem durchschreiten konnte, das den Namen »Nadelöhr« trug, und daß es anderseits eine charakteristische Liebe Christi und aller wahren Christen zum Armen und Ausgesetzten gibt. Das geben alle Christen zu. Sie müssen aber endlich auch erkennen, daß so etwas seine Folgen in der Erkenntnis und Formung gesellschaftlicher Dinge hat:

daß die Aussichten, die Welt in ihren wahren Gleichgewichtsverhältnissen zu erkennen und zumutbare Gesichtspunkte zu ihrer Ordnung zu finden, höchst gering sind, wenn der Versuch vom Bürger aus unternommen wird; seine hohe Anerkennung fordernden kulturellen Leistungen können nicht darüber hinwegtäuschen, daß sich sein eigenes Lebensgesetz wohl dazu geeignet hat, als Ferment der Freiheit die mittelalterliche Welt aufzulösen und zugleich in die Tiefe und die Breite zu entwickeln, daß es sich aber sehr wenig dazu eignet, zum positiven Ordnungsgesetz des Ganzen erhoben zu werden. (Die Freiheit des Bürgers lebt von dem Bestand tragender vorbürgerlicher Ordnungen und Glaubensmächte, ist aber selbst kein Prinzip, das das Ganze als solches zu ordnen verstünde.) Und sie müssen erkennen, daß diese Aussichten sowohl einer zureichenden Erkenntnis der Sozialwelt als auch ihrer praktisch-politischen Ordnung wesentlich erhöht sind, wenn der Versuch von der Daseinsform des Proletariers und des Arbeiters aus unternommen wird. In diesem Versuch aber steckt der Kern des Marxismus, sowohl seines Denkens wie seines Handelns. Er enthüllt seine ganze Fruchtbarkeit, wenn er *als endlicher Versuch endlicher Menschen* verstanden wird, als ein *geschichtlicher Versuch innerhalb der geschichtlichen Bindungen mit endlich-geschichtlichen Menschen*. Als solcher hat er uns noch vieles zu sagen, gerade in dem, was er kurioserweise »Materialismus« genannt hat. Verhängnisvoll wird er dort, *wo er sich selbst absolut setzt und die letzte Wahrheit zu besitzen glaubt,* als Geschichtspantheismus. Unsere christliche Aufgabe an ihm besteht darin, *den Panzer des Absoluten zu sprengen und aus der Liebe Christi zu seinem endlichen Kern vorzudringen, das heißt: die Welt aus der Sicht des Menschen neu zu sehen, der Proletarier und Christ ist, und mitzuhelfen, daß sie von den Ergebnissen dieser Sicht aus neu geordnet wird.*

## Die Schuld der Christen und der Weg zur Glaubwürdigkeit

Aber auch jenem Panzer gegenüber, jenem verhängnisvollen antichristlichen Anspruch gegenüber ziemt uns alles andere als ein stolzes Gefühl der Genugtuung über die Wahrheit, die wir besitzen.

Zum ersten ist sie, wie wir wissen, nicht unsere Leistung, sondern ein Geschenk. Zum andern sind in erster Linie wir selber es, die den Marxisten den Zugang zur Wahrheit versperrt haben. Als das Proletariat vor hundert Jahren seine Augen aufschlug und zum Bewußtsein seiner selbst erwachte, war es nicht so, daß Christus hochmütig verworfen wurde, es war vielmehr so, daß Christus sozusagen gar nicht da war. Christus war unsichtbar und unhörbar. Der Glaube an ihn verbreitet sich ja weder durch Magie, noch durch das formulierte und verkündete Wort als solches, sonst wäre China längst christlich, sondern im Annehmen des glaubwürdigen Zeugnisses. Die Gnade des Glaubens wird durch das Hören des glaubwürdigen Wortes vermittelt. Die Apostel hörten Sein Wort, sahen Ihn, Sein Leben, Seinen Tod und Seine Auferstehung und gaben Zeugnis für Ihn ab, im Wort, im Leben und im Tod, und die ihnen glaubten, trugen die Botschaft weiter, abermals im glaubwürdigen Zeugnis. Diese Glaubwürdigkeit aber ist nicht abstrakter und allgemeiner Art, sondern konkret und unmittelbar-besonders. Wenn wir heute den Glauben durchweg als Kinder empfangen, so geschieht das mittels der besonderen Glaubwürdigkeit, welche die Eltern als solche für ihre Kinder als solche haben. Und so legen in der Ehe die christlichen Eheleute einander als solche das Glaubenszeugnis ab, so vertritt in einer gemischten Ehe der christliche Partner Christus nicht in einer abstrakten Weise oder etwa im apologetischen Argument, sondern genau und gerade als Ehepartner, so verkündet der Freund in der Freundschaft seinen Christusglauben nicht im propagandistischen Gespräch, sondern genau und ausschließlich in der Bewährung als Freund. Als die alte bäuerliche oder kleinstädtische christliche Volksordnung für den Proletarier nicht mehr wirksam war, weil er eben aus dieser Ordnung herausgesetzt war, in eine völlig andere und fremde, da hätte ihm Christus neu sichtbar werden sollen, in seine Not hinein sichtbar werden sollen, durch die Vermittlung von Christen, die sich in der Kraft des christlichen Opfers in sein Dasein hineingestellt hätten. Das ist nicht geschehen. Kein Christ von Rang hat damals den bürgerlich-bäuerlich-feudalen Ring gesprengt. Also blieb Christus unsichtbar. Wäre ein solcher Christ erschienen, so wäre zwar keineswegs sofort eine Lösung entstanden, so etwas wie ein christlicher Sozialismus, aber der Proletarier wäre nicht allein gewesen, Christus hätte in jenem Christen bei ihm gestanden, und so hätte sich die proletarische Existenz in dem absoluten Horizont der christlichen Weltantwort deuten lassen. So aber war sie auf sich selber angewiesen, fiel den Häresien der linken aufgeklärten und in Wahrheit materialistischen Bürger anheim, oder aber – und darin liegt das echtere und tiefere Verhängnis – es setzte aus dem unstillbaren Bedürfnis nach absoluter Sicherung sich selbst absolut. Es setzte die proletarische Sicht und das proletarische Ziel, die Aufhebung der proletarischen Entmenschung absolut, – so wie das in und durch Karl Marx geschehen ist. Machen wir es uns nur schonungslos klar: *so* entstand der »Marxismus«. In den Irrtum verfielen die Marxisten, die größere Schuld hatten die Christen. Diese Erkenntnis muß jede christliche Selbstsicherheit dem Marxismus gegenüber an der Wurzel abtöten. Die Last des proletarischen Unglaubens liegt vor allem auf *unseren* Schultern. Dieser Unglaube trennt uns nicht von diesen Menschen, sondern er bindet uns geradezu an sie. Das Geschehene ist nicht ungeschehen zu machen, das ist die Tragik der Situation. Aber es bleibt uns unverwehrt, und es ist nun unsere Pflicht, den Glauben an den fleischgewordenen Sohn Gottes – und darin hat das Christentum seinen Kern, nicht in der Heiligkeit des Privateigentums – in spezifischer Glaubwürdigkeit den Marxisten zu verkünden. Zum Glück darf man sagen, daß das mit besserer Aussicht als je geschehen kann, da nun das Hindernis der bürgerlichen Verengung, das unsere zuvorkommende Liebe nicht hat sprengen können, unter den Hammerschlägen des Herrn der Geschichte immer mehr zusammenbricht, im Untergang der bürgerlichen Welt und in einer allgemeineren Proletarität. Worin besteht diese besonder Glaubwürdigkeit? Es wurde schon einmal angedeutet. Sie beruht zunächst darin, daß wir unseren Glauben gerade in der gemeinsamen Armut und Unsicherheit bewähren; von dieser Bewährung ist leider nicht genug zu sehen, und keine verdinglichte Caritas kann das Opfer der Existenz ersetzen. Sie beruht weiter in der Lauterkeit und Kühnheit unserer politischen Entscheidungen. Auch hier ist wenig geschehen; wir stehen mitten in einer sozialen Revolution, in einer Umwälzung der Seelen, der Interessen, der Machtverhältnisse, der Lebensordnungen, in einer Revolution, die von den Bunkern und Baracken der sogenannten Neubürger, von der Hoffnungslosigkeit der Verarmten, von der Wiederkehr der nackten Proletarität, vom Hunger und vom Skandal, aber auch von der ungestillten Sehnsucht nach der Gerechtigkeit ausgeht und ausgehen wird. Diese Revolution ist unaufhaltsam, wir dürfen uns ihr nicht entgegenstemmen, sondern müssen sie geradezu vorantreiben, freilich nicht blind und selbstsüchtig, sondern um sie verantwortlich zu machen und in tragende Ordnungen hineinzuleiten. Nur in der gesellschaftlichen Bewährung mitten in dem Strom dieser Entwicklung werden wir dem Marxismus gegenüber glaubwürdig werden. Jene besondere Glaubwürdigkeit beruht aber auch in der Redlichkeit unseres theoretischen Denkens; es darf keinerlei Scheuklappen kennen, es muß völlig unbefangen, offen und realistisch sein und keine Bindung anerkennen außer dem Wort Gottes und seiner Wirklichkeit. Dieses Denken wird viel Wahrheit im Marxismus entdecken, aber es wird auch aus der Kraft der geoffenbarten Wahrheit überall da mit der gleichen Unbefangenheit und Kraft widerstehen, wo der Marxismus irrt. Nur wenn wir uns in dieser dreifachen Weise bewähren, als Opfernde im Alltag, als Handelnde in der Politik, als Denkende in der Theorie, wird der Marxist stutzig werden, wenn wir ihm die großen christlichen Wahrheiten sagen, wenn wir seine Not nicht nur aus der Proletarität deuten, sondern auch aus der Sünde, und wenn wir ihm sagen, daß Gott nicht nur der Herr der Geschichte, sondern auch jedes einzelnen armen Menschen barmherziger Vater ist.

*Wird man den Beitrag über die Identität des Hitler-Regimes und des Hitler-Krieges mit Augen gelesen haben, die durch die Friedensbewegung geschärft sind, so gilt das erst recht für den folgenden Beitrag von 1979 über den Euro-Sozialismus. Da steht am Ende der Satz: »Was freilich noch gar nicht zu sehen ist, das ist der Anfang: der Durchbruch«. Inzwischen hat dieser Durchbruch begonnen: in jener Friedensbewegung. Sie wird noch zu lernen haben, daß eine gewaltlose Verteidigung als »Soziale Verteidigung« eine Staatlichkeit voraussetzt, um die es sich zu kämpfen lohnt. Eine Bewegung, welche erstens den Kampf gegen den Rüstungswahnsinn und das*

*Engagement für den Frieden, zweitens die »grüne« für die Rettung der Natur und gegen die totale Ausplünderung der Erde, aber drittens eben auch die soziale Bewegung zusammenfassen würde – dies in der Region und in der geschichtlichen Phase Europa –: eine kraftvolle Bewegung dieser Art wäre der »Durchbruch«.*

## Euro-Sozialismus, – nach dem Ende der dritten Illusion

### Trübe Zeiten

Zieht man die Kurven aus, alle Kurven, so sieht es auf dem Koordinaten-Blatt böse mit der Zukunft aus, bevor das Gewirr der steigenden und fallenden Linien ins Unbekannte hinein verschwindet. Wenig Aussicht auf Glück, auf Gelingen, auf menschliche Ordnung, auf eine Welt, mit der man sich identifizieren können wird, oder in der man sich gar wird geborgen fühlen können. Man kann die Perspektive Zukunft deshalb so abstrakt und so allgemein ausdrücken, weil sie schlechterdings für alles gilt: die Wirtschaft, die Politik, den Geist und die Seele, den einzelnen und die Gesellschaft, für eng begrenzte Bereiche und offene Felder. Jeder kennt schon selbst den Text. Allenfalls der Blick auf ein Kind bringt den Trost, daß mit jedem jungen Menschen die Geschichte neu beginnen kann.

Man sollte eine Hoffnung suchen, eine Perspektive der Zukunft, die sich nicht aus dem Gewirr der ausgezogenen Wahrscheinlichkeitskurven ergibt, sondern einen Durchbruch voraussetzt. Eine neue Konstellation mindestens, die möglicherweise vieles erledigt, was jetzt hart blockiert, und vieles freisetzt, was jetzt noch verborgen oder gebunden ist. Die Frage nach dem Grad der Wahrscheinlichkeit, daß ein solcher Durchbruch gelingen könnte, stelle ich nicht. Wir sind darauf angewiesen, auf das Unwahrscheinliche zu setzen, – wenn es nur nicht bloß zurechtphantasiert, sondern real möglich erscheint.

Im Anfang greife ich auf die Zeit um 1923 zurück, als meine

gleichaltrigen Freunde ihre eigenen und, wie sich herausstellen wird, imgrunde ähnlichen Perspektiven entwarfen. Kontinuität über 55 Jahre könnte auf Unbeweglichkeit und Unbelehrbarkeit schließen lassen, auch auf Treue, vor allem aber möglicherweise auf den Realitätsgehalt jener frühen Erwartungen. Dreimal allerdings mußten sie, von stärkeren Realitäten besiegt, nachträglich als Illusionen erscheinen. Das kann auch zum vierten Mal geschehen: die Hoffnung auf jenen Durchbruch kann ins Leere laufen, – kein Grund, sie nicht zu entwickeln oder sie zu verschweigen.

Armin Mohler definierte in einem Gespräch dreier »Rechter« (mit Johannes Groß und Joachim Fest) »die Linken« als die Leute, die von der Welt ausgehen, wie sie sein soll, die Rechten dagegen als die, welche die vorhandene Welt akzeptieren. Wenn wir den gekühlten elitären Snobismus Mohlers überhören und uns auch ihm gegenüber argumentativ verhalten, so könnnen wir seine Definition der Rechten akzeptieren; sie ihrerseits akzeptieren ja den Status quo von heute, von gestern und von vorgestern, manche Interessenten sogar den Status quo von morgen. Entgangen ist dem Reaktionär, der die gute Position des Konservativen usurpiert, eine Kleinigkeit: Die vorhandene Welt, auf die er sich doch so nachdrücklich bezieht, ist zum großen Teil von Kräften hergestellt worden, die jeweils von Vorstellungen ausgingen, die erst verwirklicht werden »sollten«. Sei es drum. Auch seine Definition der Linken, die es eigentlich gar nicht gibt, die aber dennoch an allem Unheil schuld sind, ist nicht schlecht. Die Linken gehen tatsächlich davon aus, wie die Welt sein soll. Nur darf man ihnen nicht ohne weiteres unterstellen, sie unterschlügen erstens die Realität, wie sie ist, und sie wollten zweitens gleich das Ganze und endgültig in Ordnung bringen, als schlechte Utopisten des Paradieses auf Erden. Dennoch: daß hinter ihren viel konkreteren, sozusagen mittelfristigen Veränderungs-Vorstellungen als Vision jeweils ein absolut gut gedachter Zustand steht, das jeweilige »Dritte Reich«, dessen Namen der Nationalsozialismus leider verdorben hat, gilt zwar nicht für alle Linke, aber für viele. Solche Visionen, entwickelt aus dem Status quo unter Abzug des Unerträglichen und unter Hinzufügung des Notwendigen, haben sowohl einen tiefen anthropologischen Sinn als auch einen gewissen

methodischen, wenn sie nur nicht mit den Nahzielen im Real-Möglichen von heute und morgen verwechselt werden. Sie sind geschichtliche Leit-Vorstellungen höchster Ordnung.
Es waren in diesem Sinn »Linke«, die zweimal von Erwartungen motiviert wurden, die sich dann, indem sie sich nicht (oder noch nicht?) erfüllten, als Illusionen erwiesen. Stehen sie etwa heutzutage zum dritten Mal vor der Frage, ob sie nicht zuviel erwarten?

## Die Deutsche Republik im Vereinigten Europa

Die erste Konfiguration von Erwartungen, Konzeptionen, Hoffnungen und Visionen wurde in den unruhigen Jahren zwischen 1919 und 1924 geboren. Die damalige Währungsreform (im Dezember 1923) kann man als den Termin angeben, da es ernst wurde: man krempelte die Ärmel auf, um ein Werk zu beginnen, das doch schon in jenen Zwischenjahren seit 1919 seine Schwierigkeiten hatte erkennen lassen. Aktuell ist diese Überprüfung dreier Hoffnungen also nur für die heute sehr Alten, die schon um 1924 erwachsen, wach und »links« waren. Ich spreche biographisch und konkret, also nicht von der ganzen Linken, sondern von einer eher am Rande existierenden, aber nicht einflußlosen und für einige Aspekte charakteristischen Position: der der jungen »Linkskatholiken« von Frankfurt, die parteipolitisch dem linken republikanisch-demokratischen Flügel des Zentrums nahestanden und in Joseph Wirth und Friedrich Dessauer ihre prominenten parlamentarischen Vertrauensleute hatten.
Von ihrer Konzeption läßt sich unter anderem eine gewichtige Aussage machen, die auch für die späteren vergleichbaren Gruppierungen charakteristisch ist. Diese stehen denn auch mit jenen Frankfurtern in historischer Verbindung. Man folgte weder den Pragmatikern, die halb unbewußt von einem Primat der Innenpolitik ausgingen (faktisch unter dem Einfluß der Kulissen, zwischen denen sie lebten), noch den Weiterblickenden, die dagegen von Zeit zu Zeit den »Primat der Außenpolitik« proklamierten. Die Konzeption der »Rhein-Mainischen-Volkszeitung« in Frankfurt, von der ich spre-

che, und ihrer Freunde von der Zeitschrift »Republik« und vom »Friedensbund deutscher Katholiken« hat jene beiden wichtigsten Dimensionen von Politik immer als untrennbare Einheit angesehen. Im Innern galt es, die papierne Verfassung von Weimar mit Leben zu erfüllen, das demokratische Bewußtsein in der Republik durchzusetzen, diese selber durchzusetzen, den sozialen Auftrag, der in der Demokratie enthalten ist, real zu erfüllen; das führte die meisten der Gruppe zu der Nah-Vorstellung einer sozialen Wirtschaftsdemokratie und einige zu der Vision eines demokratischen Sozialismus. In der Außenpolitik ging es zunächst um die Rehabilitierung Deutschlands durch eine Politik des guten Willens, sodann um Aussöhnung zuerst mit Frankreich, später mit Polen, als den beiden potentiellen möglichen nächsten Feinden. Vor allem aber ging es, und zwar in Verschränkung der beiden Dimensionen, von allem Anfang an um das beinahe schon als »mittelfristig« angesehene Ziel »Europa«. Es ist schon in den ersten Jahren der Republik von einer Minderheit proklamiert worden.

Von Österreich aus warb damals Graf Coudenhove-Kalergi um »Paneuropa«: die Frankfurter akzeptierten weniger das Wort, das ihnen zu hoch und zu volksfern erschien, als die Sache. Von Österreich aus stand uns der föderalistisch denkende und fühlende Prälat und zeitweilige Bundeskanzler Ignaz Seipel mit Wort und Tat bei. Österreich-Ungarn spielte auch als Modell für uns eine eigenartige Rolle, – freilich weder das damals gegenwärtige Deutsch-Österreich, noch die habsburger Doppelmonarchie Österreich-Ungarn, sondern jenes föderative Gebilde, das im Rahmen dieses Gebietes einmal angestrebt worden war. Wir sympathisierten nachträglich mit den gescheiterten Versuchen, aus dem Regiment der deutschen und der ungarischen Bürokratie (über Deutsche, Ungarn und viele slawische Völker und Volksteile) ein demokratisches Dreiergebilde zu schaffen, sei es unter dem Haus Habsburg, sei es als republikanische Föderation. Dabei interessierte uns weniger die Befreiung der Slawen – sie selbstverständlich auch – als vielmehr das Modell des Vielvölkerstaates. (Wir sahen es auch in der Schweiz, und auch heute sollten wir über dem miserablen Zustand dieses Landes nicht vergessen, daß sein Grund-Modell sehr früh

Perspektiven eröffnet hat, die für uns wichtig sind; das Land wird sich aus ihnen erneuern können.) Wir sahen in der vor der Realisierung zerschlagenen Struktur jenes Vielvölkerstaates nicht nur die Lösung für das spezifische »Raum-Problem«, die Verzahnung des nördlichen Balkan mit »Mitteleuropa«, sondern vor allem ein Modell für ganz Europa. Bestimmend war dabei das Mißtrauen gegen den Nationalstaat, das wir empfanden, die Sorge nämlich, es könne nichts Gutes dabei herauskommen, wenn, wie es das geschichtliche Gesetz der Neuzeit zu befehlen schien, die Machtmittel des modernen Staates an das stark emotionale Potential eines geschlossenen Volkes gekoppelt blieben. Wir folgten in dieser Hinsicht dem Gedanken des verfemten Pädagogen Friedrich Wilhelm Foerster, standen damit allerdings sowohl auf der Gesamtlinken wie im Zentrum reichlich isoliert da.

Über Europa hinaus geplant haben wir damals nicht. Die Macht im Osten war jung und unberechenbar: wir applaudierten dem in den Rapallo-Verträgen fixierten Arrangement, das Joseph Wirth zustandebrachte. (Polen und die Tschechoslowakei gehörten wie die anderen inzwischen sowjetifizierten Staaten damals durchaus noch zu Europa.) Da die USA den Völkerbund, den sie erfunden hatten, von Anfang an sabotierten, sahen wir in diesem im wesentlichen und konkret eine europäische Institution, einen Anfang. Wir hofften, daß die gefährlichen Nationalstaaten, der eigene nicht ausgenommen, in der Einigung zähmbar werden würden und hofften auf einen über den Staatenbund zu erreichenden Bundesstaat, durch den auch ein Bund der europäischen Völker verwirklicht werden sollte. Diesen Völkern und ihren Teilstaaten wünschten wir dieselbe soziale und demokratische innere Ordnung, die für die Deutsche Republik unser Ziel war.

Es ist hier nicht viel darüber zu sagen, wie diese Konzeption aufs gründlichste zerschlagen worden ist, erst durch die wachsende Energie der schwarz-weiß-roten bürgerlich-nationalen Gegner des Versailler Vertrages und der Sozialreform, sodann, unter parlamentarischer Mithilfe ausgerechnet der Kommunisten und der Bayerischen Volkspartei, durch die Machtergreifung und Gewalt des Faschismus. Das heißt primär: durch die Mängel und Schwächen der

Mitte und vor allem der Linken, – der matten Mitte, die aus dem entscheidungslosen Zentrum und der labilen Liberalen Partei wechselnden Namens bestand, vor allem aber auf der Linken, der SPD. Denn überall dort, wo die notwendigen Veränderungen nicht energisch und nicht klug genug realisiert werden, überall dort, wo die Leute, die »von der Welt ausgehen, wie sie sein soll«, nicht zum Zuge kommen, da strömen in das von ihnen unbesetzt gelassene Vakuum die Kräfte des Status quo ein. Hitler brauchte sie nur zusammenzuschließen.

## Neubeginn sozialistisch und europäisch

Ein Aufsatz im ersten Jahrgang der FH 1946 schloß mit den Sätzen: »Das Abendland wird sozialistisch sein, oder es wird nicht sein. Zerfällt Europa in den Teil Abendland und den Teil Sozialismus, so zerfällt es in sich selbst. Oder aber die nackte leere Zukunft wird den Reichtum des Gewordenen in einem Geisteskrieg, der ein Klassenkrieg sein wird, überwältigen.« Der letzte Satz mag uns heute als kryptisch erscheinen. Gemeint war jene Alternative zum Sozialismus, die Karl Marx als »Barbarei« prognostiziert hat, in unserer Sicht ein Regiment der rechten oder linken Manager über eine Gesellschaft, die ihre Probleme nicht hat lösen können. Heute könnte man die Gefahr des »Atomstaats« hinzudenken. Aus den beiden ersten Sätzen des Zitats geht hervor, daß die 1945 entstandene vergleichbare, ebenfalls in Frankfurt arbeitende Gruppe (zu der führend ein nachmals bedeutender Europäer aus Österreich gestoßen war) sich vom allerersten Anfang an gleichfalls zur Untrennbarkeit der Außen- und Innenpolitik bekannte, und daß die Zielvorstellungen nun sehr konkret als »Europa und der Sozialismus« proklamiert wurden. Hatten wir also nichts dazugelernt? Oder blieben wir in der Spur der »Notwendigkeit«: dessen, was die Not wenden sollte? Die alten Nöte des kapitalistisch-imperialistischen Zeitalters und zugleich die neuen höchst massiven und konkreten Nöte, die durch den Faschismus und den Weltkrieg entstanden waren . . .
Wir hatten die Hoffnung, die alten und neu aufbrechenden Klassen-

gegensätze, zu denen auch die der Ausgebombten und der Verschonten, der Sachwertbesitzer und der Inflations-Enteigneten, der Heimatlosen und der Einheimischen, vor allem aber die Grundgegensätze der Sieger und Besiegten traten, in dieser Doppel-Richtung zu lösen. In der Innenpolitik wurde die Hoffnung, dies durch eine Umverteilung der Produktions- und Konsumvermögen sowie der wirtschaftlichen Macht und Chance durch einen freien Sozialismus zu erreichen, imgrunde schon durch die Währungsreform zerstört. Sie zementierte nicht nur den schlechten Status quo der Gegenwart, sondern stellte sogar den der Vergangenheit wieder her. Als Adenauer sodann bei der Gründung der Bundesrepublik den Bund brach, den wir den »Grundpakt der Demokraten« zu nennen gewohnt waren, als er seine äußerst knappen Abstimmungssiege zur Stabilisierung nicht einer normalen, auf Alternierung abgestellten parlamentarischen Demokratie nutzte, sondern eines, seines Regimes und zur Verteufelung des Gegners – Sozialdemokraten waren dumm oder Verbrecher –, da mußten wir jene Hoffnung, was den deutschen Teil der Innenpolitik betraf, zu Grabe tragen. Wir proklamierten »den restaurativen Charakter der Epoche«. Auch die Hoffnung Europa blieb schon deshalb gedämpft. Es erwies sich als unheilvoll, daß Deutschland seine europäische oder besser westeuropäische Rehabilitierung erst und nur im Zusammenhang des Kalten Krieges erreichte (ebenso in seiner östlichen Hälfte), sodann, daß das Europa der Basis erlahmte, daß der Anfang mit den Konzernen der Montanindustrie und – die Welt braucht deutsche Soldaten – mit der Wiederbewaffnung gemacht wurde: durch sie wurde die Bundesrepublik einerseits aufs stärkste auf die USA verwiesen, also quasi aus Europa herausgezogen, wenigstens potentiell, und anderseits an ein militärisches Europa, den europäischen Teil der Nato gebunden. Noch war die europäische Hoffnung nicht ganz erloschen: die EWG drängte als allgemein konzipierte Wirtschafts-Verbindung, die vor allem die Landwirtschaft einbezog, mit politischem Ziel tendenziell die Gefahr eines Europa der Großkonzerne und des Militärs zurück; aber es blieb ein Europa der Bürokratien, – und nicht Straßburg, sondern Brüssel als Management der Regierungen wurde zum Zentrum Rumpf-Europas.

Die dritte Periode der Hoffnung war für die Gruppe, von der ich spreche, an die Reformpolitik der sozialliberalen Koalition gebunden. Als es gelang, der UdSSR und der DDR gegenüber im Ansatz die Illusionen und die Fiktionen zu brechen, welche die deutsche Ostpolitik und mit ihr die gesamte deutsche Politik so lange gelähmt hatten, trauten wir den Kräften, die das geschafft hatten, trauten wir auch den Kräften, die in der Jugend wach geworden waren, sehr viel zu. Im Zuge derselben Politik hatte die Sozialdemokratie ihre aus der Schumacher-Zeit stammende Reserve gegen eine europäische Politik gründlich aufgegeben. Leider geschah das Jahrzehnte zu spät; denn Europa hätte vielleicht von vornherein ein anderes Gesicht haben können, wenn überall, vor allem aber bei uns, die Linke energisch und initiativ mitgemacht hätte. Es ist eine blanke Augenwischerei, wenn man es heute für normal und höchst sinnvoll hält, daß halt Adenauer zuerst den Westen, dann Brandt den Osten befriedet habe: beide Aktionen hätten auf der Basis jenes Grundpaktes der Demokraten im Rollenspiel von Regierung und Opposition gemeinsam bewirkt werden müssen. Der schlechte Primat der Innenpolitik, das heißt: Parteipolitik ließ das nicht zu.
Aber das lag nun hinter uns, der Weg der inneren Reform war beschritten, und seitdem die Linke mit demselben Eifer wie die Abendländler an der Entwicklung Europas beteiligt war, konnte sich auch die Hoffnung Europa neu regen, trotz den Widerständen Frankreichs drinnen und Großbritanniens draußen und später halb drinnen und trotz den Weichenstellungen der Vorgeschichte, – zumal ein Parlament der Basis in Aussicht stand.
Inzwischen hat sich im Hinblick auf Europa nicht viel geändert, vor allem nichts Entscheidendes zum Guten. Die Aussicht auf jenes Parlament der Basis ist unsicher: Wir wissen nicht, ob wirklich die durch die Parteien der Nationalstaaten aufgestellten Kandidaten aufgrund ihrer Wahl durch »das Volk« die innere und die äußere Kraft und die Legitimation gewinnen werden, um die Strukturen zu ändern, die Bürokratie und die Regierungen in ihre wohldefinierten Schranken zu weisen, das Parlament zu stärken. Die Hoffnung, daß

sich durch konsequente Reformpolitik eine demokratischere und sozialere Gesellschaft, eine in sie integrierte demokratisch und sozial orientierte und darum auch leistungsfähigere Wirtschaft erreichen lasse, hat sich inzwischen in die Sorge vor einem autoritären Regime verwandelt. So oder so aber bleibt die Zukunft vorläufig durch Entzweiung blockiert oder, falls rechts von der CDU und links von der SPD neue Parteien entstehen sollten, in einer zweifelhaften Weise offen; neue Erwartungen ließen sich daraus beinahe nur konstruieren, wahrscheinlicher aber wird die Entzweiung und Verwirrung der politischen Klasse und der Bevölkerung in der Bundesrepublik sich nur noch steigern.

Die Frage ist, ob sich deshalb auch die dritte Hoffnung, die doppelte auf eine sozialistische Option im Innern und auf ein reales Europa nunmehr als Illusion erwiesen hat. Ich plädiere dafür, nicht zu resignieren und spreche mich mit der ungeduldigen Geduld des Mannes, der dreimal bitter enttäuscht worden ist, zum vierten Mal für die Hoffnung aus; über ihre Elemente wird noch zu reden sein. Aber die dritte Erwartung ist doch mindestens insoweit gescheitert, als wir unbeschadet unserer eigenen Einsicht in die Untrennbarkeit der Staats- und Europapolitik in der Lage steckengeblieben sind, das Denken (und Hoffen) in getrennten Kategorien weiter mitzumachen: hie Bonn (und die BRD), dort Brüssel.

Man würde sich täuschen, wenn man aus dem Wettlauf der drei deutschen Parteien um die Bildung je einer europäischen Plattform (der Sozialisten, der Christ-Konservativen und der Liberalen) den Schluß ziehen sollte, ein Umschwung in die Einheit von Innen- und Außenpolitik sei bereits geschehen. Im Gegenteil: es würde der Bildung Europas nur schaden, wenn das deutsche Modell oder irgendeine andere nationale Parteien-Konstellation auf den Kontinent übertragen würde. Wir müssen im Abschied von der Illusion, Bonn und Brüssel könnten auf getrennten Konten in schwarze Zahlen kommen, auch die Parteipolitik der Europäer, die Europa-Politik der Parteien kritisch ansehen: im Hinblick auf die wahre Integration des Europa, wie es »sein soll«. In linker Sicht, – versteht sich. Wir wissen gut genug, daß die linke Front von einer anderen bekämpft wird. Groteskerweise holt sie sich mit ihrem »Wertkonservatismus« Munition bei Erhard Eppler, der das ganz anders, und zwar richtig sieht. Selbstverständlich haben wir uns insofern für das alte Modell der Habsburger Reform zu entscheiden, als Europa weder als Schmelztiegel noch als Block gewollt werden sollte, sondern als Bund. Nicht im Sinne de Gaulles, der die Wörter verfälscht und »ein Europa der Vaterländer« proklamiert hat, das er in Wahrheit als ein Europa der Nationalstaaten verstand, sondern in einem besseren Sinn muß ein Bund der Vaterländer gelingen, – aber eben deshalb muß sich in jedem seiner Glieder, in jedem Vaterland vieles ändern. Wenn man näher zuschaut, sind es ja die italienischen Schwächen, die dem Wohl und Wohlbefinden Italiens im Wege stehen, die französischen, die dem Frankreichs, die britischen, die dem Großbritanniens, deutsche, die dem der Bundesrepublik und der DDR, spanische, die dem Spaniens im Wege stehen. Man kann deshalb mit Recht sagen, daß eine Europäisierung, ein Leben in einem realen Europa allen Völkern die große Chance gäbe, mit ihren eigenen Problemen, mit sich selber besser fertigzuwerden, ihren provinziellen Zuschnitt zu überwinden; erst recht gilt umgekehrt, daß sie sich schon ein gutes Stück verwandelt haben müssen, um überhaupt europafähig zu werden.

## Europa als Sozialismus

Wollte man eine Strategie für die Verwirklichung eines sozialistischen Europa aufstellen, so müßte das in dem Bewußtsein aller Unwägbarkeiten und der geradezu ungeheueren Komplizität, aber auch der wechselseitigen Abhängigkeit aller Faktoren in allen Bereichen, Dimensionen und Stufen geschehen. Sodann ergäbe sich eine Dreiteilung, die uns nur zum Teil, nämlich was den ersten und den zweiten Teil betrifft, vertraut ist.

Nahe genug liegt uns, wie angedeutet, die nationale Dimension. Es bedarf keines Hinweises darauf, wie hart die Widerstände sind, die gebrochen oder doch ins Produktive umgewandelt werden müssen: die Zustände und Strukturen der Parteien, ihre tiefe Zerstrittenheit, die schiefe Föderativ-Struktur (das Bund-Länder-Problem), die

Macht der Bürokratie, die Beharrungskraft des Status quo wirtschaftlicher Macht, die Beherrschungskraft der Ideen, der Mangel an Interesse in der Wahrnehmung selbst der eigenen höheren und erst recht der allgemeinen Interessen, der zur Zeit fast unlösbar erscheinende Konflikt um die Kernkraft-Energie, die Normenkrise, die Unsicherheit, die verdrängte Angst, die deshalb drohenden Kurzschlüsse (Terrorismus, Extremismus links und rechts). Und so weiter und so fort. Die SPD wird vielleicht noch lange der praktikabelste Ansatzpunkt sozialistischer Initiative sein; aber es ist klar, daß eine geschichtliche Bewegung auf den Sozialismus hin sich nicht auf Gedeih und Verderb und auf die Dauer auf diese Partei allein verlassen kann; eine solche Bewegung muß tiefere Wurzeln haben und zugleich weiter ausgreifen. Ein Bund von Eurokommunisten an der Stelle, wo jetzt die realitätsfernen K-Gruppen stehen, würde die Position der SPD nützlich irritieren und ergänzen. Freilich gibt es keine Anzeichen für eine solche Entideologisierung und Rückkehr zur Realität.

Aber diese erste Dimension – wie bewegt man in der Bundesrepublik Deutschland den Sozialismus voran? – ist nicht das eigentliche Thema dieser Überlegung; und ebensowenig wird die zweite Dimension – wie bringt man Europa (und in Europa den Sozialismus) voran? – dieses Thema sein. Doch noch ein Wort zu dieser zweiten Dimension. In ihr, in der Dimension Europa, gilt es, genau wie in der ersten auch, zunächst einmal »weiterzumachen«. Da ist der Ausbau der EG, ihre Erweiterung, der ständige Kampf gegen nationale Überansprüche, die Stärkung der Hilfsorganisationen, die ganze »Europäische Bewegung«, die Lösung von Dutzenden von Detailfragen, die Europäisierung der National-Beiträge zur Lösung der Nord-Süd-Frage – ein sehr wichtiges Kapitel! –, sodann vor allem die Europäisierung der Parteien, die Vorbereitung sinnvoller Fraktionsbildungen in dem immerhin zu erhoffenden einflußreicheren direkt gewählten Parlament. Auch hier habe ich nur andeutend einige Aufgaben aufgezählt, die ohnehin am Tage liegen.

Worauf es hier aber entscheidend ankommt, ist die Erkenntnis einer dritten Dimension, daß von Anfang an die Einheit Europas als existierend vorausgesetzt wird. Das ist nichts Neues? In der Tat war die »Europäische Bewegung« der Intellektuellen, der Organisationen und der Jugend der fünfziger Jahre im Überschwang der ersten Aha-Erlebnisse schon einmal so weit. Es hat sich herausgestellt, daß sie viel zu schmal und auch wohl noch zu schwach war. Sie ist von der Realität der Nationalstaaten fast wieder erstickt worden. Aber inzwischen haben sich die nationalen Prioritäten so wirksam blamiert, daß auf einem Höhepunkt von Schwierigkeiten in dem Sackgassen-System, das sich EG nennt, möglicherweise die erste Hoffnung neu belebt, neu interpretiert und organisiert werden kann. Das ist keineswegs eine Gewißheit, nicht einmal eine Wahrscheinlichkeit, doch eine reale Möglichkeit und eine Hoffnung. Von einem neuen Kern originär europäischen Bewußtseins aus wären alle bestehenden Bestrebungen und Institutionen zu verwandeln. Entscheidend dafür ist, daß der politische Grundgegensatz, der in verschiedenen Formen die Innenpolitik aller Länder bestimmt, in diesen Kern aufgenommen wäre. Mit anderen Worten: »Uns«, die Gruppe, von deren Erwartungen, Enttäuschungen und neuen Hoffnungen ich spreche, interessiert zwar nicht ein Europa »an sich«, das unweigerlich ein Europa des Status quo würde, mit den beiden Möglichkeiten des dauernden unproduktiven Streites oder der Diktatur der Konzerne und Generale, sondern ein sozialistisches Europa. Anderseits kann es von vornherein nicht als Monolith gedacht werden, sondern muß mit dem »Pluralismus« von Parteien rechnen, – freilich nicht der bestehenden und nur eben europäisierten, sondern mit neuen, die sich im Kraftfeld Europas formieren werden, wenn nur Europa endlich als Einheit ein Kraftfeld geworden sein wird.

Der Appell richtet sich an die Linken: an die, die davon ausgehen, daß etwas anders werden »soll«. »Anders«: das heißt menschlicher unter den Voraussetzungen der Industriegesellschaft in der Phase, da ihr Wachstum verlangsamt werden muß. Die Menschheit bewohnt die runde Erdkugel, aber noch für lange Zeit sind die Grundsituationen der großen Regionen der Erde so voneinander verschieden, ihre Wirtschafts- und Machtstrukturen, ihre Gesinnungen und Traditionen, daß wir zwar im angestrengten Engagement die reale wechselseitige Abhängigkeit erkennen und entsprechend handeln müssen, in

einer großräumigen globalen Welt-Außenpolitik, besonders in der Richtung West-Ost und in der Richtung Nord-Süd, aber eine »Weltinnenpolitik« kommt so lange noch nicht in Frage, als beispielsweise die Strukturen Europas, Schwarz-Afrikas, Süd-Ost-Asiens, aber auch Südamerikas und sogar der Vereinigten Staaten und des Russo-Sibirischen Blocks sich voneinander so kräftig unterscheiden. Afrika vor allem, unser nächster Nachbar, wird – nicht ohne unsere Hilfe – für sich zu sich selber kommen müssen, das zeigt die klägliche Geschichte der Entkolonialisierung bis auf den heutigen Tag. Südamerika wie alle anderen Regionen auch. Die Sozialisten haben immer – meist nur ideologisch – internationalistisch gedacht (und national gehandelt): sie müssen endlich lernen, in Regionen oder – was auf dasselbe hinausläuft, aber marxistisch geschichtlich besser begründbar ist – in »Phasen« zu denken.
Daß Europa eine solche Region ist, haben zuerst die Konservativen gemerkt, die »Abendländler«. (Der »Raum« ist eine Vokabel der Rechten.) Vor allem aber ist Europa das, was es ist, durch seine Geschichte. Niemand wird bestreiten, daß die romanisch-germanisch-slawische Region zwischen dem Nordmeer und dem Mittelmeer, die Ökumene der Alten, von Athen, Jerusalem, Rom und Byzanz her eine vielfältige Einheit geblieben ist, trotz der Spaltung von 1054, von der aus sich noch heute das Europa ohne Renaissance und Reformation vom westlichen unterscheidet. Mögen sich die Linken nicht so sehr für Vergil und Augustus interessieren wollen – sie sollten es! –, so können sie doch den Tatbestand selbst nicht leugnen, den Zusammenhang der »Reiche«, von denen selbst das korrupteste noch auf Europa abzielte. Heute bekennt sich in der Auseinandersetzung mit den stupiden Kulturattacken der Rechten die SPD durch Erhard Eppler und schon vorher durch das Wort von der »Qualität des Lebens« zum »Wert-Konservatismus«. Damit ist in einer Reihe, die einerseits auf Ur-Menschliches zurückreicht und anderseits von der Gegenwart über den jungen Marx zu den Menschenrechten der Aufklärung und der Großen Revolution führt – auch in diesem Punkte beginnen die Eurokommunisten mitzumachen –, doch auch das große Zwischenstück der europäischen Werte gemeint, in denen sich seit dem Untergang der Antike Romanen,

Angelsachsen, Germanen und Slawen in ihren besten Köpfen und Leistungen einig gewesen sind.

Doch wird für Linke, die an die Zukunft denken, die Einheit der »Phase« noch wichtiger sein als die der Region, an die sie doch gebunden ist. Einheit und Phase heißt annähernde Einheit oder doch Vergleichbarkeit der gesellschaftlichen Voraussetzungen, insbesondere der industriellen und nachindustriellen Strukturen, dazu der Klassengegensätze. Wir haben da ein europäisches Kernland, das den ganzen Norden, Großbritannien, Deutschland, (selbstverständlich Österreich und die Schweiz), Italien bis Neapel, die Tschechoslowakei und Polen einschließt; dicht damit verknüpft ist bei und trotz eindrucksvollen folkloristischen Unterscheidungen ein Randgebiet zwischen der iberischen Halbinsel und Süditalien, dem Balkan, der Türkei, in dem die Strukturen und das Bewußtsein nicht im gleichen Maße, aber doch merklich von der Industrialisierung der beiden letzten Jahrhunderte geprägt sind. Selbst Vulgärmarxisten, erst recht Marxisten, aber auch andere Realisten, darunter auch Christen, sollten begreifen können, daß die sozialistische Formel (Analyse der bestehenden Gesellschaft, wie sie ist, Veränderung auf Humanisierung hin) auf Regionen in vergleichbarer Phase nicht nur angewandt werden kann oder sollte, sondern vom System her geradezu angewandt werden muß. Diese Formel ruft nach der Definition von Phasen-Regionen und verlangt eine auf sie bezogene Strategie. Europa ist auf Zukunft hin als Phase vergleichbarer Verhältnisse das gegebene direkte Arbeitsfeld der deutschen, französischen, italienischen, aber auch der spanischen und griechischen Sozialisten.

Auch der polnischen? Es ist klar, daß die sowjetrussische Interessensphäre respektiert werden muß. Dafür sorgt sie schon selber. Deshalb ist die unmittelbare und organisierte Arbeit auf Westeuropa beschränkt. Seine Grenze ist durch das Ergebnis des Hitler-Krieges festgelegt. Es ist ebenso klar, daß ein erfolgreiches frei-sozialistisches West-Europa das Bewußtsein der osteuropäischen Zentral- und Randvölker beeinflussen wird. Was die UdSSR betrifft, so denkt sie seit Lenin nicht marxistisch, sondern staatssozialistisch und imperialistisch. (Die Formel »Europa bis zum Ural«, die seinerzeit de Gaulle aufgebracht hat, ist schon deshalb aberwitzig, weil

Groß- und Weißrußland nebst der Ukraine längst mit den asiatischen Sowjetrepubliken im Süden und Osten zu einer Großregion und zu einer Phase integriert sind.) Die optimale Zukunft liegt wohl darin, daß Osteuropa, obwohl es mit ziemlicher Sicherheit weiterhin dem russo-asiatischen Block angehören wird, eine Puffer- und Vermittlungsfunktion wird wahrnehmen können. Verzweifelt sind die Perspektiven des am meisten stalinisierten Teils des Ostblocks: der DDR. Die große *querelle allemande* wird wohl auch nur in der Richtung der Vermittlungsfunktion zu lösen sein, also immerhin in einer politischen Drehung um 180 Grad, um unbeschadet der Zugehörigkeit zum östlichen Block aus der Stör-Stellung in die Naht-Stellung zu geraten.

## Ein neuer Aggregatzustand

Die elementare Konsequenz solcher Erwartungen besteht darin, daß die europäische Option wieder den Charakter einer wahren Bewegung annehmen muß, im strengen Sinn des Wortes, beginnend in Aha-Erlebnissen vieler Einzelner und vieler Gruppen, sich vertiefend und sich verbreiternd, und zwar einer sozialistischen Bewegung. Sie wird in Fülle Strukturen vorfinden, die ihr im Wege stehen, und andere, die ihr dienlich sein können. Es wird eine Frage der Psychologie und der Taktik sein, wie weit sie in den bestehenden Strukturen (Brüssel und Straßburg, den sozialistischen Parteien, den Eurokommunisten, der offiziellen Jugendarbeit, der internationalen Gewerkschaftsarbeit, den Städte-Patenschaften, dem Tourismus) voranzukommen hat, wie weit sie an ihnen vorbei, wie weit sie gegen sie ihr Gelände wird erkämpfen müssen.
Was freilich noch gar nicht zu sehen ist, das ist der Anfang: der Durchbruch. Nun gibt es keine politische Entscheidung, die nicht in dieser ungewohnten Perspektive europäisch-sozialistischer Integration gesehen werden könnte und müßte. Vielleicht wird es eine besonders große Entscheidung sein, die zum Umdenken anregen oder zwingen wird. Aber wer fängt damit an? Was hier vorgeschlagen wird, ist halb ein Modell, halb eine Vision. Sollte sie sich als realisierbar herausstellen, so wird uns wahrhaftig keine Idylle bevor-

stehen und ebensowenig nur Konstruktions- und Fleißarbeit. (Selbstverständlich würde es *auch* eine Konstruktions- und Fleißarbeit sein.) Es ist mit viel Unruhe zu rechnen. (Es ist ohnehin mit viel Unruhe zu rechnen.) Es ist damit zu rechnen, daß aus Politik wieder einmal Geschichte wird. (Es ist ohnehin damit zu rechnen, daß die Geschichte weitergeht.) Die konservative Alternative, die wir ernstzunehmen haben und der wir Rechnung zu tragen haben aus dem einfachen Grunde, weil es sie gibt und sehr lange geben wird, wird es noch schwerer haben, mit jener Unruhe und mit Neuanbrüchen der Geschichte fertigzuwerden und ihre heterogenen Bestandteile sodann einigermaßen auf einen Nenner zu bringen: Frau Thatcher, Andreotti und Strauß, die Militärs und die Christen, die Konzerne und der Mittelstand werden einander auf der rechten Front das Leben schwer machen; auch mit überspitztem Nationalgefühl ist rechts eher zu rechnen als links. Das alles und vieles mehr würde den Rechten die gemeinsame Reaktion auf eine entschlossene europäische Linke erschweren. Aber Mitterrand und Marchais machen uns zur Zeit vor, wie schwer es auch Brandt-Schmidt und Berlinguer miteinander haben könnten. Auch ist es denkbar und wünschbar, daß alle Parteifronten, soweit sie durch die allzu provinziellen nationalen Vorgeschichten bestimmt sind, in der neuen Situation flexibler werden, daß sich neue Kristallisationskerne bilden.

Aber auch wenn sich das Modell eines Sozialistischen Europa nicht wird verwirklichen lassen, muß es allen Beteiligten und dann allen noch nicht Beteiligten tief ins Bewußtsein gebrannt werden, daß es in jedem Fall um einen neuen Aggregatzustand geht, den es bisher noch nicht gegeben hat: um einen Aggregatzustand europäischer und sozialistischer Gesellschaftsveränderung. Es gibt noch wenige sozialistische Europäer, in denen Europa und der Sozialismus zu Synonymen für dieselbe Sache geworden sind. (Gegeben hat es das bisher nur in nicht allzu vielen und dazu allzu individuellen Individuen.) Was als Demokratisierung auf Sozialismus hin und als Europapolitik bisher getrennt geführt wurde, wird das integrierte Modell einer Region sein, deren Phase reif ist für eine humanere Struktur ihrer selbst.

Freilich: das Modell schließt von vornherein Toleranz ein gegenüber

der zweiten europäischen Kraft, wenn sie sich aus den Ideen und Interessen und Kräften des Status quo nicht zur faschistischen Reaktion, sondern zu einem Konservativismus europäischer Prägung integrieren sollte.
Sollten sich diese hier entwickelten Vorstellungen so oder so als »richtig« erweisen, nämlich als produktiv, klärend, befreiend, so wird auch ein erfüllteres Leben der einzelnen Menschen zu erwarten sein, – nicht zuletzt eine reinere Atmosphäre auch in der Gemeinschaft der Christen. Sie ist ja ein wesentliches Element Europas gewesen und behält ihre Chance, zur Vermenschlichung der Kultur beizutragen, – wenn sie sie nützt. Aber das ist ein anderes Kapitel, und wahrhaftig »ein weites Feld«.

# Ausweg aus der Krise?

*Die zwei letzten Aufsätze beziehen sich auf die neuesten politischen Ereignisse. Die Reflexion aus dem Jahre 1982 ist eine Art historischer und aktueller Bestandsaufnahme nach der Krise der sozialliberalen Reformpolitik. Der letzte Aufsatz fragt nach den Folgen der sogenannten Wende durch das Wahlergebnis am 6. März 1983.*

## Die Krise, unsere Parteien und die Geschichte

In den Wochen, da der Gegensatz zwischen dem linken und dem rechten Flügel der F.D.P. dramatisch zutagegetreten ist, hat man von vergleichbaren Differenzen in den anderen Parteien kaum etwas gehört. Nichts von einer Differenz zwischen dem linken Flügel der CDU und der im Zeichen Strauß–Kohl operierenden Mehrheit. Die SPD vollends scharte sich wie schon lange nicht mehr um die Parteiführung oder vielmehr um Helmut Schmidt. Es gab also kein Material, das geeignet wäre, sich eine Fortsetzung einer Veränderung im Parteiengefüge auszudenken, die, wie man auf Neudeutsch sagen würde, »im Raume stand«: eines denkbaren Wechsels der Linksliberalen zur SPD, die so außerordentlich sozial-liberal auftrat.

Vielleicht haben Nachdenkliche im Lande ein solches Gedankenspiel erwogen: Wie wäre es, wenn außer Gerhart Baum und den Seinen auch Norbert Blüm und seine Leute zu den Sozialdemokraten gingen, deren rechter Flügel sich dann ganz gut an Kohl–Stoltenberg–Barzel anschließen könnte; den Verlust der Kanalarbeiter würden die Mitte und die Linke der SPD verschmerzen können, da sie ja in diesem Spiel Zuzug von der F.D.P. und der Union erhielten; die Union würde für den Verlust des Arbeitnehmerflügels durch die

Mannschaft Genscher–Lambsdorff–Mischnick reichlich entschädigt. Wäre da nicht die Wahrheit zutagegetreten, – die heimliche, die verborgene Konstellation im veralteten Parteiwesen? Ich würde mich nicht wundern, wenn diese Utopie nicht in dieser oder jener phantasievollen Stammtischrunde ausgedacht und besprochen worden wäre.

Aber ist da nicht einer und etwas vergessen: Franz Josef Strauß und die CSU? Da gibt es also offenbar eine Partei, die nirgendwohin paßt. Aber das wäre gar nicht so schlecht: der Störenfried wäre isoliert, und seine Partei wäre zwar die Erbin der jetzigen dritten Partei, hätte aber kaum die Möglichkeit, sich wie diese als Zünglein an der Waage schädlich zu machen; Kohls »Partei der Mitte« hätte endlich den Nachbarn rechts, den diese Partei eigentlich voraussetzt.

Nein. Die Glaubenstreue zu der Partei-Kirche, auf die wir alle eingeschworen sind, läßt weder diese Konstellation zu, noch andere und wechselvollere Gruppierungen der bekanntlich nur ihrem Gewissen verpflichteten Abgeordneten. Und die Basisbewegung für den Frieden, für die Rettung der Natur und für alternatives Leben ist nicht oder noch nicht so weit, daß man sie in einem solchen Spiel berücksichtigen könnte.

Aber es ist etwas daran an dieser Konstellation. Die Ereignisse in Bonn legen mindestens nahe, in ihrem Licht die Struktur und die Zusammensetzung unserer Parteien skizzenhaft ins Auge zu fassen. Ihre mehr oder weniger wirksame »Geschlossenheit« hängt auch mit ihrer Dauer zusammen; hie und da kann man geradezu von guter oder schlechter Gewohnheit reden. Deshalb ist auch ihre Geschichte heranzuziehen. Denn so ist das Leben: es ist Geschichte (auch).

## Die Partei der drei Punkte

Die beiden Teile der F.D.P., die in unseren Tagen so eindrucksvoll gegeneinanderstehen, darf man mit den beiden französischen Vokabeln kennzeichnen, für deren Bedeutung wir im Deutschen leider nur das eine Wort »Bürger« haben – es ist denn auch zweideutig genug geworden –: *citoyen* und *bourgeois*. Glotz, der Bundesgeschäftsführer der SPD, hat den bourgeoisen Flügel der Partei treffend als »die Wirtschafts- und Nationalliberalen« gekennzeichnet; er kann den anderen Flügel »sozialliberal« nennen.

Diese Ambivalenz spiegelt ein deutsches Schicksal. Die Partei der Bürger reicht unter unseren Parteien am weitesten in die Geschichte zurück. Noch früher hat die Französische Revolution jenen Gegensatz enthalten: das politische Pathos der Emanzipation von den Mächten des Ancien Régime und das wirtschaftliche Interesse des Dritten Standes; im allerersten Stadium der Revolution war beides noch nicht unterscheidbar. Auch in Deutschland trat die Formation der Bürger auf 1848 zu und in der Paulskirche selbst noch ungespalten auf: die Einheit der Deutschen wurde als Freiheit der Deutschen verstanden; die Freiheit wollte sich in der Einheit der Deutschen verwirklichen. Das wirtschaftliche Interesse war seiner noch nicht deutlich bewußtgeworden: die »Achtundvierziger« waren teils kämpferische Kleinbürger, teils ideal reflektierende Akademiker und Großbürger. Bismarck, der in großpreußischer Motivation auf seine monarchisch-militärische Weise die Einheit (»Blut und Eisen«), zwar nicht die ersehnte großdeutsche, aber immerhin die kleindeutsche verwirklichte, hat jene vor ihm noch einheitliche liberale Bewegung vor die Entscheidung gestellt. Er selbst bot die Einheit, dazu Macht und Glanz der »Nation« an: seitdem gibt es in der Formation, von der wir reden, die nationale und die liberale Option, »Nationalliberale« und »Freisinnige«, »Fortschrittler«. Diese Konstellation, durch das Ereignis von 1866 entstanden, hat sich bis heute durchgehalten, in einem Gegensatz, der abwechselnd in zwei Parteien und in zwei Flügeln einer Partei sichtbar war.

In der Weimarer Zeit, in der die Parteien nicht mehr nur wie früher die Souveränität der monarchischen Staatsführung begrenzten, sondern faktisch selber ihre Träger geworden waren, traten die beiden Richtungen als zwei Parteien auf. Die »Deutsche Demokratische Partei« knüpfte sozusagen antibismarckisch unmittelbar an das Parlament der liberalen Professoren von 1848 an; die »Deutsche Volkspartei«, trotz der rationalen Außenpolitik Stresemanns eher schwarz-weiß-rot, wurde eine national und kapitalistisch orientierte Partei bürgerlicher Interessen. Josef Wirth, der als einziger der deutschen Politiker nicht nur von der Verfassung und von den Prinzipien aus dachte, sondern konkret und in richtiger Einschätzung von Macht auch von den gesellschaftlichen Kräften aus, hat nur die linke Partei für fähig gehalten, neben der Partei der demokratischen Arbeiterbewegung (und der der Katholiken . . .) den Staat von 1919 zur realen Demokratie zu entwickeln und – »Der Feind steht rechts« – gegen die wachsende Reaktion zu sichern. Gegen die Nationalliberalen hat er eine spezielle Abneigung gehabt, wohl weil sie nach seiner Überzeugung sowohl durch materielle Klasseninteressen als auch durch ihre Anfälligkeit für eine reaktionäre Nationalpolitik die geschichtliche Berufung des Bürgertums verrieten. Die »Deutsche Demokratische Partei« hielt er mit Recht für zuverlässig, aber nicht nur in dieser, sondern in beiden bürgerlich-liberalen Parteien ist nur die Führung beständiger gewesen, keineswegs die Wählerschaft. Willy Hellpach, ein bedeutender Kopf der Demokratischen Partei (badischer Staatspräsident, 1925 Kandidat für die Reichspräsidentenwahl), wußte das noch nicht, als er in einem programmatischen Aufsatz den deutschen Katholiken großmütig zugestand, »Bürger« der Demokratie sein zu dürfen und zu können, nicht aber deren »Bürgen«. Wenige Jahre später waren den beiden Demokratie verbürgenden liberalen Parteien die Bürger davongelaufen, die Katholiken dagegen wählten noch nach der Machtergreifung in der Wahl vom März 1933 fast ohne Ausnahme ihre katholisch-demokratische Partei. (Sie fielen erst ein paar Wochen später um.)

Mit der Labilität der potentiellen Wähler hat auch die in unserer Epoche bisher wieder integrierte liberale bürgerliche Partei zu tun: wir haben es am Abend der Hessenwahl feststellen können. Seit langem führt die Partei drei Punkte in ihrem Namen. Doch ist im Gefüge der drei Positionen, die man mit politisch-liberal, wirtschafts-liberal, national-liberal bezeichnen könnte, die Bismarck-Komponente zurückgetreten: die Republik ist selbstverständlich; die neue Frage deutscher Einheit ist zurückgestellt; die nationale Politik der sozialliberalen Koalition unter der Führung von Brandt und Schmidt mit ihrer Bindung an den Westen und dem Versuch der Entspannung gegenüber dem Osten ist voll akzeptiert. An der Stelle, an der vor einem Jahrhundert die nationale Option für den Fürsten

Bismarck stand, findet sich heute die wirtschaftsliberale Position des Grafen Lambsdorff, – der Vergleich betrifft nicht den geschichtlichen Rang. Die Kernfrage, welche die Geschlossenheit der Partei in Frage stellt, ist nicht mehr das Verhältnis zwischen Einheit und Freiheit, sondern das zwischen der Wirtschaftsfreiheit des Kapitalismus, der »Ellbogenfreiheit«, und der menschlichen und politischen Freiheit der Staatsbürger. Der Gegensatz des Bourgeois und des Citoyen war in dem Deutschland der ersten Hälfte des 19. Jahrhunderts noch nicht hervorgetreten, sondern von liberalem Patriotismus zugedeckt; aber er hat sich von der Großen Revolution bis heute durchgehalten.

Nun bin ich allerdings in dieser Skizze einer typisch bürgerlichen Partei reichlich unbekümmert mit dem Begriff »Bürger« umgegangen. Keineswegs ist der Citoyen nur in dieser Partei zu finden. Die CDU/CSU ist sowohl in soziologischer als auch in programmatischer Hinsicht in einem schlichteren und unmittelbareren Sinn eine bürgerliche (und bäuerliche) Partei. In ihr gibt es auch Bürger, Angestellte, Akademiker und sogar Bauern, die an der Freiheit und an den Freiheiten ihrer selbst und ihrer Mitbürger interessiert sind, entweder »auch« und neben materiellen und religiösen Interessen oder sogar in einem entscheidenden Entschluß. Dasselbe gilt von den Sozialdemokraten; viele von ihnen denken zwar transbürgerlich, nämlich marxistisch; auch fühlen sich viele zwar nicht mehr als »Proletarier«, aber als Arbeitnehmer. Doch der demokratische Sozialismus, erst recht der nicht mehr im strengen Sinn sozialistische Sozialdemokratismus beruft sich auch auf die Große Revolution und ihre bürgerlichen Freiheiten; das marxistische Konzept begreift übrigens in seiner reinen Form beim jungen Marx auch die bürgerliche Revolution ein. Was aber die kleinen Bourgeois betrifft, die Interessenten mit dem an dem jeweiligen Interesse zentral orientierten bürgerlichen Weltbild, so finden heute die meisten von ihnen ihre Interessen in der mächtigen pseudochristlichen Union ganz gut aufgehoben, besser als in der kleinen liberalen Partei. Auch in der Sozialdemokratie finden sich viele Kleinbürger und noch mehr ans unmittelbare Interesse allzu sehr fixierte Arbeitnehmer mit kleinbürgerlichem Bewußtsein. Es ist ja geradezu die Versuchung der mit der Sozialdemokratie sympathisierenden Gewerkschaften, über den wahrhaftig existenzwichtigen unmittelbaren materiellen Interessen ihrer Mitglieder die breiteren und tieferen geschichtlichen Aufgaben der organisierten Arbeitnehmer zu verkennen oder doch zu vernachlässigen. So findet die breite bürgerliche und bäuerliche Schicht, die Angestellten eingeschlossen, die Arbeiter zum Teil auch, in allen Parteien der Republik Ansatzpunkte sowohl für die Wahrung ihrer speziellen Interessen wie für die ideologische und politische Artikulation. Die F.D.P. ist gleichsam die ausdrücklich liberale und mit der Geschichte des bürgerlichen Geistes dezidiert verbundene Bürgerpartei. Daß sie so unzuverlässige Wähler findet, hängt offenbar damit zusammen, daß ihre Wortführer sozusagen Berufs-Liberale sind, chemisch rein als Citoyens vom Schlage Borms und chemisch rein als Bourgeois vom Schlage Lambsdorffs.

Alle diese Beobachtungen und Deutungen klingen kritisch. Aber der Historiker (der vom Fach und der in uns) wird die Partei als ganze, die Problematik ihrer Flügel eingeschlossen, als eine schwer entbehrliche Stimme in der deutschen politischen Gesellschaft respektieren müssen, und wer – wir wir – für die frei-sozialistische Zukunft optiert, wird zwar das bourgeoise Element in der F.D.P. entschieden zu seinen Gegnern zählen, aber die Citoyens von dem Altkämpfer Borm und dem ehemaligen Minister Baum bis zu den tapferen liberalen Frauen der Fraktion als Bundesgenossen schätzen, und zwar als notwendige Bundesgenossen: es handelt sich ja um die liberale Gruppe, die als Erbin der Großen Revolution Solidarität gelernt hat und gegen die absolute Wirtschaftsfreiheit der Kapitalisten den sozialen Impuls aufbringt. Sie ist im Prozeß der deutschen Gesellschaft unentbehrlich, auch für den geschichtlich denkenden Sozialisten, der die sozialistische Revolution nicht nach bolschewistischem Muster durch Kader von oben nach unten vollzogen sehen will, sondern als eine Kette von Reformen, deren Quantität in die Qualität der großen Veränderung umschlagen soll. So ist auch die Sozialdemokratie in einem hohen Maße auf eine bürgerliche Nachbarpartei dieser Art angewiesen. Das gilt sogar, wenn die Partei im Kräftefeld von Regierung und Opposition für eine Weile auf der

»falschen« Seite stehen sollte, erst recht im sozialliberalen Bündnis (das Thomas Ebert in seinem erhellenden Aufsatz mit Recht als ein »historisches Bündnis« gekennzeichnet hat). Was unter Helmut Schmidt nicht gelungen ist: die progressiven Sozialdemokraten mit den progressiven Liberalen in ein produktives Verhältnis zu bringen, bleibt eine Grundkonstellation. Sie muß sich in praktischer Politik bewähren, sei es in einer regierenden, sei es in einer opponierenden Koalition. Der andere Flügel der Partei wird als Sprachrohr kapitalistischer Interessen wohl von Bedeutung bleiben, – obwohl seine prominentesten Sprecher, der ehrliche Graf Lambsdorff und der trügerische Genscher, ihr Gesicht verloren haben.

## Die Union

Die Geschichte der Union geht etwas weniger weit zurück als die der F.D.P. Die CDU hat bekanntlich eine ihrer Wurzeln in der Zentrumspartei, die CSU in einer schon lange selbständig agierenden »Schwesterpartei«, der Bayerischen Volkspartei. (Man sollte sich von Zeit zu Zeit daran erinnern, daß sie 1919 gegen die Verfassung der ersten Republik gestimmt hat – wie ihre Nachfolgerin 1949 gegen das Grundgesetz der zweiten; man sollte auch festhalten, daß sich ihre Eigenart nicht nur wie ihre Nachfolgerin in Mundart und Sprachstil geäußert hat; in der Weimarer Zeit hat sie zusammen mit den Kommunisten bei der Präsidentenwahl nach Eberts Tod den Kandidaten aller demokratischen Kräfte, den Katholiken Wilhelm Marx von der außerbayerischen Schwesterpartei, auch im zweiten Wahlgang nicht gewählt und uns dadurch, gleichfalls zusammen mit den Kommunisten, als Präsidenten den Generalfeldmarschall von Hindenburg beschert, – auf den sich eine Wahlperiode später die demokratischen Parteien einlassen mußten, um Hitler zu verhindern, dessen Steigbügelhalter er 1933 prompt geworden ist. FJS' CSU hätte nicht anders gehandelt als seinerzeit die BVP, – darf man vermuten.) Das Zentrum und die BVP, das ist eine nachbismarcksche Formation, welche die kulturellen Interessen der Katholiken vertrat, die »Union« des Kulturkampfs. (Der kleine

protestantische Flügel des Zentrums griff die durch den Hannoveraner Windthorst kräftig vertretene föderalistische Option des Zentrums auf; später kann man die protestantische Minderheit eher »volkskonservativ« nennen.)
Die unter der Herrschaft Hitlers entstandene religiös-kulturpolitische Gemeinsamkeit der katholischen und der evangelischen Christen hat dann nach der Befreiung zur Gründung der »Union« geführt. Doch muß man in Rechnung setzen, aus welchen politischen Vergangenheiten die evangelischen Mitglieder und Wähler der Partei gekommen sind, die nach der ans Zentrum anknüpfenden Gründungsphase den Charakter der Partei mitbestimmt haben. (In Bayern ist die CSU in hohem Maße katholisch geblieben.) Da sich heute niemand gern als ehemals braun oder als ehemals schwarz-weiß-rot bekennt, ist der Statistiker zuständig. Ihm ist es evident, daß die Union auf ehemalige Deutschnationale, auf Rechtsliberale und auf (hoffentlich) bekehrte Wähler Hitlers angewiesen war. Woher sollten vor allem ihre evangelischen Wähler sonst kommen? Die »Konservativen« des Bismarck-Reiches hatten neben den ostelbischen Adeligen und den Königstreuen überhaupt auch die Bürger angezogen, die auf die neue Macht des wilhelminischen Reiches setzten; ihre Erben der Weimarer Zeit, die »Deutschnationalen«, hatten nicht zuletzt aufgrund der nicht akzeptierten Niederlage im Krieg den bereits vorher aggressiv gewordenen Nationalismus ihrer Vorgänger im Ressentiment noch verschärft; man kann sie nicht mehr konservativ, man muß sie reaktionär nennen. Die Front gegen den Versailler Vertrag (Leugnung der Mitschuld Deutschlands am Kriegsausbruch, Dolchstoßlegende) war das Element, das ihnen (wie auch der Reichswehr und wichtigen Teilen der Universitätswelt sowie der höheren Beamtenschaft) im Zeichen der Habsburger Front den Pakt mit der völkischen und sozialreaktionären Mittelstands-Revolte Hitlers nahelegte. (Diesem Bündnis konnte man den Namen Faschismus geben.) Ein großer Teil der Mitglieder und Wähler der Union, der evangelischen und der säkularisierten Katholiken nämlich, hat nun einmal diese deutschnationale und nationalsozialistische Vergangenheit. Es ist ebenso wahr, daß sie weitgehend überwunden (und fast ganz vergessen) ist, wie es plausibel sein muß, daß sie

nachwirkt, zum geringeren Teil direkt, im übrigen »subkutan«, im komplizierten Gefüge von Stimmungen und Wertungen. Die imperialistische Komponente allerdings verschwand unter dem Eindruck der so akzeptierten zweiten totaleren Niederlage fast völlig; es blieb als bürgerliche Normalität ein Bewußtsein zurück, das durch patriotische, konservative, reaktionäre (autoritätswillige), antiemanzipatorische Elemente gekennzeichnet war, auch durch einen unproduktiven und bedenklichen Antikommunismus. Es ist natürlich auch keineswegs so, daß diese Kennzeichnung für alle evangelischen Bürger gilt. Die Kirchgänger der evangelischen Bevölkerung hatten während der Diktatur die Wahl gehabt, ob sie sonntags zum Pfarrer vom Pfarrernotbund und von der »Bekennenden Kirche« ins Gotteshaus gingen oder zum Mann der »Deutschen Christen« – oder aber zu einem durchweg deutschnational empfindenden Prediger, der sich keiner dieser beiden politischen Entscheidungen angeschlossen hatte. Wer damals bei Martin Niemöller stand, wird nach dem Krieg mindestens ein reformatorisches Mißtrauen gegen das C in einer politischen Partei gehabt haben, und er wird oft sozialdemokratisch optiert haben und dort auf Protestanten der religiös-sozialen Tradition gestoßen sein; wohin aber sollten die Deutschen Christen und die Getreuen des konservativen Pfarrers nach dem Ende des Wahnsinns gehen? Daß sie nicht Sozialdemokraten wurden, versteht sich von selbst; daß sie nur zum kleineren Teil den Weg zu der kleineren bürgerlichen Partei fanden, die sich durchgesetzt hatte, zur LDP und späteren F.D.P., zeigt wiederum der zählende Statistiker auf. Einige andere bürgerliche Gruppierungen wie die »Deutsche Partei« und die NPD waren nur vorübergehend auf dem Platz; die größere Zahl muß nachher und vorher zur CDU gegangen sein.

Diese Leute hatten in der Gründungsphase wenig zu sagen und blieben ohne Einfluß auf die Programme von Ahlen und anderswo, aber sie wurden nicht nur Wähler, sondern auch stimmberechtigte Mitglieder der Union: sie haben daran mitgewirkt, daß die CDU aus einer Partei politisch interessierter Christen zu der gegenwärtigen konservativen, nämlich mittelständischen und pseudochristlichen Partei geworden ist, die wir kennen. (Das Gefälle zwischen dem säkularisierten Norden und dem katholischeren Süden ist offensichtlich.) In diesem Sachverhalt steckt natürlich auch eine positive Leistung: die CDU hat das nationalistische Potential weitgehend aufgefangen und vielen zur Überwindung ihrer Vergangenheit verholfen. Auch finden sich in beiden Unionsparteien Funktionäre und Sprecher, die ihren christlichen Glauben und ihre Konfession ernsthaft in das Programm und in die Politik einzubringen versuchen. Auf der katholischen Seite kann man allerdings auch von einer fragwürdigen Identität von Kirche und Partei sprechen; sie drückt sich darin aus, daß das Wörtchen »wir« (– »wir müssen das und das tun«, »wir müssen das und das verhindern« –) immer wieder zu der Frage herausfordert: Wen meinst du jetzt eigentlich, uns Katholiken oder die CDU? Es ist typisch, daß nicht Hans Maier oder Friedrich Kronenberg die radikalere Strategie der Friedenssicherung, die in der Friedensbewegung vertreten wird, endlich als eine von zwei katholisch möglichen Strategien akzeptiert hat, sondern daß es – jüngst, und sehr überraschend und auch etwas verhalten – der Sprecher der Hierarchie, Kardinal Höffner, gewesen ist. Auch die Kirchenleitung findet sich nach dem Abbruch des Versuchs der sechziger Jahre, eine kirchliche Äquidistanz zu den politischen Lagern der Bundesrepublik herzustellen, wieder mindestens sehr »in der Nähe« der Union; aber offenbar ist es für die apostolischen Amtsträger um einen Grad leichter als für die Sprecher der Laienorganisation des deutschen Katholizismus, Abstand auch von den Freunden zu halten. Diese haben sich ja auf das Konzept der NATO festgelegt, nicht weil sie in diesem Punkt mit dem NATO-treuen Helmut Schmidt solidarisch waren, sondern mit der NATO-frommen Union.

Wie in der F.D.P. das Wort »liberal« in zwei Deutungen die Geister trennt, so ist es in der Union also das Wort »christlich«, – aber freilich viel verborgener. Wo sich dort zwei Flügel zu je ihrer Deutung bekennen, schwelt in der Union die Frage, wie du es mit dem Christentum hältst, als ungelöst, als gar nicht oder als widersprüchlich beantwortete Frage im Dämmerlicht eines kollektiven Bewußtseins, das sich nicht entscheiden kann, nicht entscheiden will. Ein systemverfälschendes Element ist in der Union auch die Tatsache, daß ein ziemlich stabiler Block unpolitischer Wähler ihre

Parteien wählt, weil sie als katholisch gelten, einerlei, was für eine Politik sie machen.
Daß das nicht erfreulich ist, ja auf die Dauer nicht ernsthaft zumutbar, hat einer der intelligentesten und offensten Köpfe der Union festgestellt und offen geäußert: Franz Alt. So sehr ich fast allen von ihm geäußerten politischen Einsichten zustimmen kann, seinen Vorschlag, die fragwürdige Partei vom hohen C aus zu erneuern, muß ich für falsch und gefährlich halten. Ich stimme seiner Überzeugung zu, daß wir Christen zu einer Erneuerung unseres Lebens, Denkens und Handelns jederzeit und jetzt erst recht aufgerufen sind, auch zu einem politischen Engagement, das eine Folge des christlichen Ernstes ist. Ich kann nur nicht akzeptieren, daß die christliche Einheitspartei die Konsequenz dieser ernsthafen Erneuerung sein kann. Die christliche Botschaft erwartet von uns nicht eine christliche Kultur, nicht christliche Staaten, nicht christliche Parteien, sondern daß wir als kritisches »Salz« und als dynamischer »Sauerteig« im Brotteig wie der Kulturen so des deutschen Staatswesens wirksam werden, auch des Parteiwesens: Aus Salz und Sauerteig kann man weder Kulturen noch Parteien bilden. Überzeugte, kritische, aktive und dynamische Christen werden in allen demokratischen Formationen der Bundesrepublik gebraucht und sind darin unentbehrlich, in jeder der drei Parteien der siebziger Jahre, in jeder denkbaren demokratischen Partei der Zukunft, und auch in der Bewegung der Basis, der Pazifisten, der Grünen und Alternativen, welche unser gegenwärtiges Parteiensystem und damit die gegenwärtige institutionelle Struktur des demokratischen Systems in Frage stellen.
Die Union ist sehr groß, und sie ist gründlich in unserer Gesellschaft verwurzelt. Auch ihr Gegner muß ihre Funktion im gesellschaftspolitischen Prozeß unseres Gemeinwesens akzeptieren, – nicht allerdings ihren Status quo, sondern ihre denkbare optimale Funktion. Man kann diese durchaus aus ihrer Politik und ihrem Programm ablesen; nur zum kleineren Teil ist sie konfessionell oder gemeinchristlich bestimmt, etwa in ihrer schulpolitischen Option, trotz einer gewissen Differenz zu den Bischöfen in ihrer Stellung zum Paragraph 218, in der »Werte-Diskussion«, und selbst diese Positio-

nen hätten Raum auch in einer Partei, die sich nicht als christlich, sondern als konservativ verstünde. Demokratisch sind wir fast alle, christlich sind auch führende Sozialdemokraten, – man wird die Pointe der Union anderswo suchen und finden müssen. Sie ist eher mittelständisch als konservativ zu nennen, aber welche Partei wäre für die Vertretung konservativer Werte und konservativen Verhaltens geeigneter als eine mittelständisch-bürgerliche Gruppierung? Die Partei könnte – und sollte – sich als konservative Kraft verstehen: darin wäre auch viel Faktisch-Christliches, wenn auch nicht das Prophetisch-Christliche aufgehoben. Wir alle sind an der Existenz einer guten produktiven konservativen Partei interessiert, die in unser Staats- und Parteiensystem eingebunden wäre und verantwortlich handelte. Das gilt auch dann, wenn wir selbst nur in einem anderen, nämlich vorpolitischen Sinn konservativ sind oder gar, wenn wir von der Notwendigkeit des »Fortschritts« überzeugt sind, eines Fortschritts, an dessen selbstverständlichen Sieg man nicht zu »glauben« braucht, den wir vielmehr, wie es der Wortsinn nahelegt, selber tun müssen. Die konservative Position politisch verantwortlich zu aktivieren, ist mindestens durch den Bewußtseinsstand und durch die Grundempfindungen sehr vieler Deutscher unumgänglich; eine »flottierende« konservative Stimmung wäre gefährlicher, nostalgischer, hemmender als ihre politische Artikulation. Auch finden sich in einer Gesellschaft, die mühsam und stockend ihren »dritten Weg« zwischen dem mächtigen nationalen und internationalen Kapital und der Notwendigkeit gemeinwirtschaftlicher und basisdemokratischer Strukturen sucht, eine ganze Reihe von Gruppen, die am Weiterbestand ihres Besitzstandes, ihrer Ideen und ihres Einflusses für längere Zeit interessiert sind. Es kann sich in solcher Übergangszeit nicht darum handeln, diese Gruppen abzuschreiben, sie um jeden Preis zurückzudrängen; wir müssen vielmehr hoffen, daß sie die Durchsetzung ihrer konservativen, auf Bewahrung ihres Status quo abzielenden Interessen am Gemeinwohl unserer dynamischen Gesellschaft orientieren. Es wäre Platz für eine konservative Partei oder Union, die nicht mehr eine sowohl politisch wie religiös fragwürdige konservativ-christliche, oft peinliche Mixtur verkörpert, sondern den ursprünglichen Willen ihrer Gründer von 1946 in

zwei Dimensionen auflöst: in christliches Engagement in allen legitimen Gruppen und demokratischen Parteien der Gesellschaft und in eine eindeutig politische, nämlich konservative Partei.
Daß das eine aktuelle Frage ist, können die christlich-demokratischen Parteien schon in Straßburg merken, wenn die Partner der deutschen Union und der italienischen DC nicht christliche oder christlich firmierende, sondern konservative Parteien sind. Es sind deutsche und italienische (dort zum Teil vatikanische) Spezialitäten, welche die Konservativen und die Volkskonservativen auf den Irrweg der »christlichen Partei« gebracht haben. (Die österreichische Schwesterpartei ÖVP scheint sich in letzter Zeit etwas mehr dem christlich-demokratischen Modell annähern zu wollen; Österreich ist im übrigen in Straßburg nicht vertreten.) Die Frage ist zur Zeit verdrängt: wenn sie sich hoffentlich bald ausdrücklich stellt, hoffe ich auf die Einsicht der Besten, – auch auf die von Franz Alt, der dann freilich sein christliches Engagement kaum in einer konservativen Partei finden würde.
Natürlich spielt die hier skizzierte Problematik im aktuellen Geschehen dieser Wochen nicht die Rolle, welche in der F.D.P. die liberale Problematik spielt. Aber die ungeklärte Grundposition trägt gewiß einiges dazu bei, daß Sprecher der Partei, und zwar nicht nur Helmut Kohl, sondern in anderer Weise auch Figuren wie Heiner Geißler und Norbert Blüm ins Zwielicht geraten sind. Der geschilderte Zwiespalt scheint mir auch die moralische Kraft der Partei zu schwächen, – auch macht der christliche Anspruch das Allzumenschliche, das sich in ihr wie anderswo findet, besonders peinlich.
Steht die F.D.P. vor dem Problem der Scheidung, dann die Union, vor allem die CDU, vor einer Reinigung. Ist sie unmöglich? Es ist nicht zu bestreiten, daß die Partei über eine große Zahl von tüchtigen und integren Persönlichkeiten verfügt, nicht zuletzt im Bereich der norddeutschen Protestanten.
Und ihr »linker Flügel«? Soweit es ihn überhaupt gibt, wäre er als der Arbeitnehmer-Flügel der Frauen und Männer von den Gewerkschaften zu charakterisieren – vom DGB, versteht sich. (Im Vergleich mit der christlichen Spalter-Gewerkschaft dominiert er durch-

aus in der CDU, wenn auch nicht im gleichen Maße in der katholischen Kirche.) Aber dieser Flügel hat es bisher niemals verstanden, die besondere Einfluß-Möglichkeit auszunutzen und auszubauen, die darin besteht, daß er sowohl im DGB trotz dessen Fraktionsverbot als auch in der CDU eine respektable Minderheit darstellt, auf deren Gunst man weder hüben noch drüben verzichten kann. Ich habe die Ursache der politischen Schwäche dieses CDU-Flügels, der sich immer wieder hat überstimmen lassen, noch nicht herausgefunden. Wenn er und verwandte Gruppen außerhalb der Partei wie die KAB – »Katholische Arbeiterbewegung« – und die CAJ – »Christliche Arbeiter-Jugend« – sich auch in neuester Zeit auf die überlieferte katholische Soziallehre stützen, so ist zu bemerken, daß die neueren römischen Äußerungen, die den »laboristischen« Aspekt in den Vordergrund stellen, also vom Primat der Arbeit ausgehen, der wirtschaftlich-sozialen Wirklichkeit näher gekommen sind als die älteren Theorien, die doch wohl ideologischer gewesen sind. Wenn dieser »Laborismus« in einen engeren Kontakt mit der weniger konkreten, weniger systematischen, aber auch weniger ideologischen evangelischen »Sozialethik« träte, so könnte der Arbeitnehmer-Flügel der Union auch einer Partei, die nicht mehr das Monopol auf das Wort »christlich« beansprucht, sondern eine konservative Partei mit mittelständischem Schwerpunkt geworden wäre, ein wichtiges Stück Programmatik, Theorie, Bewußtsein liefern.

## Die Partei des Altkanzlers

Helmut Schmidt hat im vorigen Jahr die »Verantwortung« des Staatsmannes recht emotional gegen die Emotionen einer noch nicht institutionalisierten »Bewegung«, der Friedensbewegung, ausgespielt. Er sollte wissen, daß er die politische Macht, die eine Voraussetzung seiner staatsmännischen Verantwortung war, die Macht der SPD, einer sehr alten und auch sehr emotionalen Bewegung verdankt: der kämpfenden sozialistischen Arbeiterbewegung.

Wenn ich nach der F.D.P. und der Union nun seine Partei aufs Korn nehme, variiere ich die Methode, indem ich mich noch unmittelbarer

auf ihre Situation nach dem Wechsel in Bonn beziehe. Doch soll eine sehr abgekürzte Skizze der Richtungen in der Partei die Darstellung der »Flügel« in den beiden anderen ergänzen.
Ein durchgehender Gegensatz ließe sich als der zwischen sozialistischer und sozialdemokratischer Ausrichtung benennen. Die am »Vaterland aller Werktätigen«, an dem recht weit entfernten Moskau orientierten Kommunisten haben zwar aufgehört, die Sozialdemokraten als »Sozialfaschisten« zu verteufeln, aber sie sehen im Sozialdemokratismus immer noch eine gefährliche Abweichung von der sozialistischen Wahrheit, einen Irrtum und einen Fehler. Vielleicht weil der aktuellere Gegensatz in der Politik der Friedenssicherung – Nachrüstung oder Abrüstung – die Partei zur Zeit ernstlicher beunruhigt, wird über die Sozialismus-Frage weniger gestritten; aber man kann auch heute, und zwar an der Argumentation, gut unterscheiden, ob sich einer als Sozialist versteht oder in einem dazu gegensätzlichen Sinn als Sozialdemokrat. Man darf diesen Gegensatz aber nicht für so radikal halten wie den zwischen den Citoyens und den Bourgeois in der liberalen Partei, auch für nicht so fragwürdig wie den zwischen »Christen« und »Konservativen« in der Union.
In der SPD geht der Gegensatz auf die großen Kämpfe der Zeit vor dem Ersten Weltkrieg zurück, in denen es einerseits um Orthodoxie oder Revision, anderseits um Reform oder Revolution ging. Mir scheint, daß diese Gegensatzpaare aufgrund der inzwischen gemachten Erfahrungen aufgelöst worden sind oder doch auflösbar sind. (Das Gewicht der Geschichte legt es nahe, so weit auf die marxistische Diskussion jener Jahre zurückzugreifen.) Alle marxistischen Orthodoxien sind dadurch widerlegt, daß sie in der Sicht deutscher demokratischer Sozialisten ihr humanes Ziel nicht erreicht haben. Man kann im übrigen entdecken, daß »Revision« eine elementare Struktur gerade des vom Marxismus empfohlenen dialektischen Handelns ist. Würdigt man nämlich im dialektischen Prozeß gebührend die Grunddialektik von »Sein« und »Bewußtsein«, so verpflichtet jeder durchs Handeln und die Reaktion der Gegenkräfte veränderte gesellschaftliche Zustand zur erneuten Analyse, die wiederum zu neuem Bewußtsein und dann zu an ihm orientiertem

Handeln führt. Das ist die marxistische Formel des »Revisionismus«, – der natürlich auch antimarxistisch als Müdigkeit oder als Anpassung verstanden werden kann. (Der italienische Marxist Gramsci war nicht »Idealist«, als er an der Bewußtseinsseite des dialektischen Prozesses ansetzte; der undialektische Begriff »subjektiver Faktor« verkleinert die Bedeutung des Bewußtseins; auch im »Überbau« ist der Faktor »Bewußtsein« ernstzunehmen.) Was aber das Verhältnis von Reform und Revolution angeht, so muß der gewaltsame Umsturz nur als eine – und zwar seltene und möglichst vermiedene – Form des revolutionären Prozesses angesehen werden, ob man ihn als notwendig wenigstens für den entscheidenden Umschwung hält oder nicht. Der normale Vorgang ist der, daß konkrete Einzelreformen als Schritte zum revolutionären Ziel, zu einer grundlegenden Veränderung der gesellschaftlich-politischen Strukturen verstanden werden müssen; »Reformismus« im schlechten Sinne verrät das Ziel über dem Gewinn unterwegs; anderseits vollzieht sich aber Revolution in der Kette der Reformen.

Ist es so, ist das tatsächlich die Erfahrung der sozialistischen Bewegung, dann sind Sozialdemokratismus und Sozialismus nicht mehr einander ausschließende Gegensätze. Sozialdemokratismus benennt die Politik der vielfältig (auch nicht ausdrücklich marxistisch) begründeten und bedingten Schritte; diese sollen insgesamt in einem durch viele Umstände bedingten Prozeß zur (relativen) Vollendung des Versuches führen, der in der Großen Revolution begonnen, von der marxistischen Arbeiterbewegung fortgesetzt wurde: die bürgerlich-kapitalistische Herrschaftsform abzulösen, die arbeitsteilige Großwirtschaft zu humanisieren.

Vielleicht kann man die »Kanalarbeiter« und andere rechte Genossen in dieses Schema als Sozialdemokraten einbauen, die nicht Sozialisten, sondern nichts als Sozialdemokraten sein wollen; sie sind auch dann allenfalls Reformer, jedoch in zufriedener Übereinstimmung mit dem bisher Erreichten, ungeschichtlich denkend. Der Gewerkschaftsflügel der SPD, der mit dem so gekennzeichneten konservativen nicht zusammenfällt, läßt sich wohl dadurch definieren, daß in seinen Mitgliedern der syndikalistische Ansatz – durchaus legitim – das Bewußtsein vorwiegend bestimmt. »Sozialisten«

aber finden sich auch in diesem Flügel, zur Zeit stärker bei den Akademikern, vor allem den berufssozialistischen in den Apparaten, und den Intellektuellen, aber ganz gewiß auch im Stamm der altsozialistischen Arbeiter, von denen keineswegs alle ihre sozialistische Vergangenheit und Option der schlechten Zufriedenheit (mit dem Volkswagen . . .) geopfert haben.
Zur Zeit wirkt sich dieser Gegensatz zwischen den radikaleren und den gemäßigteren Sozialdemokraten weniger aus als zur Zeit der Dikussion über den »Stamokap« (den staatlich gestützten und betriebenen Monopolkapitalismus). Nur der fraktionslose Sozialist Hansen hat in der großen Debatte den Kapitalismus beim Namen genannt, – die anderen Sozialisten und Gegner des Großkapitalismus begnügten sich damit, ihn unter dem personalisierenden Stichwort »Ellbogen« zu erwähnen; das grundgesetzgemäße Gewissen hat keinen sozialistischen Abgeordneten gedrängt, ihm zu applaudieren. Der Gegensatz hat sich vielmehr auf das Feld der Weltpolitik verschoben: Ablehnung der »Nachrüstung« – Nachrüstung nur beim Scheitern der Verhandlungen –, Nachrüstung nur, wenn nicht die Amerikaner, sondern die Sowjets die Verhandlungen haben scheitern lassen: das sind wohl die Positionen, welche die Geschlossenheit der Partei zur Zeit bis zum Zerreißen auf die Probe stellen. Die Frage, ob die Verhandlungen gescheitert sind und durch wen, wird aber vielleicht eines Tages, dem Plan gemäß Ende 1983, beantwortet werden können, wenn auch nicht unbedingt eindeutig. Das könnte den gegenwärtigen Gegensatz zwischen den Sozialdemokraten, die sich zur Friedensbewegung bekennen, und den anderen abschwächen. Eine Weile hat sogar Helmut Schmidt über die Friedensbewegung und auch über die ökologische Bewegung so zu reden begonnen, wie früher Brandt darüber geredet hat und seit Jahren Eppler darüber redet: auf eine mögliche Integration der Bewegungen und der Partei hin. Diese Tendenz mag weitergehen, nachdem der Altkanzler von zwei Bindungen befreit worden ist: vom Regierungsamt mit seinen vielfältigen und einander oft widersprechenden Verpflichtungen und von dem so ungemein antisozialistischen Partner. Wenn sodann für alle eindeutig die Verhandlungen über die »Nachrüstung« entweder zum Erfolg geführt haben werden

oder aber die Schuld für ihr Scheitern eindeutig bei den USA liegen sollte, besteht die Aussicht, daß die Partei weltpolitisch wieder eine Sprache sprechen, eine Identität finden wird, die unter dem Druck der Bürgerregierung im Zeichen der Konstellation Strauß-Lambsdorf wohl eindeutiger und stärker sozialistisch sein wird als bisher. Wenn die Verhandlungen allerdings eindeutig an den Sowjets scheitern sollten, wird alles wieder offen sein.

Im positiven Fall kann die Position der Opposition nicht nur den Parteiführern eine eindeutige Darstellung einer eindeutigen Politik erlauben, sondern auch die Aussichten einer basisdemokratischen Bewegung stärken, in der die ökologische Bewegung, die Frauenbewegung und manche verwandte Regungen ihr Zentrum und ihren Rahmen in der Friedensbewegung finden könnten. Veränderungen in den Köpfen und Herzen der zeitgenössischen Bürger würden die Handlungsmöglichkeit humanistischer und sozialistischer Politiker vergrößern.

Die deutsche Sozialdemokratie hat da besondere Möglichkeiten. Was die F.D.P. betrifft, so liegt die Periode, da ihr eine Bewegung entsprach, anderthalb Jahrhunderte zurück: 1870 war es mit ihr zu Ende. Die Union ist in keiner Bewegung verwurzelt, es sei denn in der schmalen der katholischen Emanzipation, die 1914 zu Ende war. Die Bewegung, welche als stärkste politische Kraft die SPD hervorgebracht hat, ist um einige Jahrzehnte weniger alt als die liberale Bewegung, aber sie hat diese in sich aufgenommen, war intensiver und dauerhafter, und sie ist so aktuell wie der Tag und die Stunde. Die SPD ist keineswegs über den Berg; sie ist wie alle Großstrukturen unserer Zeit in vielem fragwürdig geworden; sie ist nicht das A und O der Politik; aber es erscheint mir möglich, daß sie eine Zukunft hat. Sie sollte die Periode der Opposition nutzen, in enger Fühlung mit den Bewegungen, in denen Zukunft steckt.

# Waren wir linke Spinner?
# Überlegungen aus Anlaß einer Wende

Waren wir linke Spinner? Haben die Leute recht, die uns sagen: Ihr habt an der Realität vorbeigedacht und vorbeigeplant? Waren wir Ideologen und Utopisten? »Wir«: das wären – eine Kurzdefinition – die »linken« Zeitgenossen, die entweder vom heißen Kern des Sozialismus oder vom heißen Kern des Christentums erfüllt waren – oder gar von beiden Lebensansätzen aus, und in beidem »Humanisten«. Sie haben versucht und versuchen, die Gesellschaft unseres Jahrhunderts, ihre staatliche und industriegesellschaftliche Struktur, ihre Zustände und ihre Menschen auf mehr gelebte Menschlichkeit hin zu verändern. Sind wir in diesem Versuch gescheitert, abermals? Gerade angesichts der durch Nuklearkrieg und Auszehrung der Erde doppelt drohenden Katastrophe ist es angebracht, sich so fragen zu lassen und sich selbst so zu fragen. Auch angesichts der unserem Land angekündigten »Wende«. Deren Betreibern trauen wir gleichfalls Veränderungen zu, leider nicht in der erhofften Richtung.

## Hat es einen Sinn, weiterzumachen?

Versuchen wir zu antworten und für die Zukunft eine Bilanz zu ziehen, so empfiehlt es sich, die Bereiche, in denen wir leiden und leben, getrennt zu beurteilen: einerseits unsere kleine bundesrepublikanische Provinz, vielleicht auch die große Provinz unseres europäischen Vaterlandes, anderseits die Wirklichkeit der Ersten, Zweiten und Dritten, der ganzen Welt.
Die Bundesrepublik für sich zu denken, ist allerdings ein künstliches Verfahren. Es kann nur in engen Grenzen ohne Realitätsverlust gültig sein. Keineswegs allein in der Welt sind wir, wir wissen es nur zu gut, in hohem Grade abhängig von dem, was außerhalb unserer Grenzen geschieht und geschehen wird, und unsere begrenzte Realität wirkt sich ihrerseits in der ganzen Welt aus. Aber unsere Kulissen, vor denen sich unser normales tägliches Leben abspielt, wollen uns immer wieder zur Abkürzung verführen: unsere kleine

Welt als verhältnismäßig abgeschlossenen Lebensraum anzusehen. Die Arbeitslosigkeit? Das ist unser Problem, Herrn Stingls, Helmut Kohls, auch der Opposition Problem, – die Arbeitslosigkeit anderer Regionen interessiert uns nicht. Daß die Verantwortung für die Innen- und Rechtspolitik der Bundesregierung aus der Hand des liberalen Ministers Baum in die des autoritären Zimmermann geraten ist, scheint nicht Mitterands oder Margaret Thatchers Problem zu sein, sondern nur unser Kummer, nur unsere Sorge.
In der Tat: das hautnahe rauhe Hemd zwickt uns ärgerlicher als der europäische Rock – der wie aus einem Fleckerlteppich geschneidert ist – oder gar als der Mantel der Menschheit. Anderseits scheinen uns auch viele unserer ganz speziellen Zwänge nicht in gleichem Maße unabänderlich zu bedrücken wie die großen Zwänge, die von den Antagonismen der Ersten und der Zweiten Welt und denen des industriellen Nordens und des armen Südens ausgehen, und auch die Gegenmacht der vergewaltigten Natur, die alle Welten bedroht, bekümmert uns, die Grünen ausgenommen, erst seit dem letzten Jahr (des sauren Regens). Schauen wir besorgt nach Washington und nach Moskau, so sind dadurch, so meinen wir, doch die Wirkmöglichkeiten im eigenen Land durchweg noch nicht entscheidend verkürzt. Es sollte uns jedenfalls leichter erscheinen, mit den Illusionen Helmut Kohls und dem Temperament von Franz Josef Strauß fertig zu werden, oder mit dem fatalen Bund, den die Gewerkschaften zuweilen mit der Atomlobby eingehen, oder mit der treuherzigen Schläfrigkeit der Mitläufer – und so weiter. Es muß schwer genug sein, dieser nahen Gefahren Herr zu werden, doch vielleicht ist es nicht unmöglich.
Das ist also unsere Perspektive, bleiben wir zunächst einmal dabei. Zwei Umstände könnten es verhindern, daß wir trotz den Erschwerungen der Wende in der Tat nicht in einen Sog geraten müssen, der uns mißfällt: in den Sog einer autoritären von der Union bestimmten Staatsmacht. Zweifellos gibt es diesen Sog. Man kann in fast jeder Zeitungsnummer etwas über einen Vorgang lesen, der ihn bestätigt, und mit wenigen Ausnahmen läßt ihn auch der Ton dieser Zeitungen erkennen: sie richten sich ein in der Wende.

Anderseits hat es in keiner der drei früheren Krisenzeiten – die zum Siege Hitlers, zur Aera Adenauer, zum Scheitern der Reformpolitik führten, – eine vergleichbare basisdemokratische Bewegung gegeben. Es ist möglich, daß sie sich einschüchtern lassen wird; es ist aber auch möglich, daß sie im Widerstand wächst und erstarkt. Es ist möglich, daß die Grünen im Parlament an ihren inneren Gegensätzen und Widersprüchen scheitern; es ist aber auch möglich, daß sie in der Nachbarschaft der Friedensbewegung und unter dem steigenden Druck eines autoritäreren Regimes ihr Bewußtsein und ihre Strategie klären und festigen. Es ist möglich, daß die Kraftprobe, die eine Aufstellung neuer amerikanischer Atomraketen erwarten läßt, zu einer schlimmen Schwächung der Friedensinitiativen führen wird; es ist aber auch das genaue Gegenteil möglich; eine Grundwelle des Widerstandes, eine steigende Grundwelle. Im Banne der formalen Alternative des Doppelbeschlusses – »Nachrüstung, wenn die Verhandlungen scheitern; Verzicht darauf, wenn sie Erfolg haben« – bedenken wir noch viel zu wenig, daß sich im Falle des (wahrscheinlicheren) Scheiterns eine zweite ganz neue Alternative auftun wird: durch die Frage nämlich, woran und vor allem an wem die Verhandlungen gescheitert sein würden. Erscheint es eindeutig oder doch plausibel zu sein, daß sie nicht oder weniger an der Sturheit der Sowjets als an dem Überlegenheitswillen der USA (Reagans, Weinbergers, Adelmanns . . .) gescheitert sein würden, dann läge eine Annäherung der SPD, der Gewerkschaften und vieler bisher zögernder Kirchenchristen an die Friedensbewegung nahe. Es könnte sein, daß da eine Basis-Opposition entstünde, die schon durch ihr Gewicht dafür sorgen würde, daß die Bäume der neuen starken Staatsmacht nicht in den Himmel wachsen. Freilich stehen die Namen derer noch in den Sternen, die diese Opposition führen und vertreten müßten.

Noch eine andere Überlegung könnte uns davor warnen, die bundesrepublikanische Partie zu früh verloren zu geben. »Wir« sollten uns davor hüten, die Union definitiv auf die Tendenz zur autoritären Macht festzulegen. Freilich wird weder Franz Alt noch werden die normalen (volkskirchlichen) Anhänger des »C« im Parteinamen die Union in ihrem fragwürdigen Höhenflug behindern: der rühmenswerte Franz Alt nicht, weil er als Einzelner und Einzelgänger nicht stark genug dazu sein wird, die treukatholische Wählerschaft nicht, weil sie einen einigermaßen maßvollen *law-and-order*-Staat (selbstverständlich ohne Folter und dergleichen) gar nicht so schlecht finden würde. Aber werden die norddeutschen Protestanten alles mitmachen, was ihnen vom Machtwillen der Morgenluft witternden Verwaltungen und der politischen Führung zugemutet werden könnte?

Können Sie das? Wird der protestantische Kern nicht rebellieren müssen? Auch um Norbert Blüm herum gibt es Arbeitnehmer-Überzeugungen, die sich zwar in der bisherigen Geschichte der Partei – abgesehen vom ersten Erfolg der Mitbestimmungsidee – sehr wenig gegen die Parteiführung hat durchsetzen können; wenn es aber sehr kritisch werden sollte, könnte diese Schicht nebst ihren Sprechern vielleicht doch endlich aktiver werden, – diese Schicht und die eine oder andere Gruppierung der Union. Nicht zuletzt: »Es gibt noch Richter in Preußen«, – mindestens in Karlsruhe. (Allerdings: auch ihre Nachfolger werden von Politikern ernannt . . .)

Alles in allem: Isoliert genommen ist die Situation in der Bundesrepublik, wenn ich recht sehe, nicht ganz so geschlossen, wie wir es nach der Wahl vom 6. März wohl durchweg angenommen haben. Sie ist um einige Grade offener. Es hat also einen Sinn, weiterzuarbeiten und weiterzukämpfen, in beiden Dimensionen, in denen das geschehen muß: »oben« in der des Staates, des Parlamentes, der Parteien, aller Parteien, »unten« in der Bewegung. In dem Maße, wie die Situation offen erscheint, sollte die parlamentarische Opposition konstruktiv sein. Nicht zuletzt kommt es übrigens auf die gesellschaftlichen Formationen an, die zwischen der Basis und dem Staat leben und deshalb zwischen unten und oben vermitteln könnten: die Gewerkschaften, manche andere Verbände, die Kirchen. Was am 6. März passiert ist (und im Oktober vorher), lange vorbereitet in der Krise der sozialliberalen Koalition, ist also nicht nur als schwerer Rückschlag zu werten – dies gewiß! –, sondern auch als eine Chance. Unbekannt viele, vielleicht sehr viele könnten sie nutzen, in unzähligen Formen und Akten des äußeren und inneren Widerstandes und der produktiven Umbesinnung, der Zivilcourage, alternativer Haltungen und Handlungen, in denen sie ihr Bewußtsein klären, reifen und härten könnten. Auch das kann vergeblich sein, oder es ergibt sich daraus am Ende als eine Art Weiterwursteln ein neues Gleichgewicht der autoritären und der demokratischen Kräfte, das noch schlecher wäre als das, an das wir gewohnt sind. Aber auch ein Umschwung, nicht allerdings als Wende zurück, sondern als der Anfang neuer geistiger – und politischer – Konstellation ist möglich, nach geraumer Zeit. Wenn diese Zeit genutzt wird.

### Aber wir sind nicht isoliert

Das zu wissen, stellt diese Skizze von Möglichkeiten von vornherein sehr in Frage. Es gibt einige Bereiche, die unabhängig von der Richtung und vom Geschick oder Ungeschick der neuen Herren das Feld ihres Wirkens verändern können. Niemand von uns hat bisher die Gesetze (und die Gesetzlosigkeit) der weltwirtschaftlichen Prozesse so eindeutig durchschaut, daß er sichere Prognosen, geschweige denn Strategien der Krisen-Bewältigung vorlegen könnte. Das macht uns alle unsicher, oder es sollte uns doch beunruhigen. Eines wird man immerhin sagen können: das Feld der Produktion und des Marktes kann höchstwahrscheinlich überhaupt nicht mehr im Rahmen irgendeiner geschlossenen Theorie verstanden und bewältigt werden, etwa der des zyklischen Wechsels zwischen Krise und Aufschwung oder auch der marxistischen Dialektik der sozialen Kräfte. Von Faktoren, die man fast apokalyptisch nennen könnte, kann das zyklische System, wenn es denn je einigermaßen rein funktioniert haben sollte, und auch jene Dialektik der Klassen außer Kraft gesetzt werden. So von der gegen unsere Eingriffe rebellierenden Natur. So vom Antagonismus der Weltmächte. So vom Aufstand der Dritten Welt. Selbst die zunächst im Rahmen jenes Systems entstandene Tendenz zur Hochrüstung kann sich so verabsolutieren, daß »normale« Produktion und »normaler«

Markt unmöglich werden. Rascher noch könnte der Zusammenbruch des Welt-Finanz-Systems sehr viel gegenwärtige Realität und Macht in Frage stellen.
Sollte aber so oder so, etwa in einer letzten produktiven Drehung des zyklischen Prozesses, die Weltwirtschaftskrise sich auch nur für eine Weile entspannen, so wird das die Wende stabilisieren, den möglichen Umschwung verhindern, erschweren, verzögern. Tritt aber das Gegenteil ein, verstärkt sich die Krise, bricht dann etwa in ihrer Folge das so empfindliche Finanzsystem der Welt zusammen, geht dann auch bei uns die Produktion zurück, nimmt die Arbeitslosigkeit deutlich oder gar katastrophal zu, so kann der innere Druck im sozialen Kessel Bundesrepublik alle Voraussagen gegenstandslos machen: sowohl die Illusionen des Regimes als auch die Strategien der Opposition. Im Rahmen der Vorstellungen sowohl der Regierungskoalition als auch der offiziellen Opposition (der Roten und auch der Grünen) wird das entstehende, das sich ausbreitende Chaos weder sich verstehen noch sich bewältigen lassen. (Mag es fruchtbar sein, das Chaos der Jahrtausendwende: Die Alten unter uns werden es nicht mehr erleben wollen; es wird schrecklich sein auch dann, wenn es fruchtbar sein sollte.)
Nun, das muß nicht so kommen, und auch die fast endzeitlichen Anstrengungen, die Nuklearkatastrophe zu verhüten und unsere gute Erde vor der völligen Ausblutung zu retten, können mit weniger Blitz und Donner und mit weniger Erdbeben und großen Fluten versagen oder Erfolg haben. Es erscheint mir aber nicht wahrscheinlich zu sein, daß wir, die wir heute leben, an einem sehr guten Tag werden sagen können: Wir sind noch einmal davongekommen. Allzu viel wird in diesem Fall gut gegangen sein müssen. Nicht nur müssen die großen Katastrophen vermieden worden sein, sondern es müssen auch neue tragfähige politische Strukturen anstelle der wankenden bisherigen ausgebildet worden sein. Die Welt wird mindestens ein anderes Amerika-Nord und ein anderes Sowjetreich, ein anderes Südamerika und ein anderes Ost- und Südasien, vielleicht auch ein anderes Afrika hervorgebracht haben müssen, – von den akuten Krisenzonen im Nahen Osten und in Zentralamerika ganz zu schweigen; eine ganz andere UNO auch wäre nötig, aber auch

– und das geht uns freilich am meisten an – ein ganz anderes Europa: ein wahres Europa der realen europäischen Basis.

## Ein Lernprozeß ist fällig

Nicht genügend viele Zeitgenossen nehmen die Größen-Proportion in ihr Bewußtsein und in ihr Lebensgefühl auf, die zwischen den bundesrepublikanischen Sorgen und denen der anderen Nationen und Kontinente, der Weltbevölkerung besteht. Die meisten registrieren auffallende Ereignisse und Sachverhalte höchstens als isolierte Anstöße, haben etwa Geld für Katastrophenhilfe übrig, haben aber nicht gelernt, die äußerst reale wechselseitige Abhängigkeit zwischen allen und jeden, die unsere Epoche kennzeichnet, schon wirklich zu begreifen. Ein Lernprozeß ist fällig. Ein Lernprozeß ist die Voraussetzung, daß wir gut aus der Geschichte herauskommen. Das Defizit an Kenntnis, Verständnis und Gefühl muß aufgearbeitet werden. Wären wir soweit, so würden wir sowohl unsere eigenen relativ gut überschaubaren Probleme wie die ungeheueren der Kontinente und der Einen Welt richtiger sehen; wir würden sie alle und vor allem ihren Zusammenhang ernstnehmen, bis in unsere Nerven hinein. Daß die basisdemokratische Bewegung mehr werden könnte als die Bewegung einer Minderheit von besonders betroffenen und sensiblen Zeitgenossen, daß sie eine breite und entscheidende Kraft der Gesellschaft werden könnte, hängt vom Reifegrad solchen Selbstbewußtseins ab. Wir möchten unter diesen Umständen in der basisdemokratischen Bewegung eine Kraft sehen, die nicht nur die Friedens- und die Umweltpolitik vorantreibt, sondern die dazu da ist, Geschichte zu machen: sie kann eine neue Gestalt von Demokratie überhaupt heraufführen, von demokratischer Freiheit und demokratischem Frieden.

Vorläufig aber spitzt es sich zu. Alles (fast alles) spitzt sich zu. (»Wehe den Schwangeren, die in jenen Tagen . . .«) Dennoch bleibt abermals und mehr als je nichts anderes übrig, als auf die gute Karte zu setzen, oder vielmehr: auf alle guten Karten. Wohl denen, die es im Vertrauen auf einen starken und guten Gott zu tun vermögen. Die anderen könnten vielleicht so handeln, als wenn es eine absolute Instanz gäbe, die gütig ist und mächtig genug, auch uns zur Güte zu verhelfen. Anders gesagt: Sie könnten mit uns zusammen sich zu einer aus Zuwendung genährten Solidarität mit allen Bedürftigen dieser Erde bekennen, – also mit allen, die leben, und mit allem, was lebt. Das wäre nicht die absolute Utopie, nicht das Paradies, aber die geschichtliche Alternative zum Untergang, zum Ende der Geschichte.

## Textnachweis

*Die Legitimation, zu schreiben*
Vortrag anläßlich der Verleihung des Romano-Guardini-Preises, Katholische Akademie Bayern 1981

*Nationaler Faschismus; Die Aufgabe gegenüber dem Nationalsozialismus.*
Beide Beiträge erschienen u. a. in der »Rhein-Mainischen Volkszeitung«, 16. 6. 1931, 20. 5. 1931

*Die Dämonie des Nationalismus und die christliche Verkündigung.*
in: Die Schildgenossen, 12. Jahr, Heft 7, 1932, 303–314

*Katholiken zwischen Anpassung und Widerstand.*
in: Widerstand und Verweigerung in Deutschland 1933 bis 1945, hrsg. von Richard Löwenthal und Patrik von zur Mühlen, Berlin–Bonn 1982, 140–142

*Die Zweite Republik.*
Frankfurter Hefte 1/1946, 12–24

*Der restaurative Charakter der Epoche.*
Frankfurter Hefte 9/1950, 942–954

*Das Frankfurter Goethehaus: Mut zum Abschied.*
Frankfurter Hefte 8/1947, 1–10

*Der Nationalsozialismus und der Krieg.*
Frankfurter Hefte 6/1979, 13–19

*Das Wort Sozialismus.*
Frankfurter Hefte 7/1946, 628–643

*Marxismus in christlicher Sicht.*
Frankfurter Hefte 2/1947, 125–143

*Euro-Sozialismus, – nach dem Ende der dritten Illusion.*
Frankfurter Hefte 2/1978, 51–60

*Die Krise, unsere Parteien und die Geschichte.*
Frankfurter Hefte 11/1982, 13–24

*Überlegungen aus Anlaß einer Wende.*
Erstveröffentlichung